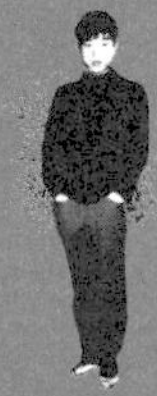

태일과 함께 그늘을 걷다

강성규 지음

| 청년들과 함께하는 노동 인문학 |

한티재

|추천사|

우리 시대 전태일을 응원합니다

전태일재단 이사장 이수호

전태일이 분신 항거하며 세상을 바꾸는 촛불이 된 지 50년, 우리 사회는 그동안 무엇이 얼마나 바뀌었는지 돌아보게 됩니다. 빈부의 격차는 더 심해지고 그때의 시다는 비정규직이라는 이름으로 우리 주변에 넘쳐나고, "근로기준법을 지켜라!"는 외침은 지금도 울려 퍼지고 있습니다. 다시 전태일을 부르고 전태일과 손잡고 우리 모두 전태일이 되자고 나서고 있습니다.

책을 만드는 노동자들도 나섰습니다. 뜻을 모은 열한 개 출판사가 각자 다른 모습으로 전태일과 함께하기로 했습니다. 50년 전 전태일의 그 마음으로 이 시대의 촛불이 되어 어두운 사회를 밝히고 힘든 사람에게 위로와 힘이 되고자 합니다. 그래서 전태일이 처음 들었던 그 촛불이 천 배 만 배 더 크게 이어지도록 하겠습니다. 독자 여러분도 함께했으면 좋겠습니다.

우정의 인사

어서 오세요. 어려운 걸음 하셨습니다. 입시 공부, 취업 준비로 바쁜 일상 속에 책을 읽기가 쉽지 않았을 텐데요. 특히 이런 책은 말입니다. 하지만 여기까지 오신 것을 환영합니다. 각종 수험서에, 몇 번의 합격과 숱한 탈락에 지친 몸과 마음이 쉴 사이도 없이, 다음 알바 장소로, 도서관 열람실로, 올해만 다닐 비정규직 일터로 종종걸음 치며 가야 하는 당신의 빠듯한 시간을 잠시 빌리겠습니다. 2020년, 당신의 고된 삶을 가로막고 선 것은 무엇일까요? 흔한 말로 그게 벽이라면, 함께 그 너머로 갈 수 있는 힘은 어디서 얻을 수 있을까요? 벽에 문을 내든, 벽을 넘거나 무너뜨리든 간에 그것을 함께

할 좋은 친구를 소개하려 합니다.

제 오랜 꿈은 평등한 사회를 일상에서 느끼는 것입니다. 같은 꿈을 품었던 선배가 있지요. 눈치 채셨겠지만, 청년 전태일 말입니다. 1970년 스물세 살의 재단사 전태일은 평화시장의 먼지투성이 다락방의 창문을 열려고 애썼습니다. 평화시장 수백 개의 창문, 아니 단 한 개의 창문도 잘 열리지 않았습니다. 창문처럼 생긴 벽이었습니다. 그게 잘 안 되어 세상을 떠났다고 당신은 어렴풋이 알고 있을 겁니다. 하지만 그렇지 않습니다. 전태일은 평등한 순간들을 여러 차례 이루어 냈습니다. 워낙 억누르는 힘이 강해 그 순간들은 짧았지만요. 그렇게 청년 전태일이 분신으로, 비인간적인 일터와 돈에 눈먼 세상에 항의한 지 50년이 지났습니다.

이 책을 쓴 목적은 전태일을 기념하기 위해서가 아니라 전태일의 마음을 현재화하기 위해서입니다. 동시에 당신과 나의 일상을 지배하고 있는 생각과 말들의 규칙과 다투어 보려는 것입니다. 그 규칙은 마이크와 권력, 금력을 쥐고 있는 사람들이 주로 정합니다. 저는 그동안 우리가 써 온 말과 생각의 논리를 의심합니다. 왜 이렇게 살아야 하는지 질문을 던집니다. 그 질문의 발판은 전태일의 삶입니다. 우리는 50년이 흘러 잊혀 가는 전태일을 다시 부릅니다. 동시에 전태일이 우리를 찾아오는 것이기도 합니다.

프롤로그와 1~3장은 전태일의 결정적 순간들을 지금 우리의 삶과 씨실 날실로 엮어 썼습니다. 2019년 5월부터 9월까지 대구 · 경북의 인터넷 독립언론 『뉴스민』에 10회 연재한 글을 바탕으로 재구성했습니다. 우리 시대를 찾아온 전태일과 함께 현실 곳곳을 둘러보았습니다. 4~5장은 연재 후 여전히 남은 과제들을 다시 끌어안고 다소 긴 호흡으로 썼습니다.

다섯 장의 큰 제목은 전태일의 수기 곳곳에서 가져왔습니다. 각 장에는 독립된 주제어들이 전체적으로 손을 잡고 있습니다. 누구도 자유로울 수 없는 '일, 성장, 밥, 집, 일터, 시간, 언어, 노동조합'을 비롯해 '공부, 학교, 이주 노동, 기후 위기와 야외 노동, 책임, 청년의 일과 삶'이 어떻게 불안하게 맞물려 돌아가는지 살폈습니다. 전태일의 거리의 노동에서 출발해 2020년, 기후 위기 속에 플랫폼 자본주의와 불안정 노동이 약자들의 삶은 물론이고 사회 전체를 흔드는 이야기까지 썼습니다. 이 주제어들로 풍성한 삶과 사회를 모두 감당할 수 없었지만, 엉성하게나마 텐트를 한 동 세울 수는 있었습니다.

전태일의 시간과 우리의 삶이 교차되는 구성 속에서 오히려 전태일의 삶이 생생하게 우리를 향해 다가오는 동시에 지금 당신과 나의 삶이 분절되지 않고 역사의 그물 속에서 파악되기를 바랍니다. 새로운 말과 생각을 낳기 위해, 우선 비판하고 의심하면서 잘 안 보이는 변방을 집요하게 살폈습니다.

각 장을 읽다 보면 전태일의 생애가 궁금할 수 있습니다. 이 책 뒤에 수록된 이야기 연보를 먼저 읽으면 태일의 목소리를 통해 그의 삶을 조망할 수 있습니다. 읽는 중간에 뒤로 넘겨 참고해도 좋겠습니다.

이 책을 쓰는 내내 "우리 생애의 노동은 인간다운지" 묻는 전태일과 당신의 질문을 놓치지 않으려 애썼습니다. 각 주제별로 태일의 이야기는 심화 반복됩니다. 비슷한 이야기 같지만, 그 장의 주제에 입각해 같은 장면의 다른 부분을 입체적으로 형상화하려 했습니다.

교실에서, 거리에서, 학교 운동장 벤치에서, 카페에서, 호프집에서 시민들과 청년들과 책을 다리 삼아 이야기 나누고 싶습니다. 각 장에서 떠오르는 질문에는, 전태일이 그랬던 것처럼 친구들과 대화를 나누고 말과 글, 행동으로 세상에 되돌려 주기 바랍니다. 경쟁의 긴장감으로 팽팽한 교실에 '일,

사랑, 행복, 평등, 생명, 관용' 같은 좋은 말들이 액세서리가 아닌 실질적인 목표로 설정되기를 바랍니다.

고맙습니다. 여러 사람의 도움을 받았습니다. 불쑥 던지는 질문에 자세하게 당대의 정서와 상황을 답해 주신 전태일의 형제와 친구들. 여러 노동 현장에서 가족을 잃고 고통스러운 가슴을 여민 채 사회를 바꾸려고 애쓰는 산재 피해 가족 네트워크 '다시는'의 회원들. 중대 재해와 김용균 관련 자료가 몇 권 없는데도 흔쾌히 택배로 보내 준 노동건강연대 정우준 님. 성서공단 노동자들의 든든한 울타리 성서공단노동조합 정주·이주 활동가들. 성서 지역과 동곡 다시봄 마을의 이웃들. 먹고살기 바쁜 삶의 모퉁이에서도 사는 이야기를 들려준 분당정보산업고등학교, 남양주 금곡고등학교, 대구 성서고와 호산고 졸업생들. 주말의 휴식 시간을 쪼개어 20대 생활의 단면을 들려준 이학선 님. 공부와 알바, 생활의 삼중고 속에서도 '편집기술론' 수업을 들으며 『뉴스민』에 연재된 글을 읽고 토크 콘서트에도 찾아와 참신하고 날카로운 조언을 해 준 동국대 경주캠퍼스 국어국문학과 학생들. 원고를 꼼꼼히 검토하고 저자 인터뷰 영상을 제작해 준 한티재 현장 실습 대학생들. 필자의 글과 세상의 만남을 적극 주선해 준 한티재의 변홍철 형과 오은지 대표. 글 쓸 시간을 벌어 주느라 밥을 벌며 글의 첫 비평가가 되어 준 벗 한치영과 『태일이』 만화를 열심히 읽은 윤슬. 그리고 전태일의 삶을 이마 끝에 걸고 오늘도 땀 흘리며 '인간'을 지키고 있을 이 땅 일터 곳곳의 두터운 손들에게 손 내밀어 우정의 인사를 드립니다.

2020년 3월,
대구에서 강성규

추신

코로나19의 재난이 길어지면서 청년들의 일과 삶이 더욱 힘겨워졌습니다. 청년들과 독자 여러분, 전태일의 마음을 서로 나누며 힘든 시기를 잘 견뎌 냅시다. 우리 큰 웃음으로 만날 날을 고대합니다.

|차례|

3장 아름다운 것을 보았느냐고요?

4장 여러분 전체의 일부

5장 나의 좌석을 마련하여 주게

전태일,

집으로 돌아가는 언덕길 계단을 오를 때

빨리 집에 가라고

벌써 한참 전에 헤어진

옷에 묻은 실밥과 먼지를 털어 내지도 못하고

불빛 아래 깜빡 졸고 있던

여린 눈들을 생각했을까

배가 고파

사는 게 온통 배고팠던,

풀빵 봉지를 건네 받던

실핏줄이 드러난

작은 손등을 바라보며

괜찮다고 어서 먹으라며

애써 씨익 웃어 줄 때

그 핏기 없는 손등에 묻어나던

세상의 눈물을

아직도 생각하고 있을까

밥이 되지도 못하고
따뜻한 옷 한 벌 되지도 못하는
근로기준법을 뒤적이며
무슨 생각을 했을까

배고픔이 슬픔이 되고 슬픔이 비참함으로 변할 때
반드시 돌아가리라 어린 소녀들 곁으로 맹세했던 약속을 낮고 낮은 세상의 밑바닥에서
아직도 굴리고 굴리고 있지는 않을까
전태일.

— 신경현, 「전태일」

|프롤로그| 그늘의 지도

1.

'노동'은 인간의 존재 이유이자 삶을 지탱하는 발판이다. 인간의 존재감을 확인하고 생명을 유지해 나가는 사회적 활동이다. 따라서 노동은 여러 분야 중 하나가 아닌 삶의 움직임 자체이다. 불안정한 비정규 노동이 공기처럼 퍼진 시대에도 우리는 이렇게 말한다. '인간'이 '이윤 추구'의 수단이 아니듯, '노동'은 '성장'의 도구가 아니라고.

하지만 근대 자본주의 사회의 '임금 노동'은 인간을 왜소하게 만들어 왔고, 한국 사회는 늘 '노동'을 '성장' 아래 두고 달려왔다. 한국인들은 피식민지 경험과 내전에 이은 분단과 독재, 군사정권의 통치 아래 노동의 권리를 보장받지 못하고 전쟁과 경제 성장의 밑거름으로 동원되어 힘써 일하는 '근로자'로 살아왔다. 근로자는 노동자를 성실성과 순응의 감옥에 가두어 왔다.

그리고 지금 우리는 신자유주의의 구조 조정인 IMF 외환위기 이후 불안정한 비정규 노동이 일상화된 세상에 살고 있다. 근로자는 유연한 시장 속에서 살아남기 위해서 낮은 몸값으로 시장에서 거래되며 장시간 노동에 시달리고 있다. 근로자는 생존의 보호소에 갇혀 있다.

이 책은 '근로'가 아닌 '노동'을 말한다. 나아가, 일하는 사람들과 함께하는 '노동 인문학'을 제안한다. 삶에 새겨지는 노동의 무늬를 살피자는 것이다. 또한 성장 중심으로 '근로자'를 대하는 관점에서 삶을 중시하는 '노동자'의 눈으로 세상을 달리 보자고 말한다. '노동 인문학'은 불안정한 노동 환경을 당연한 것으로 받아들이지 않고 질문을 던진다.

전국의 특성화고 졸업생들이 노동조합을 만들어 우리에게 던진 질문은 "우리 생애의 첫 노동은 인간다운가"였다. 현장 실습생들의 죽음을 양산한 열악한 환경이 개선될 기미가 보이지 않았기 때문이다. 사회는 이 질문에 답을 하지 않고 있다. 현장 실습생뿐만 아니라 "우리 생애의 노동은 인간다운가"라는 이어지는 질문에도 좀처럼 반응은 없다. 우리는 오랜 침묵을 깨려고 다시 전태일을 찾는다.

전태일은 평화시장의 가혹한 노동의 나날 속에서 '인간의 생명과 존엄'을 지키려고 한 산업화 초기의 가장 치열한 사람이었기 때문이다. 그가 떠난 지 50년이 되었지만 지금 우리의 고통 때문에 그는 다시 우리의 현장 강연에 초대되어 온다. 그의 진실한 태도와 고민을 다시 듣고 싶은 마음들이 모여 둘러앉는다.

2.

전태일의 삶을 쓴다고 하니 사람들은, "누구요?"라거나, "일찍 죽었는데 뭐 쓸 게 있지?" 하고 되물었다. "요즘 이야긴 어때?"라거나 "워렌 버핏을 쓰지 그래!"라며 애정 어린 조언을 하기도 했다. '노동자들의 친구'에서 '아름다운 청년'으로 전태일의 삶이 전국화되었다지만, 어른들은 다시금 빠른 속도로 그를 잊어 왔고 새로 태어나는 사람들은 자라면서 전태일을 배우지 못했다.

지난 1년 남짓, 나는 다른 일을 접고 그의 자취를 찾아다녔다. 전태일 어머니 이소선, 친구들, 그의 뜻을 이어 사는 사람들의 글을 찾아 읽고 전태일이 겪었던 가난과 고통을 지금도 겪고 있는 동시대 사람들의 곁을 따라다녔다. 세월호 연극 〈장기자랑〉에서 일기 쓰기와 만화를 좋아하는 아영이 곁에 『원피스』의 '루피'가 늘 따라다니듯이, 내 옆에는 늘 전태일이 함께 걸었다. 어느새 나는 전태일을 통해 지금 우리 삶을 쓰고 있었다.

오지랖 넓은 스물세 살 이웃 청년과 함께 세상의 그늘을 걷는 '다크 투어'였는데도 그와 함께 다니는 길은 유쾌하고 즐거웠다. 나는 그를 형이라 부르며 다시 스무 살로 돌아가 걷고 또 걸었다. 함께 다니면서 비극적 죽음에 가려진 그의 명랑한 삶에 주목하게 되었다. 짧은 그의 삶에서 풍부한 유머와 입담, 삶에 대한 낙천성, 긍정과 배려의 에너지, 고통에 직면하는 용기를 찾아냈다. 당신은, 좋은 사람 옆에 있으면 괜히 기분 좋아지는 것을 느껴 보셨는가. 전태일을 깊이 알게 되면서부터는 가진 게 많지 않아도, 부쩍 더 인간으로서, 노동자로서 자부심이 생긴다. 그런 면에서 오히려 전태일은 내게 지금을 잘 볼 수 있게 해 주는 가이드이다.

3.

고대 그리스 아테네 광장의 민주주의에 여성, 아동, 노예는 초대받지 못했다고 한다. 나는 경기에 초대받지 못한 사람들이 일하는 한국 사회 지하층의 지도를 '그늘의 지도'라고 부른다. 저마다 세상을 보는 지도를 한 장씩 가지고 있듯이, 나는 '그늘의 지도첩'에서 한 장을 꺼내 펼쳤다. 그 지도는 압축 성장과 산업화, 신자유주의적 자본주의가 빚어낸 세상을 떠받치는 중요한 지도이다.

한국 민주주의는 경기장 조명을 받으며 시끄럽게 작동한다. 기울어져 있는데도 경기는 진행된다. 경기에서 이겨 많은 돈을 벌기 위해 치열한 경쟁이 벌어진다. 경기장에 들어가려고 줄을 선 사람들은 저 사람이 암표를 사서 새치기를 했다고 주장한다. 경기장 안팎에서 공정성 시비가 끊이질 않는다. 이때, 경기장을 유지하는 지하 세상은 보이지 않는다.

경기장 지하에는 주로 한국 사회의 약자들이 일한다. 경기장 터에 원래 살던 가난한 사람들이다. 경기장을 밝혀 주느라 발전소를 돌리는 청년 노동자가 컴컴한 데서 일하는 모습이 보인다. 소리치느라 목마른 경기장 사람들에게 생수를 공급해야 하는 현장 실습생이 지게차를 몰다 내려 고장이 잦은 적재기를 들여다본다. 사람들에게 먹일 육가공품 식재료를 나르고 음식을 조리하는 고3 학생들, 경기 소식을 알려 주는 통신 서비스가 마음에 안 든다며 해지를 요구하는 고객을 응대하는 고3 여성 노동자가 보인다. 경기에 집중하느라 궂은 날씨에도 아랑곳없이 음식 주문을 하는 바람에 지하층의 라이더들은 눈썹 휘날리게 지상층을 오가며 여기저기서 미끄러지고 다친다. 60대 청소 노동자는 더위에 시달리다 한 구석 칸막이 방으로 쉬러 들어간다. 경기장 배수구를 점검하던 내외국인 노동자들이 빗물에 휩쓸리고 새 경기장을 짓는 철근을 들어 올리던 크레인이 땅 아래로 꺼졌다는 이야기도 들리는데, 지하 세상과 경기장 바깥은 그런 소식에 귀 기울일 틈도 없이 바쁘게 돌아간다. 최저임금 인상과 소득 주도 성장으로 형편이 나아지리라는 소문이 있었지만 어쩐지 형편은 나아지지 않는다.

위 지도로 세상을 본다면, 한국 사회는 산업화 세력과 민주화 세력의 대결 구도와 화해로만 설명되지 않는다. 민주화를 이루었다는 시대에도 산업화의 후유증, 극심한 양극화 문제는 다뤄지지 않고 있기 때문이다. 나라를 전부 차지한 소위 '진보와 보수'의 시각으로 세상은 사과 반쪽처럼 잘라지지 않는다. 경제 민주화는 도래하지도 않은 세상에서, 저 두 낱말의 동맹으로 간결하게 정리되는 상황 속에 소외되는 것은 누구인가.

누구는 '기층 민중'이라 부르고 누구는 '비정규직 노동자'라 부르고 또 누군가는 '여성, 청년, 알바 노동자'라 부르고, 누군가는 '이주 노동자', '플랫폼 노동자', '제3지대'라고 부른다. 포괄적으로 '불안정 노동'이라는 표현에 이들을 담기도 한다. 내가 보고 있는 '그늘의 지도'에는 이들이 나온다. 이 지도를 전태일과 함께 들여다본다. 50년 전의 평화시장 또한 이 지도의 한 점이 되어 '동시대'가 되었다.

수십 년 차이로 인해 그 구체적 조건과 맥락은 다르지만 전태일의 평화시장과 오늘 우리가 일하는 경기장 지하가 동시대가 되는 것은, 이 죽음의 경기를 결국 멈춰야 한다는 사람들의 사회적 의지가 사라지지 않기 때문이다. 나는 경기장을 허물고 사람들이 자기 마을로 돌아가 평화를 일구는 것까지도 바란다.

4.

전태일은 세상에 물었다. 1960년대 비인간적으로 아동·청소년을 착취하는 평화시장의 현실을 수긍하지 않고, 쉴 시간도 생각할 시간도 없는 일상 속에 온갖 방법으로 질문을 던지며, '다른 시간과 상황'을 만들어 냈다. 전태일은 사회 전체가 무섭게 한 편이 되어 약자들을 괴롭히던 시대 분위기에 묻어가지 않고, "이건 아니다" 하고 선언했다. 군사독재 치하의 공무원들, 사업주, 공장 재단사들까지 대부분 당연하다는 듯 어린 여성들을 하루 16시간, 한 달 중 이틀의 휴식마저 제대로 보장되지 않는 저임금 노동으로 몰아넣던 시절이었다. 그는 남성 재단사로 저 혼자 먹고살 수 있는 길을 가지 않았다.

명랑한 전태일은 결국 웃음을 잃었다. 근로기준법에 분명히 기록된 것과 정반대로만 돌아가는, 이해되지 않는 세상의 벽 이쪽부터 저쪽까지 두드리고 다녔다. 그러다가 자기 몸에 새겨진 근로기준법의 '내용'과 함께 타오르는 것으로 생을 마감했다. 그 불꽃으로 거대한 벽에 작은 구멍을 하나 냈다. 틈이 생겼고, 그 틈으로 권력과 시장이 덮어 두었던 '인간을 위한 말과 생각들'이 쏟아져 나와 세상 사람들에게 겨우 닿았다. 사람들은 화들짝 놀라 눈을 뜨고 평화시장의 참상과 자화상을 그제야 볼 수 있었다.

5.

사장님들이 돈을 벌어 신당동에 호화주택을 장만할 때, 평화시장 노동자들은 재단하고 버리는 천 조각을 이어 옷을 만들어 입곤 했다. 도봉산 기슭 판잣집에서 평화시장으로 출퇴근하며 일하던 시절, 전태일은 공장에서 남은 천으로 앞뒤 색깔이 다른 내복을 만들어 어머니에게 선물한 적이 있다. 언젠가 좋은 새 옷을 사 드리겠다는 약속도 잊지 않았다. 약속을 지킬 수는 없었지만, 그 옷은 세상에 단 하나뿐인 귀한 옷이 되었다. 가격표를 붙일 수 없는 옷. 세상에 단 한 벌뿐인 그 옷이 세상에 남아 어머니의 겨울을 함께 살았다. 이소선 어머니는 돌아가실 때까지 그 옷을 입으셨다.

나는 경기장 지하 한 구석에 앉아 글 조각들을 꿰매고 있다. 바쁜 일상 속에 잃어버릴 뻔한 마음과 기억, 사람들의 말과 글과 길을 모아 전태일이 어머니에게 지어준 내복 같은, 한 권의 책을 재봉하기 시작했다. 청계천변을, 도봉산 기슭을, 마석 모란공원을 걷고, 대구 남산동 골목을 다니며, 제주와 대구에서 도서관 서가를 뒤졌다. 길을 가다가 떠오른 생각이 날아갈세라 메모장에 붙들어 매어 그늘의 지도를 업데이트하고, 기사를 링크하고, 사람들을 만나 이야기 나누며, 태일의 흔적을 찾아 쏘다니다가 다시 글 재봉틀 앞에 돌아와 앉곤 했다.

수북이 쌓인 글감들을 재단해 이어 붙여 꿰매고 뜯어내고 다시 잇기를 반복했다. 지난 50년간 수많은 '살아 있는' 사람들이 전태일의 삶을 이야기로, 노래로, 영화와 연극의 대본으로 써 내려왔다. 나도 한구석에 슬쩍 앉아 글 재봉틀 한 대를 돌리며 그 기억의 현재성을 이어 간다. 고통과 눈물, 웃음과 인간의 진면목이 살아 숨 쉬는 소란스러운 지하 광장 한구석에서 첫 옷을 가판대 위에 전시한다. 전태일이 씩 웃으면서 저쪽에서 걸어온다. 요란한 경기장의 함성 소리가 아득하게 들려온다.

청계천 전태일다리에 있는 전태일 40주기 기념 동판

1장

검은 빵과 한 컵의 물

"선생님, 인간인 고로 빵과 시간, 자유를 갈망합니다.
적당한 빵과 적당한 휴식을 말입니다.
방종이 아닌 자유 말입니다.
쾌락과 희열이 아닌 육체적인 휴식 말입니다.
진수성찬이 아닌 육체를 지탱할 만한
검은 빵과 한 컵의 물."

전태일의 메모, 1970년

일 _ 1966년의 결심

2019년 5월 중순의 어느 날, 나는 전태일의 흔적을 찾아 무궁화호 기차를 타고 대구를 출발해 서울역에 내렸다. 전태일의 어머니 이소선이 식모 살러 가던 1964년 2월과 같은 코스였다. 그 당시에 연착하고 화물차를 비켜 주고 역마다 서면서 열 시간은 걸려야 도착하던 완행열차의 아득한 종착지가 바로 서울이었을 것이다. 무궁화호로 네 시간을 타고 가는 것도 이렇게 지루하고 허리가 아픈데 열 시간이라니. 일일 생활권도 옛말이 되어 버린 KTX 시대와 전혀 다른 아득한 거리감이었겠다.

오후 1시, 역 광장의 인파 속을 걷다가 문득 호기심이 일어나 멈춰 섰다. 그러고는 높은 빌딩들을 마음으로 걷어 내며 50여 년 전 옛 서울의 모습을 상상해 보았다. 먼저 서울역 건물을 등지고 섰다. 재크의 콩나무처럼 하늘을 찌르고 있는 건물들을 왼쪽으로 철거해 나간다. 세브란스, 한진, 주택금융공사, 에스원 건물을 지운다. 하늘이 낮아지고 산이 높아진다. 이번엔 오른쪽이다. 벤츠, 엘지, DB생명보험을 지운다. 한결 가까이 보이는 남산 기슭의 낮은 판잣집들 사이로 사람들이 오가는 게 보인다.

이번에는 돌아서서 으리으리한 새 서울역을 지운다. 옛 서울역은 남겨 둔다. 고풍스런 옛 역사 옆으로는 중앙시장 채소전이 보인다. 채소를 잔뜩 실은 트럭에서 사람들이 하역 작업을 한다. 떨어진 채소 이파리를 부지런히 줍는 여자들이 보인다. 만리동 염천교 다리 밑에서 사람들이 하나둘씩 올라온다. 후끈한 지열로 달아오른 서울역을 오가는 사람들 속에 구두통을 메고 걸어가는 전태일을 상상한다. 나는 그를 잰걸음으로 따라가면서 그 시대와 우리 시대의 '삶'과 '노동'을 잇는 이야기를 이제 시작한다.

거리는 나의 무대

1964년, 열일곱 살 가출 청년 전태일은 빨리 일해 돈을 벌어야만 했다. 보호시설에 맡긴 막내 순덕이를 찾아 데려와야 한다. 길에서 고아들과 동냥하며 다니던 동생 태삼이를 우연히 만났지만 여전히 어머니와 가족들은 뿔뿔이 흩어져 있다. 그는 서울 바닥에서 밑천 없는 청년이 몸뚱이 하나로 할 수 있는 모든 일을 하였다. 낮에는 구두를 닦고 저녁에는 신문을 팔았다. 한밤중엔 야경꾼을 피해 명동 뒷골목을 쓸고 다니며 바닥에 떨어진 담배꽁초를 주워 새 담배를 말아 팔았다. 껌과 휴지, 빈 병을 팔았고, 비가 오면 우산을 떼어다 팔았다. 날이 더워지자 하드를 팔고 늦여름에는 새벽 다섯 시부터 '뒤밀이'를 하였다. 대한문 앞이나 중앙시장 채소전 지푸라기 위에서 잠을 자고 새벽 한기에 일어나, 각종 물자가 부려지는 서울역에서 물건을 싣고 동대문시장까지 가는 손수레를 밀어 주고 30원을 받았는데, 한번 하고 나면 온몸에 김이 날 정도로 땀이 흥건했다. 윗도리는 때에 절어 색이 변하고, 이는 누렇고 찝찝한 황금니가 되었다.

상률 엄마의 도움으로 다시 만난 어머니는 식당 주방에서 일을 하다 하혈하고 쓰러졌다가 천천히 회복 중이었다. 여름 무렵에는 중부시장 좌판에서 수제비를 먹다가 동생 순옥이를 우연히 만난다. 순옥이와 아버지도 서울에 올라와 있었던 것이다. 태일이네는 길고양이들처럼 대도시의 '부스러기'(태일은 훗날 1969년 친구 원섭에게 쓴 편지에, '덩어리'가 존재하지 않으면 '부스러기'도 생기지 않는다며, 그것들이 '용해'되어 있는 평등한 사회를 '아름다운' 색깔이라고 표현했다)로 연명하며 서울 시장통 여기저기에 살고 있었던 것이다. 순옥이와 태일의 우연한 만남으로 어쨌든 가족의 끈은 다시 이어진다. 아버지는 술을 끊고 성실하게 일하겠으니 함께 살자고 간곡하게 부탁했지만 어머니는 망설였다. 남편의 술주정도 걱정이었지만 바로 모여 살 형편도 못 되었다. 1년 남짓 지난 1965년, 노숙하며 번 돈을 합친 끝에 남산동 50번지에 셋방을 얻어 차례차례 모여 살게 된 후에야 천호동 보육원에 있던 순덕이도 데려올 수 있었다.

평화시장에 첫발을 들이다

평화시장 학생복 맞춤집 삼일사의 '시다[1] 구함' 광고를 본 것은 동생 태삼이와 구두통을 메고 다니던 1964년 어느 날이었다. 태일은 수입이 적더라도 월급을 받는 기술자가 되고 싶었다. 삼일사에 면접을 보러 가, 그 다음날부터 일을 시작했다. 첫 월급은 1,500원.[2] 일당으로 치면 하루 하숙비 120원에도 못 미쳤지만, 태일은 미래를 생각했다. 재봉 기술을 배워 하루속히 돈을 벌어, 하다 만 학교 공부를 계속 하고 싶었다. 또한 장남으로서 가족들이 모여 살 기반을 만들고 싶었다.

1 | 견습공, 실습생. 일본어 '시다바리'의 준말로, '일하는 사람의 옆에서 그 일을 거들어 주는 사람'을 뜻한다.

2 | 현재 가치로 59,823원. 2019년 10월 KBS 〈팩트체크 K〉에서는 당시 화폐가치를 한국은행 소비자 물가지수를 활용해 현재 가치로 환산해, 평화시장에 노동 착취가 없었다는 한 대학교수의 망언을 반박하며 전태일의 직책별 월급 표를 제시했다. 1970년 왕성사에서 받은 4년차 재단사 전태일의 월급 23,000원은 현재 484,932원으로 환산된다. 이 책에서 당시의 임금을 현재 가치로 환산한 액수는 KBS의 자료를 근거로 삼는다.

평화시장에서 시다로 갓 취직했을 때 동료 시다, 미싱 보조들과 함께
(뒷줄 왼쪽에서 세 번째)

하지만 당장 돈은 모이지 않았다. 부족한 수입은 다른 일을 더해 채웠다. 새벽에 여관에 가서 구두를 닦고, 밤늦게 껌과 휴지를 팔아 돈을 버는 '쓰리잡'의 생활을 몸 하나로 버텼다. 어머니의 채소 행상이 어느 정도 자리 잡고, 남산 기슭에 모여 살 즈음에는 아침과 밤 알바를 하지 않고 평화시장 일만 하게 되어 홀가분했다.

태일은 어려서부터 아버지한테 재봉 일을 배운 데다가 손끝이 야무졌다. 기술이 좋아 일을 시작하고 얼마 지나지 않아 미싱 보조로 올라가 월급 3,000원을 받게 되었다. 1966년 추석 대목을 앞두고는 아동 막바지를 만드는 통일사에 '미싱사'로 취직해 월급은 7,000원(약 26만 원)으로 올랐다. 재단사들은 15,000~30,000원까지 벌던 것에 비하면 얼마 안 됐지만 그 정도로도 태일이네 살림에는 한결 윤기가 돌았다. 그렇다면, 거리에서 연명하던 태일이가 번듯이 취직해 중급 기술자가 된 1966년은 어떤 해였을까?

당시에는 '경제성장'이 유일한 국정 목표였다. 박정희 대통령은 1966년 1월, 국정 방향을 밝히는 연두교서를 발표한다. 밝고 명랑한 사회 분위기를 만들고 생산에 기여하는 인간을 개발해 '조국 근대화'를 달성해야 한다며 국민들에게 1970년대 후반에 도래할 풍요로운 '대량 소비 시대'를 약속한다. '수출 아니면 죽음'이라는 처칠의 구호를 인용한 1965년의 연두교서에서 한 발 더 나아간 주문이었다. 대다수 국민들도 식민지, 전쟁의 가난에서 벗어나 우선은 먹고살아야 한다고 생각하고 있었다. '산업 역군'으로 호명된 '근로자'들은 근면과 절약을 몸에 익히고 농촌을 떠나 저임금 장시간의 공장 생활을 시작했다.

그 이면을 살펴보자. 당시 한국은 6·25 전쟁의 폐허 이후 미국과 유엔의 경제 원조에서 벗어나는 데 필요한 개발 자금을 마련해야 했다. 이 과정에서 박정희 군사정권은 미국의 요청에 따라 베트남 전쟁에 대규모로 파병을 하고, 경제적으로는 일본과의 굴욕 협정으로 유무상 원조를 받으며 일본 산업의 후방 기지로 편입된다. 대기업들은 전쟁의 뒤에서 특수를 누리고 정치자금을 청와대에 상납하면서 각종 특혜를 받으며 성장해 지금에 이르고 있다. 정부와 대기업의 정경 유착은 고질적인 한국 사회 부패의 원인으로 뿌리내려 현재까지 그 공생 관계가 이어지고 있다.

한국의 풍부한 노동력은 저임금 장시간 노동에 동원되며 종속적인 경제성장의 거름이 되었다. '근로자'들은 대통령의 연두교서에서는 '산업 역군'으로 칭송되었지만 끝없는 성장 목표에 동원되었다.

한편 노동청은 1963년 설립되었다. 설립된 이래 노동청의 대표인 노동청장 열 명 중 일곱 명이 경찰 간부 출신이었고 중앙정보부와 경찰은 노동 현장의 불만을 감시하고 철저하게 통제했다. 한국 사회의 '오직 먹고사니즘'은 이렇게 국민들에게 좁은 시야를 강제하는 과정에서 삶의 유일한 원칙으로 자리 잡았다. 게다가 내전을 치르고 남북으로 나뉜 적대적인 분위기 속에 사상과 언론의 자유는 남과 북에서 모두 과도하게 통제되었다. 분단 상황은 남북 권력자들이 서로 적대하는 한편 권력을 각자 유지하는 내부 단속의 근거가 되었다.

박정희는 비록 군복을 벗었지만 군대 식으로 사회를 통치해 사회 곳곳에 일사불란하게 군대 문화가 스며들어 '발전국가'의 기본틀을 이루었다. 기업은 겉으로는 직원을 가족처럼 대한다는 가족주의를 내세웠지만 회사 분위기는 가부장적이고 딱딱했다. 한국 사회의 이런 고질적인 병폐들은 경제성장의 그늘 아래 아직까지도 우리 사회를 움직이는 근본 원리로서 작동하고 있다. 다시 평화시장으로 돌아가 이야기를 이어 보자.

억울한 생각

태일은 이제 제 식구만 챙기면 어느 정도 먹고살 수 있는 미싱사가 되었다. 성실하고 기술을 빨리 배웠다. 하지만 그는 점점 억울한 마음이 들고 괴로워졌다. 대부분 '미싱사'는 10대 중반에서 20대 초반의 여성들, 미싱사를 보조해 한 팀[3]을 이루는 '시다'는 10대 초중반의 어린 소녀들이었다. 태일의 누이동생 전순옥과 당시 여공 신순애에 따르면, 그 당시 평화시장을 비롯한 의류 공장 시다 여성들의 일은 대부분 집안의 남자 형제들을 뒷바라지하기 위한 '희생 노동'의 성격을 띠었다. 가족 중에서 대표 선수를 뽑듯 주로 남자를 집중 교육시켰고, 나머지 형제자매들은 뒷바라지 노동의 전선에 배치되었다.

공장에서 시다들은 발언권이 없었다. 작업 시간, 연장 근무의 선택, 옷 한 장당 단가인 '공임' 등 모든 사항은 사장과 재단사가 일방적으로 결정했다. "일은 시키는 대로, 월급은 주는 대로"가 진리이자 유행어였다. 당근 없는 채찍의 시대

3| 평화시장 작업장의 팀 구성은 크게 '옷감 자르는 일'과 '옷 꿰매는 일'로 나뉜다. '옷감 자르는 일'은 주로 남성이 했으며 '재단사, 재단 보조'를 두었다. '옷 꿰매는 일'은 보통 '미싱사, 미싱 보조, 시다 두 명'이 한 팀을 이루었다.

였다. 시다들은 자기 월급봉투를 직접 받지 못했다. 미싱사가 받는 돈에서 일부를 떼어 받았기 때문에 방값을 아끼려고 통풍이 안 되는 공장 다락에서 생활하는 사람도 많았다. 하루 종일 먼지 속에 일하느라 각종 호흡기 질환과 안질, 근골격계 질환, 빈혈, 위장병에 시달렸다. 건강검진은 없었다. 시늉으로 몇 명만 엑스레이 필름을 빼고 촬영했다. 다들 아프니까 아픈 게 당연한 것으로 느껴졌다. 그러다 보니 아무리 아파도 피를 토하기 직전까지는 그것을 아픈 것으로 인식하지 못했다. 치료받을 시간과 돈, 치료받아 본 경험이 없었기 때문에 더욱 그랬다. "평화시장 여공들은 시집가도 한 3년밖에 못 써먹는다"는 자조적인 말이 유행했다.

이에 더해 여공들은 사업주와 재단사들의 상습적인 욕설과 폭력에 시달렸다. 따로 휴식 시간이 없는 데다가 화장실 가는 데도 눈치가 보였다. 갈증을 참고, 점심을 건너뛰어 허기진 배가 접히면 오후에는 꾸벅꾸벅 졸았다. 이렇게 가혹한 노동 환경에 더해 고향에 대한 그리움과 외로움은 어린 여성들을 더욱 힘들게 했다. 야식으로 삼립빵 하나 나오지 않는 하루 15~16시간 노동의 대가는 어디로 갔을까?

소자본으로 시작한 사업주들이 2~3년 내에 사업을 열 배 정도 불리는 건 흔한 일이었다고 한다. 소녀들의 노동이 '초과 착취'[4]되는 동안 사업주들은 이윤을 독점하였다. 평화시장에서 만든 옷들은 '서울 물건'으로 유명해져 "만들어 놓기만 하면 모두 팔린다"는 말이 돌 정도로 전국으로 팔려 나갔다. 사업주들은 신당동에 호화주택을 장만하기 시작했다.

태일은 중급 기술자가 되었지만 평화시장의 이런 현실을 몸소 체험하고 알게 되면서 괴로움을 느낀다. 그는 "멍들어 가는 어린 동심을 보며" 깊은 번민에 빠지게 된다. 잠시, 지금 우리가 사는 시대의 일들을 살펴보며 태일의 시대와 견주어 보자.

일하다 죽는 회사

대전의 한 마이스터고에 다니던 3학년생 김동준은 2013년 말에 충북 진천에 있는 CJ 식품 공장으로 현장 실습을 나갔다. 대기업이라 잘됐다며 사람들은 칭찬하고 축하해 주었다. 전산 전공이라 관련 파트에서 일하기를 원했지만 그는 포장육 나르는 일을 하였다. 현장 일은 밖에서 생각했던 것

4| '착취'는 감정적인 날말이 아니라 자본주의 사회의 기업들이 노동자와 계약한 임금 외에 이윤을 가져가는 것을 가리키는 말로서 자본주의의 기본 속성이다.(2019년 성서공단노동조합에서 주최한 '마르크스 철학 강의'에서 철학자 한형식) 여기서는 평화시장 사업주들이 임금을 조금 지불하고 막대한 이윤을 가져간다는 의미로, '초과 착취'라고 표현했다.

과는 많이 달랐다.

당시 그는 180cm, 86kg의 건장한 체구였다. 한번은 등짝이 시퍼래진 채로 도망치듯 토요일 잔업을 간신히 빼고 대전에 온 적이 있다. 할머니 병문안을 핑계로 겨우 뺀 것이었다. 열흘 가까이 이어지던 하루 열다섯 시간의 중노동도 고됐지만 건장한 자신에게만 유독 일을 더 많이 시키는 분위기가 힘들었다. 김동준은 등짝이 멍들도록 무거운 짐을 도맡아 날라야 했다.

회식하는 날이었다. 식당 마당에서 동기들과 단체로 '주먹 쥐고 엎드려뻗쳐' 얼차려를 당했다. 일 못한다고 욕 먹으며 김동준은 선임의 구둣발에 차이다가 결국 못 참고 일어나 항의했다. 하지만 돌아온 것은 압도적인 협박과 욕설이었다. 학교에 이 사실을 말하자 담임교사는 그 다음 주 월요일에 현장을 방문하기로 했다. 선임 직원에 대한 두려움에 시달리다가 억지로 일요일에 회사로 간 동준은 월요일 아침, 기숙사에서 몸을 던졌다. 졸업식을 열흘 남짓 앞둔 2014년 1월 20일이었다.

어머니는 졸업식 때까지만 참자고 아들을 돌려보낸 자신의 말을 가슴 치며 후회했다. 그녀는 갖은 노력 끝에 회사의 비협조와 방해를 뚫고 산업재해 승인을 받고 나서야 목 놓아

울 수 있었다. 김동준의 어머니는 '다시는'[5] 가족들과 함께, '일하다 죽는 회사'에 학생들을 그만 보내야 한다고 거듭 말하며 전국을 다닌다.

군포의 특성화고에 다니던 김동균은 2015년 현장 실습으로 나간 분당의 대형 뷔페 식당에서 일하며 이른바 '오마 벌칙'에 시달렸다. 2,000명이 먹을 음식을 미리 세팅하려면 한 시간 먼저 나와 준비하고, 끝나면 마무리할 두 명의 일손이 필요한데, 지각을 한 번 하면 바로 이 '오픈 마감조'에 투입이 되었다. '오픈 마감조'에 투입되는 것을 줄여 '오마 벌칙'이라 불렀다. 학생들은 이것을 부당한 조기 출근과 공짜 추가 노동으로 인식하지 못했다. 잘못해서 당연히 받는 벌이라고 생각했다. 김동균의 아버지는 이 '오마 벌칙'이 실습생들의 '군기'를 잡고 인건비도 절약하는 악질적인 매뉴얼이라며 분노하였다. 김동균은 수프를 끓이다 입은 화상을 스스로 치료했다. 그는 졸업 후에도 이 업체에서 알바를 이어 갔다. 이

5| 산재 피해 가족 네트워크 '다시는'은 청년 김용균의 죽음을 계기로 비슷한 아픔을 지닌 산재 유족들이 모여 결성하였다. 발전소, 건설 현장, 방송국, 반도체 공장, 고교 현장 실습 나간 콜센터, 생수 공장, 식품 공장, 외식업체 등에서 죽음에 내몰린 청년 노동자들의 가족 모임이다. 전국 곳곳, 공론의 장이 열리는 데마다 다니며 중대 재해 기업처벌법 제정을 촉구하고 위험의 외주화를 중단해야 한다고 외치고 있다.

듬해인 2016년 5월, 군 입대를 앞두고 파트장의 성추행과 오마 벌칙에 시달리던 그는 요리사 복장 그대로 뛰어나가 사라졌다가 전봇대에 목을 맨 채 발견되었다.

2017년 11월, 서귀포의 한 특성화고 3학년생 이민호는 제주도의 한 음료 공장에서 적재기를 점검하다 그 사이에 끼여 병원에 후송되었으나 열흘간 사경을 헤매다가 결국 사망하였다. 그의 아버지는 실습생에게 주요 업무를 맡긴 회사의 무책임, 열두 시간에 달하는 과로, 회사 대표에 대한 1심 법원의 집행유예 판결, 한 달 만에 다시 정상 가동되던 생산 라인, 위험한 데 들어가지 말라는 말을 어기고 민호가 들어가 변을 당했다는 과장의 거짓말에 분노했다.

1심 재판부는 사업주의 과실을 인정하면서도 집행유예 처분을, 회사에는 2,000만 원의 벌금을 부과하는 솜방망이 처벌을 내렸다. 사람들은 실습생에게 전가된 위험한 일을 하다 사람이 죽었는데 약간의 벌금과 집행유예 처분으로 끝나는 모습을 보고 "이게 나라인가" 질문하였다. 원예 전공인 이민호는 정직원들을 대신해 기계 고장을 손봤다. 주말에 집에 오면 좋아하는 게임도 못 하고 잠만 잘 정도로 연장, 야간 등 장시간 초과 노동에 시달렸다. 퇴근해 기숙사에서 쉬다가도 부르면 다시 나가서 일했다. 대표는 사고 이후 자신도 먹고

살아야 한다며 생산 라인을 어서 돌려야 한다고 말해 유족과 시민들의 마음을 후벼 팠다.

이민호의 아버지는 아들의 사고 이후로 '다시는' 가족들과 함께 전국으로 동분서주하며, 도제학교를 통해 다시 현장형 실습을 확대하는 정부에 큰 목소리로 항의하고 있다. 사고 이후 조기 취업형 현장 실습 제도가 전면 폐지될 듯하더니, 교육부는 2019년 들어 오히려 '산학일체형 도제학교'를 통해 '일학습 병행'식 현장 실습을 더욱 확대하는 안을 내놓고 국회는 '일학습 병행 지원 법안'을 통과시켰다. 교육부는 '학습 중심 현장 실습'을 통해 학생들이 실무를 배우고 일자리를 얻을 수 있다고 하지만 2019년 4월, 도제학교 운영 실태 토론회에 따르면, 도제학교의 실체는 대부분 영세 사업장에서 현장 실습의 취지와 거리가 먼 청소, 허드렛일 등 강도 높은 단순 보조 노동을 하는 것이었다. 특성화고는 취업률 높이기에 혈안이 되었고 참여한 학생들은 저임금 단순 노동자일 따름이었다.

이런 상황에서 한국 기업의 인식이 변하지 않고 있다는 것이 무엇보다 두려운 점이다. 도제학교에서 실습 나온 '근로 학습자'를 기업은 저임금으로 대접할 것이다. 왜? 평화시장이 그랬듯 기술을 가르쳐 주는 '교육'이니 말이다. 관리 감독 인력은 태부족이다. 게다가 한국 사회에 만연한 권위적인 상명하복 군대 문화는 '근로 학습자'를 한 사람의 인격체, 동료, 노동자로 존중하지 않을 확률이 매우 높다. 위험한 일을 발언권이 없는 '막내 근로 학습자'에게 시키기 쉬울 것이다.

도제학교와 연계한 일학습 병행제는 '능력 중심 사회'를 광고하고 있다. 하지만 이때 능력은 평등한 일터가 마련된 사회의 기술력이 아니다. 실습 여건이 따로 마련되지 않은 사회에서 기업에게만 유리한 제도이다. 불안한 일자리의 환경을 감추고 전가된 위험에도 성실히 순종하는 태도를 능력으로 포장한 것에 불과하다.

이런 눈속임과 취업률 만능주의 속에 한국 산업 현장은 여전히 최장 노동시간과 최고의 산재 사망률을 자랑한다. 그런데도 방향을 바꾸려 하지 않는다, 산재 사망 사고를 낸 기업에게 한국의 법은 책임을 감면해 주고 솜방망이 처벌을 내리기 때문이다.

지속적인 세계적 저성장의 책임을 서민들의 '높은' 최저임금이 지는 동안, 재계는 과로사를 유발할 수 있는 탄력근로제 기간 확대를 줄기차게 요구해 관철시키고, 대기업의 곳간엔 100조 원 가까운 이윤이 쌓여 있다. 노동기본권 보장에 반대하는 한 국회의원은 주당 노동시간을 너무 줄여 경제가 걱정된다며 자신들은 유연한 근무 환경 속에서 국회 파행을 거듭 자행하면서도 막대한 월급을 챙기고 있다. 한국의 많은 국회의원은 과로사 위험, 임금 체불의 위험이 없는 옥상옥의 자리에서 법안을 주무른다.

재단사가 되기로 했다

다시 1966년이다. 추석 대목 일을 마치고 자리 이동이 많은 10월에 태일은 평화시장 2층 244호 한미사에 재단 보조로 들어간다. 미싱사가 재단 보조가 된 것이다. 드문 일이다. 보다 낮은 임금을 감수하고, 같은 재봉 일이지만 다른 계통의 일을 하겠다고 나선 것이다. 그동안 받던 7,000원 월급이 3,000원으로 준다는 뜻인데, 당시 어머니는 시장통에서 돌아다니며 수제비를 팔았고, 태삼이는 차비 정도 벌고, 아버지는 실직 상태였다. 그런데 도대체 왜 그랬을까? 그동안 시다로, 미싱 보조로, 미싱사로 일하면서 태일의 꿈과 시선의 방향은 달라지고 있었다. 집안이 이렇게 어려운 상황에도 절반 이하의 월급을 감수한 그의 선택에 우리는 고개를 갸우뚱하게 된다. 과연 재단사가 무엇이기에 태일은 그 길을 선택해 다시 보조의 길로 들어선 것일까.

성장 _ 블랙리스트에 오르다

전태일은 가난한 집 4남매 가운데 장남으로 책임감이 강하고 부지런했다. 식구들의 정신적 지주였다. 동생들 공부를 검사할 때에는 엄했지만 줄곧 다정다감한 큰오빠고 형이었다. 동네에서는 한집에 모여서들 보는 텔레비전을 대신할 만큼 맛깔스럽게 이야기하는 재담꾼이라 태일이 있는 저녁이면 뜰에 사람들이 붐볐다. 태일은 노래는 젬병이었지만 우스운 춤과 표정으로 사람들 배꼽을 뺐고 영화, 책, 평화시장 이야기로 사람들을 울리고 웃겼다. 공장 일 마치고 녹초가 되어 밤늦게 돌아와도 그냥 자는 법 없이 어머니와 그날 일들을 두런두런 이야기하였다.

1966년 추석이 끝나고 재단 보조로 들어간 한미사는 잠바를 만드는 집이었다. 수입은 절반 이하로 줄어 식구들한테 미안했지만 태일은 스스로 선택한 새 일에 포부가 컸다. 일찍 출근해 무질서한 작업장을 깨끗하게 정리했다. 2층 다락을 수시로 오르내리며 일해야 하는 시다들을 배려해 계속 필요한 옷 부속 재료를 넉넉하게 잘라 두었다.

고된 일상이었지만 시다들은 친오빠 대하듯 이런 태일을 따랐고, 태일은 넉 달 만에 재단사가 되었다. 2년을 내다보고 시작한 일이 4개월 만에 이루어진 것이다. 인색하기로 소문난 사장 부부가 태일의 일머리와 성실함을 눈여겨보았다가 재단사 일을 맡긴 것이다. 부부는 설 대목 일이 끝나자 지방으로 일주일 동안 수금을 떠나며 태일에게 가게를 맡기고 간다. 공장은 2층에, 가게는 1층에 있었다. 태일은 헌신적으로 일했고 결국 업주의 눈에 들어 재단사가 된 것이다. 1967년 2월 23일, 본격적인 재단사 생활을 앞두고 들뜬 마음으로 "주인의 공을 갚고 완전한 재단사"가 되겠다고 일기장에 다짐한다.

미싱사는 옷 만든 만큼 계산해 돈을 받았다. 시다는 미싱사와 한 팀이었으므로 미싱사가 받는 성과급에서, 10~20%를 떼어 받았다. 하지만 재단사는 월급을 받으면서 미싱사한테 줄 공임을 사업주와 결정했다. 공임이란, 옷 한 벌 만들면 미싱사가 받는 인건비로 옷 한 장당 단가를 말한다. 시다의 임금도 공임에 따라 결정되니 미싱사, 시다 입장에서는 공임이 중요했다. 하지만 대개 일을 다 하고 재단사와 업주가 일방적으로 공임을 정해 불만이 많았다.

재단사는 거기에 더해 입사와 해고를 좌우할 권력까지 가진 만큼, 사업주와 직공들 모두에게 중요한 존재였다. 태일은 양심껏 정당하게 그 사이에서 역할을 해 약한 직공들 편에 서겠다고 결심했다. 이것이 태일이 재단사가 되려고 미싱사에서 재단 보조로 '내려오는' 길을 택한 까닭이었다.

스무 살 재단사의 해고 사유

사업주는 세 사람이 할 일을 태일에게 맡겼다. 보통 재단사 아래 두는 재단 보조, 시아게[6] 없이 태일은 3인분의 일을 한다. 재단사가 된 지 한 달도 안 된 3월 16일 자정 무렵 일기에는 하루하루가 못 견디게 괴롭다고 씌어 있다. 아침 8시부터 '저녁' 11시까지 하루 열다섯 시간 동안 세 사람 몫을 하니 "정말 죽고 싶다"고 여러 번 휘갈겨 쓴다. 가을 무렵 일기에서는 작업장의 소음 속에서 멍하니 기계적으로 일하는 자신을 담담히 묘사한다. 무의미하고 의욕 없는 일상에 소외감을 느낀다. 일의 방관자가 되어 질서 있게 일을 '당하는' 상황을 적는다. 자신이 일을 하는 것 같지 않은 무기력함에 몸서리친다. 하지만 또 다른 메모에 다시 '희망'을 쓰고, '앞으로 가라'고 스스로 명령하며 외로움을 틀어막는다.

태일은 고된 일상과 괴리감 속에 자기 방식대로 동료들을 챙긴다. 평화시장에서 일한 후로 처음 만나 보는 부드러

6 | 옷 만들 때 마지막에 뒷손질하고 마무리하는 일, 사람.

운 재단사에게 여공들은 고통을 '표현'하기 시작한다. "재단사요" 부르며, 잠 안 오는 주사를 맞아 가며 사흘 밤샘 근무를 했더니 앞이 안 보이고 손이 펴지지 않는다며 운다. 태일은 상담실이고, 보건실이었다. 태일은 제 주머니를 털어 아픈 여공들을 병원과 약국에 데려가고 달래 가며 일한다. 한 미싱사는 일하다 피를 토해 폐병 진단을 받고 해고당했다.

지켜봐야만 했다. 태일이 할 수 있는 건 들어주고 달래고 지켜보는 것뿐. 그나마 다른 재단사들은 하지 않던 일이다. 태일은 하루 일을 마친 깊은 밤, 시다들을 일찍 보내고 대신 작업장을 정리한다. 그걸 본 사장은 그러지 말라고 여러 번 경고한다. 태일은 계속 시다들을 일찍 보낸다. 사장은 태일에게 해고를 통보한다. 시다들 버릇 나빠지게 한 죄, 재단사 멋대로 판단한 죄였다. 그 죄목을 바꿔 말하면, 사람을 아낀 죄 정도가 되겠다. 인색한 사장은 세 명 몫의 일을 하던 재단사가 '스스로' 판단하며 말을 듣지 않자 결국 절감하던 인건비를 포기하고 그를 해고해 버렸다.

태일이 착각한 것이 있다. 순진한 태일은, 재단사의 힘이 사업주 편에 설 때에만 발휘된다는 사실을 몰랐다. 재단사는 대부분 남성이었고 사업주와 한편이 되어 대부분 여성인 미싱사, 시다들을 통제해야 했다. 재단사는 욕하고 때리고 잠

안 오는 주사를 놓는 '자리'였다. 하지만 태일은 재단사의 힘을 발휘할 수 없는 방향으로 재단사 일을 했다. 그렇다면 대부분의 재단사들은 어떻게 일했을까.

재단사의 권력은 입사, 해고, 공임 결정에도 있었지만 핵심 권력은 일 배분에 있었다. 재단사가 쉬운 일감을 몰아주면 그 팀은 더 많은 돈을 벌 수 있었다. 반대로 재단사의 눈밖에 나면 한 벌을 만드는 데 시간이 오래 걸리는, 공정이 까다로운 일감을 받아 수입이 줄어드는 것이다. 재단사의 마음에 들기 위한 감정, 태도의 노동까지 해야 하는 상황이었다. 여성 노동자들에 대한 재단사의 성폭행까지 발생하던 배경이다.

평화시장 여공들은 한 주 168시간 중에 105시간가량을 이런 환경에서 일했다. 1966년 열세 살 시다 신순애의 첫 월급은 700원. 미싱사 월급은 7,000~10,000원[7]. 여공들은 "기술이 없어서 조금 받는 거라 생각하며 기술을 배울 때까지는 어떤 어려움도 참고 견디며 일하기로 마음먹"곤 하였다. 이들은 군사적이고 가부장적인 공장 분위기 속에서 자신의 희생을 감수했다. 장시간 노동은 세상을 파악할 여유를 주지

7 | 당시 7,000원의 현재 가치는 260,813원으로 환산된다.

않았다. 삶은 강자들이 세팅해 두었다. 견디지 못한 동료들이 유흥 업소로 옮겼다는 소문까지 파다하게 돌았다.

바보회를 만들다

1961년 5·16 군사 쿠데타 이후 박정희 정권은 사회 명랑화 사업이라며 소위 '부랑아, 윤락 여성'을 모아 서산 간척 사업에 동원해 노역을 시켰다. 그들은 가난했지만 멀쩡한 '사람'이었다. 망가진 사람들을 나라가 살려 명랑해진 게 아니다. 원래 명랑한 사람들을 잡아다가 망가뜨려 놓고 언론에 새 삶을 얻은 것으로 홍보해 정권의 업적으로 둔갑시켰다. 많이 죽고 다쳤지만 진실은 권력과 언론의 벽을 넘지 못했다. 비슷하게, 평화시장과 전국의 영세한 공장에서 일하는 노동자들은 '수출의 역군, 산업 전사' 같은 전투 용어로 전진 배치되었다. 속을 들여다보면 평화시장은 더도 덜도 없는 과잉 '착취 공장sweatshop'[8]이었다.

8| 이정우, 『약자를 위한 경제학』, 개마고원, 2014, 178쪽. 신순애, 『열세 살 여공의 삶』, 한겨레출판, 2014. 임흥순 감독, 〈위로공단〉, 2015에서 인용. '착취 공장'은 역사적 용어로 저임금, 열악한 작업 환경, 아동 노동의 조건을 필요로 한다. 19세기 중반 런던, 뉴욕 의류 공장은 저임금 착취 공장의 시작이었다. 이후 착취 공장은, 산업화 초기의 후진국으로 전파되어 중국, 베트남, 방글라데시, 캄보디아로 낮은 임금을 찾아 이전한다. 1970년에 전태일의 분신 이후 청계노조가 생겨 싸우자 다른 동네 골목으로 공장을

태일은 탐욕스런 사업주 밑에서 세 명 몫의 일을 하다가 해고되었다. 아이러니하게도 이런 과잉 착취 공장이 평화시장에만 300여 개가 있었으니 취직할 데는 많았다. 몇 군데 공장을 다니다 사장과 다투고 그만두거나 또 다시 해고당했다.

해방 후 노동운동을 경험한 아버지 전상수는 태일이 일터에서 다투고 해고되는 걸 보며 노동자의 권리에 눈뜨는 것을, 더 나아가 노동운동에 관심 갖는 것을 말리고 싶었다. 그래서 노동운동의 어려움을 강조해 겁을 주었다. 기술을 배워 훗날을 준비하라고 말했다. 하지만 태일은 아버지의 말에서 오히려 '근로기준법'이라는 빛을 찾아냈다. 하루 여덟 시간만 일하고, 일주일에 반드시 유급 휴일을 보장해야 한다는 내용이 명시되어 있다는 것을 알게 된 후 태일은 근로기준법 책을 끼고 살았다.

1967년부터 알게 된 재단사 김영문과 함께 여러 재단사를 모아 1968년 말 '바보회'를 만들었다. 동화시장 지하 은

옮기던 한국의 의류 착취 공장들은 이제는 캄보디아에까지 가 있다. 저임금과 가혹한 노동 통제 방법까지 함께 들고 갔다. 2014년 1월, 한국인이 경영하는 캄보디아 봉제 공장에서 시간외 수당을 요구하는 캄보디아 노동자들의 시위에 군대가 개입해 다섯 명의 노동자가 목숨을 잃었다.

하수 다방에 모여 늦은 시간까지 종업원의 눈치를 참아 가며 이야기를 나눴다. 태일이 근로기준법에 보장된 권리를 역설하는 자리였다. 태일을 말리려던 아버지의 의도는 정반대로 힘을 발휘해 아들이 더 힘을 내게 한 것이다. 아버지 전상수는 1969년 6월에 지병으로 세상을 떠난다. 가난한 가장으로 숱한 흥망성쇠를 겪으며 떠날 때, 아내에게 태일이를 말리지 말라고 유언을 남긴다.

아버지가 돌아가신 1969년 6월 말, 바보회는 덕수중 근처 중국집 방에 모여 정식 창립총회를 열었다. '바보'회라는 이름에는 두 가지 뜻이 충돌했다. 근로기준법이 있는 것도 모르고 당하며 살아온 바보라는 뜻이 하나, 바꾸려고 덤벼 봤자 소용없으니 무모하게 저항하는 것은 바보 같은 일이라는 충고의 뜻이 하나. 두 '바보'는 의미가 부딪쳤지만 어떻게 살든 '바보'니까 답답한 현실에 한번 부딪쳐나 보자는 취지에서 태일이 의미를 새로 부여해 '바보회'로 이름을 제안했고 큰 박수로 통과됐다.

회원들은 태일이네 창동집으로 자리를 옮겨 밤새도록 활동 계획을 세웠다. 근로기준법이 지켜지도록 싸우고, 새 회원을 모아 노동조합으로 발전시키며, 우선 3만 근로자의 노동 실태를 설문 조사하자고 했다. 더 나아가 돈을 대 줄 독지가를 찾아 근로기준법을 지키는 모범 업체를 만들자고 했다.

그 이야기들이 너무 이상적으로 들렸는지 몇몇 회원이 "우리는 겨우 20대라 아직 부족하니 그런 일은 좀 나중에 하자"며 친목 도모로 모임을 하자고 말했다. 태일은 "우리는 결코 적은 나이가 아니며 처자식 생기고 기운 빠지는 30~40대에 가서 무슨 일을 하겠냐"고 반문한다. 자, 다시 2019년이다. 다음 상황을 보면서 19세~20대 초반의 '젊은이'에 대한 자신의 생각과 비교해 보자. 나는 사회자, 당신은 방청객이다. 1969년, 바보회 창립총회에서 던진 태일의 위 반문에 요즘 어른들은 이렇게 답했다.

희망은 강요할 수 있는가

2019년 5월 30일 오후 경기도의회 대회의실에는 "생애 첫 노동을 인간답게!"라는 현수막이 걸렸다. 청년 노동 권익 증진을 위해 3월에 출범한 경기도 노동권익센터에서 준비한 첫 토론회였다. 토론의 결과는 청년 정책에 반영한다고 했다.

결론부터 말하자면 토론회는 진행되지 못했다. 수원이 지역구인 30대 중반의 더불어민주당 도의원은 방법과 대상이 잘못되었고 내용이 자극적이라며 행사 전부터 주최 측에 어깃장을 놓았다. 학생들을 인솔해 온 특성화고 교사들은 자료집의 내용이 편향적이라며 항의했다. '전국특성화고졸업생 노동조합 위원장'의 발표 자료에는 2017년 전주에 있는 통신사 콜센터에서 해지 방어 실적을 강요받다가 극단적인 선택을 한 실습생 홍수연의 사례와 일련의 현장 실습 사고를 거울삼아 노동 현실을 바꿔야 한다는 내용이 담겨 있었다. 토론회에는 50일 전 수원 공사 현장에서 추락사한 특성화고 출신 김태규 씨의 유가족도 와 있었다.

교사들은 학생들이 희망적이고 긍정적인 이야기를 들어야지, 산업재해나 사망 사고 등 부정적이고 암울한 현실을 알면 안 된다고 소리쳤다. 내용을 수정하라는 요구가 받아들여지지 않자 교사들은 95명의 학생들을 데리고 45분 만에 토론회장을 빠져나갔다. 한 교사는 주최 측이 제공한 생수만 먹고 간다며 동요 가사 "물만 먹고 가지요~"를 조롱하듯 흥얼거리며 퇴장했다. 다른 교사는 정신적으로 미성숙한 고3 학생들이 참담한 내용을 들으면 오히려 역효과가 난다며 핏대를 세웠다고 한다. 이러면 누가 특성화고에 오고, 취업률은 어떡할 거냐고 역정을 냈단다.[9] 미성숙하다'고 판단된' 고3들은 교사들의 명령에 집단 퇴장할 수밖에 없었다. "생애 첫 노

9| 장윤서, 「산업재해 알 필요 없어, 청소년 노동권 토론회서 쫓겨난 학생들」, 『민중의 소리』 2019. 5. 30.

동을 인간답게!"라는 현수막 문구는 당사자 없이 무안하게 벽에 걸린 채 마저 자리를 지켰다.

도대체 무엇이 '희망'이고 어떤 이야기가 열아홉 살의 학생들이 들어도 될 긍정적인 이야기일까? 한국이 노동시간이 길고, 산업재해 사망 사고가 많다고, 현장 실습에서 일련의 사고들이 일어났다고 학생들에게 사실대로 말하는 게 들어서는 안 될 이야기인가?

아니다. 꼭 들어야 할 이야기이다. 왜냐, 그걸 아는 순간 일터에 나가 '판단'할 수 있기 때문이다. 발표를 들었다면 학생들은 두렵기도 했겠지만, 세상을 실제로 알게 되었다는 의젓한 자부심도 얻었을 것이다. 최소한 자신은 안전한 일터를 찾거나 만들겠다는 생각에서부터, 어떻게 세상을 바꿀까 하는 희망과 의지까지 싹텄을지 모른다. 오히려 교사들의 퇴장 명령에 학생들의 지혜와 명랑함은 더욱 어두워지지 않았을까.

그 토론회는 게다가 공식 수업이었으니 도리어 학생들의 알 권리를 침해한 것이다. 어떤 학생들은 교사들의 등쌀에 퇴장하면서도 "더 듣고 싶다"며 투덜댔다고 한다. 교사들은 손바닥으로 하늘을 가린 것이다. '희망과 긍정'을 빙자해 제자들의 삶을 '부정적으로' 가로막은 것이다. 이것은 세계적

1968년 중부시장에서 (왼쪽이 전태일)

으로 유례없이 투표권이 없는 한국 열아홉 살의 현실[10]이다. 1969년 전태일의 반문에 대한, 변치 않는 한국식 대답이다.

블랙리스트 이후

태일은 바보회 활동으로 평화시장 사업주들의 블랙리스트에 오른다. 노동자들은 태일을 '특이한 사람, 재미있는 친구, 늘 책을 끼고 다니는 사람, 근로조건을 말하는 사람, 여공들에게 부드러운 사람'이라고 평했다. 하지만 사업주들은 노동자들을 들쑤시고 다니며 불만을 증폭시키는 '위험 분자'라며 태일에게 낙인을 찍는다. 태일은 그 많고 문턱 낮은 착취 공장에, 이제 좀처럼 취직이 되지 않는다. 설문지는 며칠간 다른 시장에서 날품을 팔아 인쇄한 300장 중에 100장을 뿌려 겨우 30부를 걷었을 뿐이다. 분석한 통계를 들고 찾아간 근로감독관은 그것을 거들떠보지도 않는다. 바보회 회원들마저 모임과 활동에 소극적인 상황에서 태일은 "걷는 에너지가 모자라 애태우"고 번민한다.

공장들이 하나둘 자신을 거부하던 1969년 초순에 태일은 대구 청옥고등공민학교 시절을 함께한 친구들과 오랜만

10 | 2019년 12월 선거법 개정안이 통과되어 선거권은 만 19세에서 만 18세로 하향 조정되었다.

1969년 남산에서 찍은 사진 중, 피식 웃고 있는 모습

1969년 남산에서 찍은 사진 중, 전태일 특유의 익살맞은 포즈

에 만나 눈 쌓인 남산에서 사진을 여러 장 찍는다. 태일의 표정은 대체로 어둡다. 하지만 몸을 비틀고 손목을 꺾는 특유의 우스꽝스러운 폼으로 찍은 사진이 있다. 또, 눈 위에 엎드려 찍은 사진 속에서는 아직 잃지 않은 웃음을 피식 띠고 있다. 나는 태일의 그 웃음에서 세상에 지지 않는 진짜 긍정과 명랑함을 느낀다. 그 웃음마저 그해 1969년 가을 이후로는 좀처럼 볼 수 없게 되었지만.

이듬해 태일이 죽었을 때 여공 신순애가 일하던 공장 사장은 구름다리 아래 깡패가 죽어 있으니 그쪽으로는 가지도 말라고 했다. 신순애는 그런 줄로만 알았다. 사장의 말은 당시 여공들에게 세상을 보는 거의 유일한 창문이었다. 그 창문 너머로, 토론회장에서 학생들을 철수시키는 용맹한 교사들의 모습이 보인다. 동시대 사람들에게 살아서는 위험 분자, 죽어서는 깡패 취급을 받은 명랑한 재단사 전태일이 원한 것은 무엇이었을까? 그것은 "진수성찬이 아닌, 육체를 지탱할 만한 검은 빵과 한 컵의 물"[11]이었다. 이제 태일과 이 시대 청년들의 '밥' 먹고 사는 이야기를 나눌 차례이다.

11 | 전태일, 『내 죽음을 헛되이 말라』, 돌베개, 1995, 154쪽.

| 자료 1 | '전국특성화고졸업생노동조합' 설립 선언문

우리는 생각합니다

컵라면으로 끼니를 때울 시간도 없이 구의역 스크린 도어를 수리하다 열차에 치여 숨진 열아홉 살 특성화고 졸업생 청년 노동자를 생각합니다. 무거운 감정 노동에 시달리다 "콜 수를 다 못 채웠다"는 문자를 남기고, 끝끝내 숨진 열아홉 살 전주 특성화고 현장 실습생 노동자를 생각합니다. 생일을 닷새 앞두고 살벌한 프레스 기계에 끼여 숨진 열여덟 살 제주 특성화고 현장 실습생 노동자를 생각합니다. 다음 달엔 여행을 갈 것이라고 이야기하며 작은 행복을 바라던, 이마트에서 무빙워크 수리 도중 몸이 끼여 숨진 특성화고 졸업생 스물한 살 청년 노동자를 생각합니다.

또래 친구들보다 조금 일찍 세상에 나선 그들은 채 꽃을 피워 보기도 전에 죽어야만 했습니다. 행복을 바라며 부푼 꿈을 안고 세상에 나섰지만, 열심히 일했다는 이유로 죽어야만 했습니다. 무서운 세상이 그들의 죽음을 막지 않아서, 어쩌면 사람의 생명보다 돈이 우선인 어른들의 탐욕과 이기심이 죽음을 부추겨서 그들은 죽어야만 했습니다. 우리는 막을 수 있었던 죽음들을 다시 떠올립니다.

'너는 나다', 우리는 그들입니다

우리는 특성화고를 졸업하고, 새 출발을 하며 부푼 꿈을 안고 세상에 나선 특성화고 졸업생들입니다. 하지만 우리가 마주한 현실은 강제 야간근로, 임금 체불, 새벽까지 이어지는 장시간 노동이었고, 성희롱과 성추행을 비롯한 폭언과 폭력 속에서, 특성화고 출신이라는 이유로 당하는 모욕과 차별 속에서, CCTV로 노동하는 모습을 감시당하는 가운데에서, 과도한 노동을 당연한 듯 강요받는 분위기와 정당한 노동의 대가를 받지 못하는 가운데에서, 그저 운 좋게 살아남았을 뿐입니다. 구의역 김 군, 전주 홍 양, 제주 이 군, 이마트 이 군. 너는 나다! 우리가 그들입니다.

우리는 바랍니다

우리는 꿈을 꾸고 싶습니다. 행복하고 싶습니다. 사람답게 살고 싶습니다. 너무나 당연한 이 말들을 힘겹게 내어놓는 일은 슬프기만 합니다. 상식이 상식이지 못한 현실에 분노합니다. 특성화고 출신이라는 이유로, 특성화고 졸업생이라는 이유로 사회 속에서 온몸으로 맞는 견고한 불의의 벽이 두렵기도 하지만, 도저히 가만히 있을 수 없어 이곳에 섰습니다. 분노를 느끼면서, 서러움을 느끼면서 이 자리에 섰습니다.

조금 더 일찍 사회에 진출하기 위해 두 배 세 배 노력하며 살아

가는 특성화고 졸업생들이 전국 곳곳에서 값싸게 쓰고 버릴 부품쯤으로 여기는 회사가 없기를 바랍니다. 위험한 곳에서 일을 하고, 목숨까지 잃을 수 있는 열악한 노동환경이 사라지기를 바랍니다. "특성화고 졸업생이기 때문에 이렇게 해도 돼!"라는 차별과 무시, 편견이 사라지기를 바랍니다. 더 이상 성희롱, 성추행을 비롯한 폭언과 폭력을 당하지 않기를 바랍니다. 우리는 정말 사람답게 살고 싶습니다.

우리가 바꾸겠습니다

우리가 가고자 하는 길은 멀고 험난할 수도 있습니다. 불의한 세상에서 오늘 우리의 선언이 우리의 목을 조르는 일이 될지도 모를 것입니다. 그래도 두려움 속에서 외칩니다. 혼자가 아니라 우리라는 이름으로 용기를 내 봅니다.

누군가의 말처럼 "네가 그런다고 세상이 바뀌지 않는다"고 하더라도. 그럼에도 불구하고 우리는 이야기할 것입니다. 우리가 살아갈 이 사회에서 이제 더 이상, 억울한 사람이 없어야 하기 때문에, 마땅히 그래야 하기 때문에. 손톱만큼이라도 고쳐 내고야 말겠다는 의지로 생애 첫 노동을 시작한 특성화고 졸업생들이 모여 우리의 걸음을 시작합니다.

세계 노동절, '사람다운 삶'이라는 꿈을 향해, 전국특성화고졸업생노동조합의 설립을 선언합니다.

2018년 5월 1일

전국특성화고졸업생노동조합 조합원 일동

파업이다. 7월의 더위만큼 뜨거운 3일간의 급식 파업(2019년 7월 3~5일)이 이어졌다. 학교 비정규직 급식 노동자들이 위생복을 벗고 거리로 나온다. 힘들게 싸워 올린 교통비, 식대 등 복리후생비가 최저임금에 포함되는 바람에 월급은 오히려 낮아졌다고 한다. 급식 노동자들은 최저임금에 못 미치는 기본급을 9급 공무원 초임의 80%까지 올려 격차를 줄여 달라고 말한다. 문재인 정부가 먼저 약속한 '공정임금'과 '공공부문 정규직 전환을 실천'하라고 외친다.

"40℃가 넘는 조리실에서 250℃의 기름이 끓는 튀김 솥에 돈가스를 튀긴다. 하루 몇 번씩 갈아입는 위생복은 아침부터 땀범벅이 되어 몸과 닿는 곳에 강줄기처럼 소금꽃이 핀다. 피로와 두통은 커피믹스와 게보린으로 막아 낸다".[12] 미끄러지고, 넘어지고, 뜨거운 솥에 화상을 입는다. 손목, 어깨, 허리 성한 곳이 없다. 뿌연 조리실에서 탈진해 기절하고, 끓는 물이 쏟아져 입은 하반신 화상으로 숨지기도 한다. 1인당 140명의 밥을 책임지고 있어 혼자서만 쉴 틈이 없다. 웬만한

12 | 정경희 시, 「밥 선생님의 하루」, 2017년 학교 비정규직 집회에서 낭송함.

부상은 참고 넘어가거나 일 끝나고 치료받는다. 일은 힘든데 사람은 부족하기 때문이다. 학교 구성원들에게 제공되는 한 끼의 점심밥 뒤, 보이지 않는 급식실 수증기 속에서 그림자로 살던 엄마들이, 아니 밥 선생님들이 2019년, 다시 밥을 멈춘 까닭이다.

1964년의 밥

가난하고 고된 일상을 살며 식구들의 밥을 책임지던 여성들이 밥을 멈춘 이야기의 역사는 깊다. 태일이네 사연이다. 태일 어머니 이소선은 식구들의 밥을 더 이상 차릴 수가 없었다. 남편의 재봉 일이 끊겨 월세마저 밀렸다. 가내수공업 재봉 일은 불안정한 제조업이었다. 개학을 했지만 아이들은 학교에 가지 못했다. 기성회비를 못 냈기 때문이다. 방을 뺄 수밖에 없었다. 대구 남산동에서 내당동 단칸 흙집으로 이사했다. 아이들 교과서는 배움의 꿈과 함께 아궁이에 땔감으로 들어가 재로 변했다. 남편의 술주정과 자포자기는 깊어 갔다. 남편 전상수가 '세간살이'를 하나둘 술로 바꿔 마시는 바람에 불기 없는 냉방에는 결국 이불만 남았다.

이소선은 서문시장 노점에서 옷을 받아 돌아다니며 팔아주는 행상으로 하루 70~80원을 벌었지만 여섯 식구가 세끼

밥을 먹기엔 턱없이 부족했다. 다 같이 굶어 죽겠다 싶었다. 아이들한테 서울에서 식모살이를 해 돈을 벌어 부치겠다고 밤에 말해 두었다. 다음날인 1964년 2월 설날 아침, 밥을 거르고 집을 나섰다. 진눈깨비가 내리고 있었다. 서울행 기찻간 화장실에서 주워 핀 담배꽁초는 이소선의 답답한 속을 뻥 뚫어 주었다.

보름 후, 태일은 엄마를 찾아 울며 보채는 막내 순덕이를 업고 서울로 간다. 작은아버지네서 정월 대보름 잡곡밥을 먹고 나올 때 손목시계를 훔쳐 판 돈으로 기차표를 샀다. 순덕이를 업고 내린 남대문 근처 거리는 영하의 추위가 점령하고 있었다. 잠은 땅콩 굽는 화덕의 남은 온기에 기대어 청했다. 밥때는 아무리 거르고 때워도 맹렬한 속도로 돌아왔다. 배고프다고 보채는 순덕이를 보고, 시장에서 꽃 파는 아주머니들이 팥죽 먹으라고 60원을 모아 주었다.

겨울 노숙에 시달린 순덕이가 아팠다. 밥값이랑 순덕이 약값에 대느라, 남은 돈은 순식간에 사라졌다. 미아를 만들어 보호소에 가게 하려고 순덕이를 적십자사 앞에 놓고 돌아서도 봤지만, 끝내 다시 돌아가 우는 동생을 끌어안을 수밖에 없었다. 그러다 겨우 순덕이를 맡길 방법을 찾았다. 미아보호소로 가는 호송차에 태울 수 있게 된 것이다. 헤어지기 전, 동생의 배를 채워 주려고, 학생복 상의를 겨우 30원에 팔아 평화시장 근처 대학천시장으로 간다. 백반집에 들어가 30원짜리 1인분 한 상을 시킨다. 당시 서울 짜장면 한 그릇에 40원이었으니 아주 푸짐하지는 않았겠다. 그마저도 1인분이라 태일은 한 순갈 정도 먹는 시늉만 했을 것이다. 추운 늦겨울 거리에서 메리야스만 걸친 태일은 어떻게 되었을까?

호송차에 순덕이를 태워 보내고 헛헛한 걸음으로 거리를 걷는다. 그제야 태일이도 추위와 배고픔을 느낀다. 대도백화점 담배 가게로 불쑥 들어가 주인한테 사정한다. 딱한 처지를 듣고서 아주머니는 200원의 거금을 준다. 몇 번씩 인사를 하고 나와 우선 헌 학생복 상의를 70원에 사 입고 나서 100원짜리 구두통을 산다. 그러고도 남은 돈으로 우동 한 그릇을 사 먹는다. 그날 밤엔 간만에 노숙을 면했다. 비록 퀴퀴하고 여러 사람들 틈에서 자는 쪽잠이었지만 그래도 지붕이 있는 무허가 하숙집에서 오랜만에 잠을 잤다.

이후 혼자 다닐 수 있게 된 상황에서 태일은 닥치는 대로 일을 한다. 서울역에서 동대문시장까지 리어카를 밀어주면 30원을 받는 뒤밀이를 할 때 주린 배를 채우느라 먹던 밥은 15원짜리 비빔밥이다. 값이 싼 만큼 얼마 안 되는 보리밥에 벌겋고도 시커먼 고추장 한 술, 약간의 캬베츠(양배추)를 비벼 먹고는 하였다.

당시 밥은 '생존의 밥'이었다. 살아남기 위해 먹어야 하는 목표 자체였다. 이소선은 식구들의 내일의 밥을 벌기 위해, 오늘의 밥을 멈추고 상경했던 거다. 서울 가서 남의 밥을 챙겨 돈을 벌어 식구들의 밥을 이어가려 했지만 한식집 '도원' 주방에서 일하다 쓰러졌다. 하혈이 심했다. 번 돈보다 치료비가 더 들었다. 태일은 신문을 팔아 밥을 사려 했지만, 동생을 업고는 불가능했다. 동생을 미아로 만들고서야 밥을 벌 수 있었다. 남은 식구들은 차례로 서울에 올라왔다. 태삼이는 거지가 되어 동냥밥을 먹고 있었다. 순옥이는 아버지와 올라와 시장통 합숙소에서 지냈다. 광장시장 좌판에서 밀가루 수제비를 먹다가 큰오빠가 불러 쳐다보았다. 싼 밥집은 가족들이 만나는 다리 역할을 해 주었다. 1964년, 태일이 열일곱 되던 해, 식구들은 서울 여기저기서 촘촘한 징검다리를 몇 개씩 풀쩍 건너뛰듯 밥을 건너뛰며 살았다. 당시 한국 사회는 사람들의 밥을 챙기지 않았다. 밥은 알아서 먹는 것이었다. 이런 상황에서 밥의 영양소와 건강까지는 생각할 수 없었다. 그렇다면 우리의 밥 사정은 어떨까?

밥을 넘기지 못하는 몸

2018년 말 한국은 선진국으로 가는 지표라고 하는 30-50 클럽에 세계에서 일곱 번째로 가입했다. 1인당 국민소득 3만 달러, 인구 5,000만 명을 동시에 달성해 독자적인 내수 경제의 규모를 갖춘 것이다. 게다가 피식민지 경험 국가로는 처음이라니 대단하다.

하지만 이 희소식이 무색하게, 풍요로운 평균은 누군가에게 넘치고 누군가에게는 너무 멀다. 상위 20%의 소득은 여전히 하위 20% 소득의 다섯 배가 훌쩍 넘는 양극화 속에서, 수십 군데 원서를 내면서 취업에 도전하는 한국 청년들이 먹고사는 흙밥은 조악한 식단을 벗어나지 못하고 있다.

2016년 5월, 구의역에서 스크린 도어를 혼자 고치다, 들어오는 전동차에 치여 사망한 김 군(1997~2016)의 가방에서 컵라면과 수저가 나온 것을 우리는 기억한다. 2017년 11월, 제주 음료 공장 제이크리에이션에서 일하다 음료 적재기에 끼여 사망한 현장 실습생 이민호(1999~2017)는 토요일에도 생산이 잡혀 집에 못 오게 되면, 구좌 읍내까지 나올 수가 없어 마트에서 컵라면과 햇반을 사서 끼니를 때웠다. 2018년 12월, 태안화력발전소에서 일하다 숨진 김용균의 사물함에서 그의 어머니는 컵라면 세 개와 홈런볼 한 봉을 꺼내었다.

고 김용균의 유품 (사진 출처: 태안화력대책위)

개봉되지 않은 인스턴트 음식들은 엄마 품으로 그들 대신 돌아왔다. 생전에 서로 몰랐던 그들의 가방과 사물함은 저렴한 간편식으로 비슷하게 채워졌다. 세상에 남은 컵라면들이 뭉쳐 싸운다. 청년들의 부모가 만나 함께 싸우는 것을 보면서 사람들은 '컵라면의 연대'라고 부르기 시작했다.

김용균은 수십 군데 원서를 넣고 면접을 보러 다닌 끝에 2018년 9월, 발전 공기업인 '한국전력공사'의 자회사 '한국서부발전'의 하청 업체인 '한국발전기술'에 입사했다. 김용균은 원청인 한국서부발전의 '태안화력본부 트랜스파워'에 배치되어 비정규직 석탄 설비 운전원으로 일을 시작했다. 회사 설명이 길 수밖에 없는 것은, 공기업의 민영화 흐름 속에 위험이 외주화되어 비정규직에게 전가되어 있다는 뜻이기도 하다.

구미의 전자 부품 공장에서 사내 하청 비정규직으로 오래 일한 어머니 김미숙의 아들은 그 뒤를 이어 비정규직 노동자가 된 것이다. 엄마는 아들이 취직한 지 한 달 반 만에 구미 집에 온다는 소식에 마음이 들떴다. 예비군 훈련 덕분이었다. 기다리던 아들이 문을 열고 들어왔다. 훌쩍 커 버린 아들의 양손에는 부모의 건강식품이 바리바리 들려 있었다. 300만 원이 채 안 되는 40여 일 치 월급을 첫 월급이라고 넉

녁하게 허문 것이다.[13] 초등학교 때가 생각났다. 엄마가 좋아하는 은행 열매를 구린 냄새에도 개의치 않고 봉투 한가득 따 오던 아들이었다.

그런데 이상했다. 강골은 아니었지만, 키 177cm에 몸무게가 75kg은 나가던 아들이 너무 말라 있었다. 잔뜩 먹일 생각에 밥 두 그릇을 퍼 줬는데 반 공기밖에 못 먹었다. 한 주에 두세 번 먹던 통닭을 시켰지만 입에 대는 둥 마는 둥했다. 걱정되어 물어 보니 위가 작아져 그런다고 아들은 대답했다.

사고 후에 알고 보니, 원청 발전사인 서부발전이 근무시

13 | 김용균이 일한 한국발전기술은 한국전력공사의 자회사인 한국서부발전의 협력사로, 소위 말하는 하청 업체이다. 발전 공기업의 민영화 흐름 속에 1, 2차 협력사들이 원청인 발전 공기업을 발주처로 삼아 도급 계약을 맺는다. "노무비 계약 금액 중 절반 가량이 노동자에게 지급되지 않고 있다는 점을 감안하면 협력사가 과도하게 이윤을 가져간다고 판단할 수 있다. 또한 고 김용균 노동자의 임금이 왜 책정된 인건비의 절반 수준밖에 되지 않는지를 확인할 수 있다."(「김용균 특조위 보고서」, 2019, 112~113쪽) 김용균처럼 협력사 하청 노동자들은 협력사가 착복한 임금을 채우기 위해 정규직보다 연장 근로 신청을 많이 해 장시간 일할 수밖에 없다. 장시간 노동은 피로 누적과 각종 산재 사망 사고로 이어지게 된다. 김용균이 예비군 훈련차 집에 왔을 때 받아온 40여 일 치 월급은 200만 원 후반대였는데, 협력사가 과도한 이윤을 챙기지 않았다면 500만 원이 넘어야 할 돈이었다. 한편 협력사가 원청회사와 도급 계약을 맺을 때 시중 노임 단가로 적정 임금 계약이 되지 않고 저가에 입찰되는 하향 구조이기 때문에 협력사의 이윤이 원청회사에 의해 낮아지는 문제가 그 이면에 또 있다. 결국 비정규직 하청 노동자의 몫에서 그 손실분을 '과도하게' 착복하는 구조이다.

간, 작업 속도, 작업 배치 등을 모두 결정했다. 김용균은 몸의 균형이 깨지는 시간표로 일했다. 4조 2교대 주간, 야간, 비번, 비번 패턴인데 휴가 대체가 있으면 비번에 일을 하기도 하는 반복, 변형 근무는 일상을 교란시켰다.[14] 주간 열한 시간, 야간 열세 시간의 밤샘 노동은 장시간이기도 하지만 문제는 불규칙성이었다. 몸의 리듬이 깨져 잠을 깊게 못 잤다. 매일 다른 시간대에 억지로 얕게 자다 보면 피로는 몇 배로 누적된다. 그러다 보니 의외의 시간에 잠이 쏟아진다. 수면 장애다. 새벽이 깊어질수록 집중력이 떨어져 사고 위험이 늘어나는 '교대제 야간 노동'은 국제적으로 2급 발암물질로 규정되어 있다.[15] 그렇다면 주야 혼합 교대 근무는 같은 2급 발암물질인 납, 용접 흄, 포름알데히드의 폐해 못지않을 것이다. 하청업체 직원들은 정규 직원보다 야간 근무 일수가 더 많았다. 여가를 누리는 것은 엄두도 내지 못했다.

14 | "주간은 오전 7시 30분부터 저녁 6시 30분까지 열한 시간, 야간은 저녁 6시 30분부터 아침 7시 30분까지 열세 시간 일을 한다."(『김용균이란 빛 1권』, 백서발간팀, 2019, 111쪽) 일주일에 대부분 40시간에서 52시간까지 일을 한다. 하청 업체 직원이 정규 직원보다 야근 일수가 많아 월 9일 이상 야근하는 노동자의 비율이 높았다. (「김용균 특조위 보고서」, 2019, 97~98쪽)

15 | 세계보건기구WHO 산하 국제암연구소IARC에서는 야간 교대 노동을 2A급 발암물질로 분류했다. 발암성이 높은 순서대로 1급, 2A급, 2B급, 3급, 4급 순으로 나누었다.

불규칙한 일과 일 사이 시간은 질 낮은 몽롱한 휴식과 부실한 인스턴트 식품으로 채워졌다. 김용균은 한 달 반 만에 엄마가 차려 주는 그리운 집밥마저 꿀떡꿀떡 넘기지 못하는 몸이 되어 돌아와 식탁에 앉았던 것이다. 두 달 후, 그는 비정규직 노동조합 조합원들과 함께 "문재인 대통령, 비정규직 노동자와 만납시다"라고 쓴 피켓을 들고 사진을 찍는다. 비정규 노동 최전방의 위험과 불안과 고단함, 스스로 감당해야 하는 안전, 지켜지지 않는 약속, 수직적 구조 속에 가로막힌 원청회사와의 의사소통을 알게 된 단호한 눈빛으로 정면을 뚫어지게 바라본다. 열흘 후 김용균은 2인 1조의 원칙이 한 번도 지켜진 바 없는 일터에서 홀로 야간 근무를 하다가 밤 10시 35분경, 혼자서는 멈출 수 없는 고속 컨베이어 벨트에 끼여 몸이 부서져 다음날 새벽 3시 23분에서야 발견되었다. 휴대폰 플래시가 위쪽을 비추고 있었다.[16]

엄마, 배가 고프다

1970년 9월, 전태일은 번민 끝에 평화시장에 돌아가기로 결심했다. 블랙리스트에 올라 평화시장에서 쫓겨난 뒤 1

16 | 김용균 특조위, 「고 김용균 사망 사고 진상 조사 결과 종합 보고서」, 2019, 총론 6쪽.

년 동안 막노동판과 삼각산 수도원 공사장에서 몸을 혹사하며 일했다. 입을 꾹 다물고 깊은 생각에 잠겨 글을 쓰며 지냈다. 평화시장에 돌아오니 1년의 공백 덕분인지 취직이 되었고 태일은 친구들을 다시 모아 '삼동친목회'를 만들었다. 하지만 '현실의 냉소와 조롱'은 완강했다. 수기에는 맥락이 끊긴 여러 조각의 메모가 있다. 한 메모에서 태일은 비유적인 표현으로, 호의호식하는 아버지(사장)는 점심값을 200원 쓰면서, 자녀들(여공)은 하루 세끼 50원을 쓰는 것이 빈부의 법칙이냐고 항의하고 있다. 적당한 빵과 시간과 자유를 달라고 노트에 휘갈겨 썼다.

1970년 10월 7일자 『경향신문』 석간으로 '평화시장 기사 특보'가 나간 이후 품었던 태일과 친구들의 희망은 하나씩 무너졌다. 업주 대표들은 주동자들을 수소문해 찾아냈다. 10월 8일 주식회사 사무실에서 첫 협상이 이루어졌다. 삼동회의 요구에 시장 업주들은 "조금만 참고 기다리라"고 했다. 태일을 찾아온 근로감독관 임정삼은 회원들이 다들 취직하면 일주일 안에 해결하겠다고 거짓 약속을 했다. 10월 20일 노동청 국정감사를 겨냥한 데모도, 10월 24일 오후 1시의 집회도, 11월 7일의 집회도 모두 사전에 정보가 새어 무산되었다. 도와주는 줄 알았던 형사도, 모범 청년에게 상을 주겠다

경 향 신 문 서기1970년10월7일 (수요일)

골방서 하루16時間노동

勤労조건零點…平和시장被服공장

少女등 2萬여명酷使

거의 職業病…勞動廳 뒤늦게 告發키로

診療費37%인상방

國立의료원 인턴·看護員등 처우

『경향신문』 1970년 10월 7일자 기사

는 근로감독관도 사실은 정보를 캐어 주저앉히려는 정권 말단의 부속품들이었다.

태일은 결국, 자기 밥을 멈추기로 한다. 1970년 11월 13일 오후 1시 근로기준법 화형식을 제안한다. 11월 12일 아침, 식구들과 마지막으로 집밥을 먹었다. 전날부터 방을 깨끗이 정돈하고 아끼던 검정 바바리코트를 준비해 둔 태일은 식구들과 둘러앉아 밥을 먹었다. 어머니 이소선은 납작보리와 쌀을 섞어 지은 밥에 김을 차려 냈다고 회상했다. 태일도 그날 아침을 먹고 출발해 시위를 준비하느라 외박을 한다. 이전과 다르게 어디서 자고 들어간다는 기별도 없었다. 세상을 떠난 13일 밤 병원에 누워 갈증을 호소하던 태일이 숨을 거두기 직전 남긴 마지막 말을 혹시 들은 바 있는가. 그 말은 바로 "엄마, 배가 고프다"였다.

'존엄의 밥'으로 가는 먼 길

평등한 허기를 불평등하게 대하는 한국 사회의 전통은 무너질 기미가 보이지 않는다. 계층, 직업, 성별, 고용 형태 등으로 벌어지는 우리 사회의 다층적인 임금격차[17]는 밥의

17 | 통계청 발표에 따르면, 2019년 8월 비정규직 임금 근로자의 월급은 정규직의 55%에 불과한 것으로 나타났다. 월 143만 원 차이가 났다. 특

차이로 귀결된다. 자유한국당(현 미래통합당) 의원들은 80일 넘게 직장에 출근하지 않고 개혁 입법을 가로막아도 1,000만 원 넘게 월급을 받는다. 국회의원들이 다니는 한 식당 밥값은 85,000원을 호가한다. 그들이 농성하면서 먹는 도시락은 25,000원짜리이다. 식구들과 밥을 먹기 위한, 급식 노동자들의 임금 인상 3일 파업은 온갖 욕을 먹는다. 구미 반도체 부품 공장 KEC 노동자들은 10년간 100원 오른 1,700원짜리 급식을 먹는다. 급식판에는 유통기한을 코앞에 둔 우유가 놓여 있다. 노동자들은 모욕감을 느낀다. '격차 사회'의 한 단면이다.

먹고살게 되었다는 국민소득 3만 달러의 평균 수치는 가난한 밥상을 은폐한다. 영양의 격차는 좀처럼 좁혀지지 않는다. 누군가의 저임금과 초라한 밥은 누군가의 초과이윤과 기름진 밥상의 결과인 동시에 원인이다. 지난 2016년 박근혜 정부 시절, 청와대와 정부 여당의 오찬에 차려지던 송로버섯, 샥스핀을 기억한다.

농촌에 이은 공장 새마을운동에서 당시 박정희 대통령

히, 성별 간 임금격차는 늘 OECD에서 압도적인 최상위를 달리고 있다. 2018년 여성 근로자의 임금은 남성의 68% 정도로 121만 원 차이가 났다. 성별과 정규직 여부를 결합하면 임금격차는 더욱 현격하게 벌어진다.

은 여공들에게 "빈곤은 태만과 무지의 결과"라며 근면을 강조한 바 있다. 이 시대 많은 청년들은 '헬조선'을 지나 흙밥을 먹으며 열정 페이로 수십 곳에 원서를 내고 다닌다. 개인의 노력만을 요구하는 '능력주의'의 밥에서 존재를 긍정하는 '존엄의 밥'으로 가는 길은 얼마나 먼가. 엄마들이, 청년들이 밥을 멈춘 여러 사정들을 살펴보았다. 그 사정들은 구조적으로 튼튼하게 연결되어 있다. 비정규직 급식 노동자들의 처우 개선은 학교와 가정의 건강한 밥상으로 이어질 것이다. "밥하는 아줌마가 웬 파업? 억울하면 시험 쳐서 들어오지!" 같은 배제의 말보다는 밥 선생님들의 3일간 파업에 작은 박수와 함성을 보태는 시민들의 눈빛은 어디만큼 오고 있을지 궁금하다.

질문들

1장의 주제에 관한 질문들이다. 자신의 생각을 글로 써서 친구들과 나누고 SNS 공론장, 여러 매체에 발표해 사회 변화에 참여해 보자.

1. 일 미싱사를 그만두고 재단 보조 자리로 가려는 전태일의 결심은 그의 삶에서 어떤 의미를 가지는가? 내가 전태일이었다면 어땠을까? 그와 비슷한 현재의 자기 고민이 있다면 연결지어 생각해 보자.

2. 성장 '생애 첫 노동을 인간답게'를 주제로 토론하기에 고3은 미성숙한 나이일까? 개정된 선거법으로 만 18세 이상 투표를 할 수 있게 된 변화상과 관련해 말해 보자.

3. 밥 밥을 먹고 사는 것과 '인간답게' 밥을 먹고 사는 것의 차이는 무엇인가? '인간답게' 먹고 사는 것은 구체적으로 어떻게 사는 것을 뜻하는가?

2장

반지의 무게

"우리 모두가 평등해질 때까지는
우리 중 누구도 평등하지 않다."

2019년, 아일랜드 록그룹 U2 내한 공연 스크린 자막

집 _ 점점 넓어지는 방

2019년 6월 23일, 용산참사 철거민이 도봉산 숲속에서 숨진 채 발견됐다. 10년 전, 용산 재개발 4구역 상가에 세 들어 중화요릿집 '공화춘'을 운영하던 김 씨는 식당을 인수할 때 든 돈의 절반에 불과한 보상금을 받아들일 수 없었다. 그 전에 가게를 하던 인사동이 재개발될 때에도 권리금 한푼 못 받고 쫓겨난 경험이 있었기 때문이다. 상가 세입자들은 장기 농성과 협상을 예상하며 남일당 건물 위에 파이프로 망루를 짓고 오랜 싸움을 준비했다.

2009년 1월 20일, 예상을 깨고 경찰은 특공대를 투입해 조기 강경 진압에 나섰다. 진압 과정에서 발생한 화재로 망루 안의 사람들 다섯 명과 경찰관 한 명이 사망했다. 김 씨는 조준된 최루액에 맞아 건물 망루에서 옥상으로 떨어져 살아남았다. 살아남은 철거민들은 오히려 죄인이 되어 있었다. '도심 테러리스트, 불법 과격 시위 세력'으로 낙인찍혀 있었다. 김 씨는 특수공무집행방해치사 혐의로 감옥에 가 3년 9개월을 살았다. 2012년 출소해 치킨 배달을 하며 홀어머니와 살았다.

2018년 9월, 경찰청 인권침해사건 진상조사위원회는 용산참사를 우선 조사하였다. 불충분한 협상과 조기 과잉 진압, 안전 대책 미비, 사이버 수사대를 동원한 조직적 여론 조작 책임이 경찰에 있다고 발표하였다. 이에 따라 위원회는 경찰 지휘부의 잘못과 강제부검에 대한 사과, 조직적 여론 대응 행위 금지 등을 권고했다. 참사 9년 만이었다. 생존자들이 '도심 테러리스트'로 낙인찍힌 채 가해자로 몰려 감옥에 다녀온 후였다. 경찰과 검찰은 아직도 사과를 하지 않고 있다. 김 씨에게는 이 모든 것이 뒤늦거나 부족했을 것이다. 우울증에 시달리다가 어머니를 두고 홀연히 세상을 떠나 버렸다. 유서는 없었다.[18]

일곱 번의 철거, 일곱 번의 재건축

1970년 5월 들어, 전태일이 사는 쌍문동 무허가촌 일대에 시청 철거반원들이 줄기차게 들이닥쳤다. 벽돌과 나무판자로 엮은 판잣집은 금방 헐렸지만 끈질기게 다시 지어졌다. 마을에 철거반이 도착해 소란스러워지면, 태일은 철거반이

18 | 장일호, 「한 죽음이 묻는다 : 용산참사는 끝났는가」, 『시사인』 616호(2019. 7. 9)와 「경찰청 인권침해사건 진상조사위원회 브리핑」, 「용산참사 진상규명위원회 피해자 입장 발표 기자회견문」(2018. 9. 5)을 전반적으로 참조하였다.

집에 도착하기 전까지 재빨리 집을 해체했다. 그리고 철거반이 지나가면 다시 벽돌을 쌓아올렸다. 마을 집들은 잦은 해체와 재건축을 반복하다 보니 벽돌 사이에 시멘트를 바르지 않았다.

불시에 찾아오는 철거반원을 보고 태일은 일 나가다 말고 돌아와 스스로 집을 해체하기도 했다. 집을 다시 지으려면 벽돌이 온전해야 했기 때문이다. 곧 도착한 철거반이 뭐하냐고 물으니 "시키는 대로 해야 하는 당신들을 이해한다"면서도 "나도 집을 지어야 살지 않겠냐"고 반문했다. 철거반장은 머쓱했는지 이 집은 벽돌이 깨지지 않도록 망치질을 하지 말라고 했다. 하지만 이렇게 태일이 기지를 발휘한 미담은 거친 싸움 속에 간혹 섞여 있을 따름이다.

강제 철거가 실시되는 날이면 철거반원과 주민들 사이에 욕설이 난무하고 요란한 실랑이가 벌어졌다. 철거반의 완력과 욕설은 거셌을 것이다. 하지만 수차례 철거와 화재를 겪으며 도봉산 기슭 공동묘지까지 밀려온 쌍문동 사람들의 비명과 오기 또한 만만치 않았을 것이다.

한번은 이런 일도 있었다고 한다. 기습 철거로 실랑이가 벌어졌는데 철거반원들이 태일에게 법을 지키라고 충고했나 보다. 심사가 뒤틀린 그는 "법이 어떻게 되어 있든, 살기 위해서 집을 짓는 것이니 죄 될 것 없다"고 응수한다. 약자들에게만 법을 지키라는 현실을 비꼬는 볼멘소리다. '근로기준법이 있어도 평화시장 여공들을 착취하며 법을 어기는 게 누구인가. 또, 밀리고 밀려 공동묘지까지 온 사람들이 집 꼴을 갖추고 산다고 집요하게 철거를 해대는 것은 도대체 무슨 심보란 말인가. 천막은 되고 벽돌과 판자는 안 된단 말인가. 이게 법이라면 도대체 법은 사람을 살리는 것인가 죽이는 것인가.' 그 마음을 짐작해 본다.

대선 전, 잠시 멈춘 철거

1970년, 서울 변두리 철거는 극성이었다. 1965년 300만 명을 돌파한 서울 인구는 1970년 두 배인 600만에 육박한다. 1966년 2월 『동아일보』 기사는 '서울은 초만원'이라며 허허벌판이던 산기슭마다 '성냥갑' 집들이 숨 막힐 듯 들어서서 집 문제가 심각하다고 썼다. 변두리 무허가 판잣집들은 불편한 산꼭대기까지 불 번지듯 올라갔고 전기가 잘 보급되지 않아 달 밝은 밤이면 달빛이 두드러져 '달동네'라 불렸다.

이처럼 당시는 농촌 공동체에 살던 사람들이 도시의 공장 임금 노동자로 바뀌어 가는 '대이주'의 시기였다. 저곡가 정책 탓에 농사를 지어서는 먹고살기가 힘들어지자 젊은이들 대다수는 대도시로 나와 공장에서 일하거나 막노동, 노점, 행상 등 밑바닥 일로 생계를 꾸린다. 풍부한 노동력은 수출 경쟁력을 확보한다는 명분으로 저임금에 묶였고, 저임금 노동을 유지하는 명분으로 저곡가 정책이 지속되면서 이농은 가속화한다. 이렇게 값싼 노동력을 활용하면서도 박정희 정권은 판자촌이 늘어나자 '무허가'로 몰아 철거한다. 보이지 않는 변두리로 사람들은 밀려나고 또 밀려난다. 도시 미관을 해친다는 최고 권력자의 판단이 철거의 기준이 되는 어이없는 일이 벌어지기도 했다. 권리는 없고 어디서든 알아서 성실하게 살아야 한다는 권력자의 명령이 사람들의 삶을 주변화했다.

박정희의 측근인 당시 서울시장 김현옥 역시 군 출신이었다. 불도저라는 별명답게 두 가지 대책을 밀어붙였다. 시민아파트를 보급하고 서울 외곽으로 판자촌을 옮기는 것이었다. 시민아파트는 교통이 불편하면서도 대통령의 눈에 잘 보이는 가파른 산기슭 등지에 1969년 하반기 6개월 만에 400여 동이 지어졌다. 건설을 따내기 위해 하도급 업체가 뇌물을 쓰느라 아파트에 들어갈 건설 자재가 줄어들었다. 이 와중에 무면허업자들이 참여하고 공사 기간을 줄여 이윤을 남기는 날림 공사로 철근은 채 10%도 쓰이지 않았다. 1970년 4월 8

일이면 언 땅이 풀릴 무렵이었다. 뼈 없는 몸으로 서 있던 와우아파트는 결국 해토 무렵 와르르 무너졌다. 갓 입주한 사람들과 아파트 아래 판자촌 주민을 합해 33명이 사망했다.

이후 7년 동안 400여 동 가운데 100여 동이 철거되었다. 한 동만 부실 공사였던 게 아니라 총체적인 날림 공사였다. 최고 권력자를 위한 전시 행정, 턱없이 부족한 공사 비용, 지나치게 짧은 공사 기간, 부실 공사, 부패 공무원과 유착, 무면허 영세업자들의 참여 등이 어우러진 총체적 비리의 온상이었던 것이다.

1971년 4월 27일 대통령 선거가 끝나고부터는 두 번째로 도시 빈민을 강제로 이주시키는 정책이 강행되었다. 그해 8월, 경기도 광주 대단지 강제 이주 사건이 그것이었다. 물, 화장실, 가게 등 기반 시설과 일자리 등의 생활 환경이 마련되지 않은 채 땅과 천막만 나눠 준 경기도 광주 대단지 강제 이주는 빈민들의 격렬한 투쟁으로 귀결되었다. 10만 명을 모아두면 어떻게든 살 줄 알았다는 담당 공무원의 웃지 못할 답변은 사람들의 분노에 기름을 부었다. 주거권, 인권에 대한 의식이 전혀 없었던 독재정권은 지저분한 바닥을 쓸어내듯 하층민을 변방으로 밀어냈다.

그런데 잠시 철거가 멈춘 시기가 있었다. 대통령 선거 전이었다. 판잣집 철거가 중단되고, 요즘의 공공 근로 사업 같은 취로 사업이 확장되고, 밀린 노임이 청산되었다.[19] 평화시장 여공 신순애의 아버지는 "매일 대통령 선거만 했으면 좋겠다"고 말할 정도였다. 선거판의 알량한 선심이 닿지 않던 1970년 봄, 그리고 선거[20] 이후에는 본격적으로, 서울 곳곳에서 강제 철거가 반복해서 자행되었던 것이다.

태일이 일곱 번 무너진 집을 다시 쌓아 올리고 있던 즈음, 몇 달째 깎지 않은 그의 머리는 덥수룩하게 장발이 되어 있었다. 직장에서 쫓겨나고 집은 부서지는 일상. 서민의 고통은 외면하고 삶의 터전은 불법이라며 파괴하는 제멋대로인 법 앞에서, 태일의 마음은 어땠을까. 태일의 행동이 좀 이상했다.

방을 넓히는 이유

태일은 무너진 집을 새로 지을 때마다 오히려 안방을 넓혔다. 천장이 머리에 닿았지만 방의 면적은 넓어져 갔다. 어

19 | 조영래, 『전태일 평전』, 아름다운전태일, 2009, 277쪽.

20 | 1969년 '삼선 개헌'을 무리하게 밀어붙여 장기 집권의 길을 튼 박정희는 1971년 4월 대선에서 야당의 젊은 후보 김대중에게 10만 표 차이로 어렵게 이긴다. 공권력을 동원해 압도적으로 유리하게 치른 선거에서 가까스로 이긴 박정희는 다시는 대선을 직접 투표로 하지 않겠다며 이듬해 유신 독재를 선포해 피살되기 전까지 직접선거 없이 장기 독재를 이어간다.

머니가 이유를 묻자, 앞으로 친구들이 많이 올 거라 모여 앉으려면 방이 넓어야 한다고 답했다. 이전에 평화시장 친구들을 7~8명씩 데려와 둘러앉아 이야기 나누기가 좁았던 모양이다. 잦은 철거 덕분인지, 결국 안방은 스무 명이 회의를 하다가 쪼그려 잠을 잘 수도 있을 만큼 넓어졌다. 어머니가 보기에 1년 가까이 시무룩하던 태일의 얼굴에 생기가 돌았다.

태일이네가 쌍문동까지 밀려온 사정을 알아보자면 가족들이 뿔뿔이 흩어져 살아야 했던 1964년, 태일이네가 두 번째로 서울살이를 하던 시기로 가야 한다. 서울에 먼저 올라와 일하고 있던 어머니를 만난 그해 겨울 어머니와 태일, 태삼 형제는 함께 살게 된다. 겨울에 헤어져 다음 겨울에 겨우 가족 일부가 모이게 된 것이다. 서울 남산동 50번지 판잣집이었다. 짓다 만 건물 골조에 빈민들이 모여 나무와 거적을 대고 살았다. 이후 동생 순옥이와, 다시 한번 술을 끊고 성실히 살겠다는 아버지도 들어와 함께 산다. 이듬해, 천호동 보육원에서 막내 순덕이도 데려왔다.

1966년 1월, 태일이네가 살던 남산동 50번지에 불이 났다. '남산동 판자촌 큰불', '영하 12도의 연옥'[21]이라는 제목의

21 | 『동아일보』 1966년 1월 19일자 기사 제목. '연옥'은 '연기 지옥'의 준말.

기사로 1면에 보도됐다. 이 화재로 30명이 불타 죽는다. 판잣집들을 철거하기 위해 일부러 불을 질렀다는 소문이 파다했다. 이재민들은 남산국민학교에 수용되었다가 상도동, 상계동, 봉천동, 신림동, 쌍문동으로 흩어진다. 화재로 모든 세간을 잃고 그 충격으로 어머니 이소선의 시력까지 일시적으로 잃은 태일이네는 미아리를 거쳐, 도봉산 쌍문동 208번지로 흘러들어 간다. 몇 세대당 하나씩 천막이 지급된다. 공동묘지 무덤 사이에 천막을 치고 살다가 하나둘 움막을 짓기 시작한다. 텐트에서 조립식 건물로 바뀌어 가는 것이다.

벽을 쌓고 슬레이트나 루핑[22]으로 지붕을 덮은 다음 타이어나 돌로 눌렀다. 태일은 이 집에서 평화시장엘 다녔다. 버스비를 털어 여공들과 풀빵을 나눠 먹고 세 시간씩 걸어오던 집이 바로 여기다. 주소는 쌍문동 208번지였지만 창동 종점에서 버스를 내려 걸어 올라오는 탓에 모두들 태일이네를 '창동집'이라 불렀다. 이 집은 바보회 창립총회 밤샘 토론의 장소였고 태일이 죽고 나서는 친구들이 만든 청계피복노동조합(이하 '청계노조')의 본부가 되었다. 1971년 1월 태일의 친구 최종인, 임현재, 이승철이 이사를 들어와 살았다. 매일 열

22| 아스팔트나 콜타르로 방수 처리한 종이를 말한다.

명, 때로 스무 명씩 노동자들이 함께 밤새 토론하고 밥과 술을 나눴다. 어머니와 동생들은 작은방을 썼다. 사람이 많을 때면 그나마도 내주고 이웃집에 건너가 잤다. 이후 조합원들에게 '창동집'은 추억이 쌓인 소중한 장소가 되었다.[23] 이 쌍문동 집은, 아니 '창동집'은 태일의 바람대로 그가 죽은 뒤에 친구들의 광장이, 보금자리가 된 것이다. 지금 쌍문동 창경초등학교 뒷담에는 덩그러니 전태일 옛 집터 표지판만이 서 있다. 길 건너 실제 집터에 들어선 오래된 아파트가 표지판을 물끄러미 내려다보고 있다.

'사는 것'이 아니라 '사는 곳'

1948년 세계 인권 선언이 선포된 이래, 국제법적 힘을 확보하려고 사회권 규약 11조는 "살 만한 집에 살 권리"를 명시한다. 1991년, 가장 권위 있는 국제법적 해석으로 인정받는 유엔 사회권위원회의 일반 논평은 "안전하고 평화롭고 존엄하게 살 주거의 권리"를 선언한다. 논평은 이어서 주거 안정성을 위협하는 대표 문제로 '땅, 부동산 투기'를 꼽았다. 이렇게 인류가 경험과 공감을 쌓아 가는 과정에서 "살던 집에서

23 | 안재성, 『청계, 내 청춘』, 돌베개, 2007, 80쪽.

쫓겨나면 안 된다"는 '강제 퇴거 금지 원칙'도 보편적으로 자리 잡게 되었다.

하지만 한국 사회의 산업화, 도시화 과정에서 집은 개인이 해결해야 할 몫으로, 서둘러 차지해야 할 재산으로 인식되었다. "집은 사는 것이 아니라 사는 곳"이라는 주장은 한가한 말로 취급되었다. 주거권을 옹호하는 사람들은 개발에 앞서 인권 영향 평가와 포괄적 재정착 계획을 세워야 한다고 말해 왔다. 어떤 사람도 개발 이전보다 삶의 조건이 후퇴해서는 안 된다[24]고 외쳐 왔지만 이미 부동산 전쟁은 전선을 확장해 가고 있었다. 한국인들은 투기를 투자와 재테크라고 바꿔 말하면서 부담감까지 덜게 되었다.

1970년 서울에서 본격 시작된 강제 철거는 1988년 올림픽을 앞둔 상계동에서 극에 달했다. 행정 당국은 국제 행사로 방문하는 외국인들에게 보이지 않게 하려고 상계동 달동네를 강제 철거했다. 주민들은 명동성당에서 지내다가 부천에 땅을 얻어 모여 살았다. 그 옆으로 올림픽 성화가 지나간다 하여 다시 철거를 당했고, 성화가 지나가는 시간에 사람들은 땅굴을 파고 들어가 숨어 있어야 했다. 이 상황을 그

24 | 주거운동네트워크, 『집은 인권이다』, 이후, 2010의 내용을 전반적으로 활용하였다.

린 김동원 감독의 다큐멘터리 영화 〈상계동 올림픽〉(1988)은 "가난한 사람들이 가난한 마음으로 살 수 있는 그날을 위해"라는 대사로 끝을 맺는다. 그 대사에 담긴 소망은 실현되지 않는다. 상계동을 지나 강제 철거는 한국 재개발의 오랜 전통으로 자리 잡았다. 개발할 땅에 허름한 집을 짓고 사는 가난한 사람들은 '보이면 안 되는' 존재들이 되었다. 1996년 '세계 주거권 회의'에서 한국은 남아공과 더불어 가장 비인간적인 철거를 하는 국가로 선정되었다.

이런 흐름 속에 2000년대 초반 화려한 브랜드 아파트들이 경쟁적으로 하늘을 찌르며, "당신이 사는 곳이 당신이 누구인지 말해 줍니다"라는 '계층 구분'의 광고 문구까지 나온다. 임대 아파트는 곳곳에서 거부되었고, 주상 복합 아파트는 울타리를 두르고 동네 사람들의 통행과 출입을 통제하였다. 재개발은 도시 환경을 정비하는 '수리'나 원주민 보호, 삶의 재생이 아니라 건설사와 유주택자의 이윤과 자산을 폭증시키는 방향으로 추진되었다. 재산권의 아우성에 주거권은 뿌리를 내리지 못했다.

남산동 골목에서 '집'을 생각한다

2019년 7월 14일, 대구 중구 남산동 재건축 4-5지구를 찾았다. 대부분 주택과 상가에 빨갛게 '철거' 칠이 되어 있고 셔터는 내려져 있었다. 상가 세입자들은 '재개발'이 아닌 '재건축'이라 이주 보상비를 한푼도 못 받게 되어 '전철연'(전국철거민연합)과 함께 싸웠다. 업종별로 다르지만 수차례 싸워 간신히 보상을 받아 대부분 떠났다. 짐을 빼러 나온 네일숍 주인에게 문방구 옆 조명 가게에 세 들어 과일을 팔던 할머니의 행방을 물었다. '어디라더라'는 안내를 받고 가는 길에 몇 번을 더 물어 결국 찾았다. 옛 복덕방 간판을 그대로 둔 채, 더 좁아진 공간에 과일을 쌓아 두고 할머니는 오도카니 앉아 계시다 일어나 옛 단골손님을 반갑게 맞아 주신다. 월세는 더 비싸고 공간과 매상은 절반으로 줄었다. 팔순을 바라보는 할머니는 하던 이야기를 멈추고 행인이 드문 가게 앞길을 물끄러미 바라보았다. 도로 건너 남산초등학교 방향 언덕에는 회색 시멘트 아파트 골조가 올라가고 웅장한 타워크레인들이 하늘을 조각조각 분할하고 있다. 조각난 하늘처럼 소박한 삶이, 골목이, 정다운 이웃이 쪼개져 간다. 가난한 세입자들이 어느 순간 보이지 않고, 그들의 삶은 좀 더 빠듯하게 재조정되어 흩어진다. 드문드문 기억되다가 잊혀진다. 기억하는 사람들도 어디론가 떠나고 새 아파트 주민들은 경쾌하게 핸들을 틀어 주차장으로 들어간다. 이것은 수십 년째

대구 남산동 하늘에 즐비한 타워크레인들

재건축 열풍이 불고 있는 대구 남산동 네거리 아파트 골조와 과속 단속 표지판

반복되어 온 한국 재개발의 탐욕스런 옆모습이다.

법원은 남은 세입자들이 나가지 않을 경우 강제집행을 예고하고 있다. 재개발이 아닌 재건축일 경우 보상을 안 해도 되는 '법'은 무엇인가. '주거권'이 아닌 '재산권'으로 판결을 내리고 강제집행을 명령하는 법원의 법'철학'과 법'감정'은 누구의 곁에서 어디를 바라보고 있는가. 정비 사업이라는 명목 아래 시내 역세권 땅을 빈틈없이 노리는 건설사와 다주택 보유자들, 인허가를 남발하는 관청이 맺는 '욕망의 오래된 동맹'은 어디까지인가. 그 속도는 이미 저 신남네거리 과속 단속 기준인 70km를 넘은 지 오래지만, 관청이 함께하고 있으니 단속은 이루어지지 않는다.

태일이가 태어난 것으로 추정되는 집터는 이미 도로가 되어 흔적도 없다. 하지만, 대구 남산동에는 태일이네 가족이 1963년에 살던 집이 피자 한 조각 모양의 땅에 아직 버티고 서 있다. 태일이가 청옥고등공민학교에 다닐 때 일하고 공부하며 살던 집이다. 높아만 가는 고층 아파트들 너머 가톨릭 신학대학 옆 골목 자투리땅에 서 있다. 태일이는 이제 그 집이 한 번만 무너져도 다시 짓지 못한다. 대신 시민들이 '전태일의 친구들'이라는 이름으로 모여 '만 원씩' 작은 힘을 모아 전태일 기념관을 지으려고 매입 운동에 나섰다. 가난한 이들의 삶터, 작은 땅조차 허락하지 않는 이 시대의 욕망은 뜨거운 혀를 날름대며 이 작은 공간을 노려보고 있다. 기념관이 지어지면 사람들은, 철거를 당해도 다시 집을 짓고 방을 넓혀 가던 전태일의 '긍지와 자존감'에 전염될 것이다.

용산 뉴타운 개발 사업의 광풍 속에 억울하고 힘겹게 살다가 돌아가신 철거민 '공화춘' 김 씨의 명복을 빈다.

일터 _ 퇴근 없는 출근

1969년 가을, 전태일은 인력시장으로 간다. 평화시장에 더 발붙일 수 없게 되어 '공사판에 품팔이'를 나간다. 시장에 나간다고 어머니를 안심시키고 막노동을 하러 간다. 공사장에서 태일은 또 다른 평화시장을 만난다. 평화시장에서는 서로 이름을 부르지 않았다. 이름을 알 필요가 없었기 때문이다. 서로를 '7번 시다, 5번 시다'처럼 번호로 불렀다. 월급봉투에는 번호가 적혀 있었다. 몇 년을 일해도 서로 이름을 모르고 헤어지기 쉬웠다.

그런데 건설 현장은 더 심했다. 일용직 막일꾼들은 아예 서로를 부르지 않았다. 현장 책임자는 간단히 작업을 지시하고 삽 한 자루씩 나눠줄 뿐, 간섭하거나 주의를 주지도 않았다. 피곤한 침묵 속에 삽질을 반복하면 그만이었다. 막일꾼들은 자기가 살 수 없는 집을 짓는 일부 공정에서 맥락 없는 일을 하고는 사라졌다. 이소선은 떠도는 소문을 듣고 태일이가 공사장에 나간다는 사실을 알게 된다. 공사장에서 일을 한 지 20일쯤 되는 10월 초순의 어느 날이었다. 태일은 유일한 말벗인 어머니한테 결국 사실을 털어놓는다. 그런데 태일은 자기 이야기가 아니라, 공사장에서 만난 다른 사람의 이야기부터 들려준다.

등짐을 지고 사다리를 오르던 40대 남자가 휘청하며 흔들리자 바로 뒤에서 올라가던 태일도 자칫 떨어질 뻔한 사고가 있었다. 다리에 힘이 풀리고 만 것이었다. 태일은 가슴을 쓸어내리며 사내한테 괜찮냐고 사연을 물었다. 노임이 밀려 굶주린 남자는 힘이 들어 내일은 도저히 못 나오겠다고 한다. 외면할 수가 없었던 태일은 다음날 현장 사무실에 가서 남자의 사정을 말한다. 책임자는 "그러는 넌 누구냐"고 물었고, 태일은 같이 일하는 사람인데 어제 위험한 사고도 일어날 뻔했고 얘길 들어 보니 사정이 딱해 그런다고 답했다. 거리낌 없는 태도와 선량함이 마음을 움직였나 보다. 책임자는 노임은 시간이 걸리니 당장은 어렵다며, 이거라도 받으라고 밀린 임금 5,000원 중 3,700원을 제 주머니에서 꺼내어 준다. 돈을 받고 얼굴이 펴진 남자는 전날과 같은 등짐을 지고도 날듯이 계단을 올랐다. 돈의 힘이 좋긴 좋은 모양이라고 말하니 이소선은 "너 거기 가서도 노동운동하냐? 그러다 거기서도 쫓겨나면 어쩔 거냐"며 허탈하게 웃었다. 태일이도 따라서 웃었다.

남자는 이후에 어떻게 되었을까. 그날 받은 돈으로 잠시나마 생활고를 해결했을 것이다. 그러나 남자의 등짐 진 다리는 다시 휘청대고 배고픔은 되돌아왔을 것이다. 남은 돈은 받았을까, 다치지는 않았을까, 그리고 무사했을까. 걱정과 궁금함이 꼬리를 물며 이어진다. 그렇다면 수십 년이 지난 지금, 건축 현장에서 사람들은 어떻게 일하고 있을까.

2019년 4월 10일, 공사장의 청년

문재인 정부는 2019년 2월 20일, '건설 현장 추락 사고 줄이기 원년 선포식'을 거행했다. 매년 500명 안팎으로 건설 현장에서 일어나는 산재 사망 사고의 대부분이 추락사이기 때문이다. 국토부 장관은 안전 장비를 단단히 갖춰 버클을 채우고 렌즈 앞에서 포즈를 취한다. 뉴스는 일제히 행사를 보도한다.

그 후 두 달 가까이 지난 4월 10일 아침. 스물다섯 살 청년 김태규는 수원의 한 아파트형 공장 신축 현장 5층에서 20미터 아래로 떨어져 숨졌다. 안전 점검을 받지 않은 미승인 화물 엘리베이터로 폐자재를 옮기다 건물과 엘리베이터 사이 43.5cm 틈으로 추락했다. 안전 교육은 물론, 틈새에 안전대나 안전망은 없었다. 공사장에서 제법 일해 본 김태규는 "이렇게 위험한 현장은 처음"이라고 친구한테 말했었다. 엘리베이터 문은 늘 열린 채 운행되었다. 응급실에서 누나는 동생의 옷가지와 '운동화'를 받았다. '안전화'가 아니었다. 잠깐의 행사를 위해 장관에게 지급되던 안전모와 안전화, 안전벨트가 일용직인 김태규에게는 지급되지 않았던 것이다.

현장은 보존되지 않았다. 장례를 치르고 찾은 현장은 말끔했다. 경찰과 노동부는 5일이 지나서야 현장을 조사했다. 엘리베이터가 사고 당시의 5층이 아닌 1층으로 이동된 이유를 따져 묻자 노동부 감독관은, "원칙적으로는 안 된다"고 답했다. 누나한테는, 원칙을 어겼지만 현실적으로는 그래도 괜찮다는 성의 없는 말로 들렸다.

경찰, 노동부, 건설사와 시공사 모두 믿지 못하게 된 누나는 현장을 드나들며 직접 조사하기 시작했다. 보름 동안 현장을 드나들던 누나를 맞이한 것은, '무단 침입'했다는 경고와 "다 끝난 것 아니냐"는 건설사 직원의 냉소, 현장 직원의 무례한 반말과 훈계였다. 안전 난간이 없는 건물 내부를 촬영하다 쫓겨나면서 "내 동생 죽은 자리도 못 보느냐"고 소리 질렀다. 직원은 무단 침입을 경고하며 "나가세요"를 반복하였다. 고용노동부는 5월 16일 작업 중지 명령을 해제하였다. 공사가 재개되고 6월부터는 아예 현장에 들어갈 수 없었다. 피해자가 고분고분하지 않게 싸움을 시작하면 회사 책임자들은 낯빛을 바꾼다. 유가족의 진상 규명 요구는 냉소와 조

롱의 대상이 되고 만다. 싸우는 유가족에 대한 경멸은 한국 사회의 재난 대응 매뉴얼로 자리 잡았다.[25]

1969년 9월 15일, 전태일의 부끄러움

이소선은 태일이가 공사장에 다니는 것을 알았지만 한동안 내색하지 않았다. 침울한 얼굴에 대고 몰아세울 수가 없었다. 답답하지만 기다렸다. 원금과 이자가 똘똘 뭉쳐 빚은 점점 불어나고 있었다.

9월 15일 아침, 공사장에 일하러 나가는 태일의 눈에 한 사람이 들어온다. 광주리를 머리에 이고서 어떻게든 만원 버스에 올라타려고 애쓰는 한 여자가 보인다. 한 손은 광주리를, 다른 손은 문 옆 손잡이를 잡고 여자는 악착같이 버스에 매달린다. 한 발 디딜 틈 없는 버스는 '풍선'같이 부풀었다. 여자는 발끝을 디밀고 꾸역꾸역 몸을 들이민다. 사람들의 비명이 터져 나오지만 여자는 아랑곳하지 않는다. 오직 타야 한다는 생각뿐이다. 태일의 눈살이 찌푸려진다. 콩나물시루 버스에 끼여 본 사람은 안다. 그 속은 지옥이다. 다음 차를 타

25 | 김연희, 「동생의 억울한 죽음, 그 진실을 찾아서」, 『시사인』 618호(2019. 7. 23) 36~37쪽, 김도현(고 김태규의 누나) 전화 인터뷰(2019. 7. 27) 내용을 바탕으로 하였다.

면 어떤가. 억척스러운 그 여자가 밉다. 가난의 악착같은 맨 얼굴은 또 다른 가난이 봐도 환멸이 느껴진다.

태일은 그러다가 고개를 젓는다. 불쑥 일어난 제 마음이 낯설다. 버스에 오르려는 안간힘이 밉다가, "이건 대체 무슨 마음이지?" 문득 불쌍해진다. 그러다가 미안해진다. 있는 힘을 다해 사는 모습을 보고 찡그린 자신이 부끄럽다. "봐라, 얼마나 정직하고 충실한, 거짓이 없는 생존경쟁의 한 인간이냐"며 마음을 바로잡는다. 어차피 다음 차도 비슷할 수밖에 없는 열악한 출근 전쟁 상황과, 어서 시장에 나가 물건을 팔아야 하는 그녀의 처지를 생각 않고 어떻게든 타고 나가야 하는 사람을 탓하다니.

곧이어 그 여자의 모습에 어머니가 겹친다. 신경질 난 얼굴로 입을 꾹 다문 자신을 말없이 지켜보던 어머니한테 미안하다. 평화시장에서 쫓겨난 게 엄마 탓, 가난 탓인 것처럼 성난 얼굴로 집을 나선 게 후회된다. 평화시장에서 쫓겨나면서 마음에 생긴 원망을 어머니한테 쏟아 버린 것이다. 집에 거의 돈을 갖다 드리지 못하고 오히려 빚을 내어 활동비로 쓰기만 한 것도 미안하다.

부끄러웠다. 침묵으로 어머니를 학대했다며 자책한다. 태일은 그동안 겪은 일들이 힘들어 그만 가족의 고통과 어려운 형편을 신경 쓰지 못할 정도로 피폐해 있었던 것이다. "현실이 나를 외면하고 냉소한다고 나도 현실과 같은 패가 되어 나를 조롱하는구나!"[26] 그제야 가슴을 친다. 화들짝 놀라 주위 사람들을 다시 쳐다본다. 태풍이 지나가고 하늘이 갠 듯, 경멸과 환멸의 감정은 온데간데없고, "사랑스러운 전체의 일부"를 보는 전태일 특유의 따뜻한 시선을 되찾는다. 콩나물시루 같은 만원 버스에서 일어나던 혐오와 경멸의 감정은 사라지고 없다. 광주리를 이고 가던 여성의 안간힘에, 어머니의 생활고가 연결된다. 좀 전과 다른 세상이 열린다.

태일은 그 눈으로 다시 사람들을 본다. 등짐을 지고 위태롭게 공사장 계단에서 휘청거리는 남자가, 통성명도 없이 앞뒤 맥락 모를 삽질로 함께 땅을 파는, 모자 쓴 덩치 큰 사내의 주름진 얼굴이 눈에 들어온다. 그 이야기를 고향 친구 원섭이한테 편지로 쓰던 9월 말일의 조용한 방에서 그들은 태일에게 "위로해야 할 나의 전체의 일부"로 새롭게 인식된다. 태일은 힘겨운 침묵 속에서 사람 보는 눈을 그렇게 갈고 닦는다.

26 | 전태일, 『내 죽음을 헛되이 말라』, 돌베개, 1995, 118~119쪽.

하지만 한국 사회의 두 눈은 전태일과 반대편을 보고 앞으로만 달리기에 바빴다. '성장'과 '한강의 기적'으로 포장된 방향을 보며 달려왔다. 질주하기 시작한 사회는, 태일이 자신의 '일부'로 인식한 '일하는 가난한 사람들'을 돌아보지 않았다. 앞만 보는 눈이었다. 그 두 눈은 공사 기간을 1년 단축한 속도전 부실 공사로 77명(일용직 건설 노동자는 포함되지 않은 숫자로, 실제 사망자는 훨씬 많았을 것으로 추정)이 죽어 나가는 가운데도 멈추지 않던 1970년 경부고속도로 공사의 '기적' 이래 뒤를 돌아보지 않았다.

우리는 이런 사회에서 일터에서 발생하는 '중대 재해'를 '기업 살인'으로 인식하지 않고 '사소한 일'로 느끼며 무감각해지도록 훈련받아 왔다. 강자의 편에서 세상을 보도록 길들여진 시선은 피해자가 싸우려 들면 어느새 자동으로 눈살을 찌푸린다. 세상은 구조적인 사회적 죽음의 폭우를 피해 살아남는 곳이 되어 버렸다. 낙오자는 나약하거나 노력이 부족한 것으로 여겨졌다.

한국의 산재 사망률은 OECD에서 통계를 낸 이래 단 두 번을 제외하고 20여 년간 압도적인 1위를 기록하고 있다. 미국과 일본의 3배, 독일의 5배, '중대 재해 기업처벌법'이 제정된 영국보다 11배 높은 비율로 일하다 죽는다. 2019년 5월 2일 고용노동부는 2018년에 발생한 산재 통계를 발표했다. 산재 사망자는 2,142명. 질병을 제외한 사고 사망 971명의 절반인 485명이 건설 현장에서 숨졌다. 사망 사고는 대부분 소규모 사업장, 외주 하청 업체에서 피로가 누적된 주말, 휴일 근무일에 발생했다. 한국의 근로감독관은 신고된 사건에 한해 사후 점검을 할 뿐이다. 영국의 8배, 독일의 6배에 달하는 수의 사업장을 감독해야 하기 때문이다.[27] 법은 다단계로 전가된 책임을 엄하게 추적해 따지지 않는다. 대부분 벌금형이나 집행유예로 부담을 벗어나 하던 일을 계속했다.

스웨덴 사람들은 어떻게 일하다 사람이 죽느냐며 물어본다. 러시아에서 귀화한 한국인 박노자는 오슬로 대학에서 일한다. 그의 노르웨이 친구들은 공사장에서 수백 명씩 떨어져 죽는다는 사실도 잘 못 믿지만, 그럼에도 사장이 감옥에 안 가는 것을 이해할 수 없다며 의아해 한다. 하지만 한국인들은 그것을 이해하고 수용한다. 기업의 눈으로 세상을 보다 보니, 노동자의 죽음에는 무감각해지고 빨리 잊기에 바쁘다. 숱한 죽음에 일일이 반응하기도 힘들어 제풀에 나자빠진 것

27 | 희정, 『노동자, 쓰러지다』, 오월의봄, 2014와 『노동자가 만드는 일터』, 통권 184호(2019년 6월호)의 내용을 전반적으로 참조하였다.

이기도 하다.

지금 이 순간에도 경기 부양의 사명을 띠고 아파트는 올라간다. 아파트는 수십 년째 '사는 곳'이 아니라 재산 형성의 목적으로 사고파는 '상품'으로 끊임없이 생산된다. 2019년 7월 10일, 부산의 아파트 공사장에서 20대 승강기 수리공이 문과 벽 사이로 떨어져 사망했다. 2019년 부산 아파트 현장에서만 6명째 추락사다.

그나마도 산재 사망의 30% 정도만 보도되는 끊임없는 죽음의 소식에, 우리는 이제 무감각하다. 일하다 죽는 것을 자연스럽게 받아들이는 집단 무의식 속에 있는 것이다. 그 무뎌진 감수성을 '이윤 추구'에 관대한 법과 제도가 떠받치고 있다.

이러니 장관이 대기업 회장들을 불러 모아 다짐을 받은들 무슨 소용이 있겠는가. 그런 요식 행위가 무엇을 강제할 수 있을까. 일상의 모든 힘을 모아 사회의 방향 자체를 틀지 않을 수 없게 만들어야 한다. '중대 재해 기업처벌법'을 제정해, 기업 살인을 엄하게 처벌하는 사례를 내야 한다. 하지만 고 노회찬 의원이 2017년 4월 발의한 중대 재해 기업처벌법은 아직 법사위에 계류 중이다. 국회의원들이 어느 편에 서 있는지 잘 알 수 있다. 경총 등 재계는 경영이 위축된다며, 사망 사고 발생 시 사업주의 3년 이상 징역, 5억 이하 벌금의 내용을 담은 이 법안을 반대하고 있다.[28]

"사람이 먼저다"라는 구호는 삶 속에서 목격되고 체감되어야 한다. 가난한 사람이 게으르거나 못나서 그런 일을 하다 떨어져 죽는 것이 아니라고 여럿이 말하고 생각해야 한다. '살인 기업'으로 선정된 포스코 건설의 정규직이 되길 바라기보다, 2018년에 포스코 건설 현장에서 사망한 10명 모두가 하청 노동자라는 현실을 내가 속한 공동체의 조건으로 냉정하게 인식해야 한다.

동생을 잃고 김태규의 누나는 '예견된 죽음'의 구체적 조건들을 확인하며 절규하고 있다. 2022년까지 산재 사망을 절반으로 줄이겠다던 대통령한테 공개 편지를 썼다. 그리고 동생에게 쓴 편지를 울며 읽는다. 사고가 난 아파트형 공장은 2019년 8월 준공되었다. TV 화면의 떠들썩한 안전 선포와, 건설 현장 꼭대기에서 일하는 다단계 하청·일용직 노동자 사이의 거리를 줄이는 긴 싸움을 누나는 시작했다. 우리는 현실의 조롱과 냉소의 편에 서서, 찡그리고 체념하며 세상을 봐 왔다. 이제 태일과 함께 몸을 돌려, 매일 죽고 다치는, 숨

28 | 안종주, 「사진 한 장에서 기업처벌법을 보다」, 『프레시안』, 2019. 4. 29.

경향신문

1946년10월6일창간 kyunghyang.com 2019년 11월 21일 목요일

오늘도 3명이 퇴근하지 못했다

산재 사망자의 성씨, 나이, 사고 원인을 1면 광고 없이 나열해 사회적 파장을 일으킨
『경향신문』 2019년 11월 21일자 기사

길 수 없는 사망 사고로만 '오늘도 3명이 퇴근하지 못'[29]하는 나라의 일터를 살펴보아야 하지 않겠는가.

29 | 황경상, 「오늘도 3명이 퇴근하지 못했다」, 『경향신문』 2019. 11. 21. (기획 「매일 김용균이 있었다」 중) 『경향신문』은 신문 1면에 광고 없이 2018년 1월부터 2019년 9월 사이에 주요 5대 재해(떨어짐, 끼임, 깔림, 부딪힘, 물체에 맞음)로 숨진 산재 사망자 1,200명의 명단을 빼곡하게 실어 사회에 반향을 일으켰다. 1970년 10월 7일, '평화시장 기사 특보'로 열악한 노동 현실을 세상에 알린 『경향신문』이 상기되는 순간이었다.

| 자료 2 | 산재 사망 사고 처벌 현황

'기업 살인법'을 시행 중인 영국은 중대 사고가 발생하면 상한선 없이 연매출에 비례해 벌금을 물린다고 한다. 한국은 어떨까? 경찰은 2019년 11월 27일, 태안화력발전소 김용균 사망 사건 책임자 수사 결과 발표에서, 원청 한국서부발전과 하청 한국발전기술 사장에 대해 무혐의 처분을 내렸다. 현장관리자 11명을 '미필적 고의에 의한 살인'이 아닌 '업무상 과실치사 혐의' 의견으로 검찰에 넘겼다. 현행법으로 핵심 경영진에게 책임을 물을 수 없다는 것이다. 위험을 방치한 근본 책임자들은 쉽게 처벌 대상에서 빠진다. 그나마 재판에 넘겨진 사람들은 어떤 처벌을 받고 있을까?

"5년간(2013~2017) 산안법 어겨 법원 판결 받은 사례 중 90%가 집행유예, 벌금형. 징역, 금고형은 단 2.9%." 법원은 이 범죄를 통상 '과실'로 본다. 대법원이 안전보건조치 의무를 하지 않아 노동자가 숨진 것은 '미필적 고의'라고 해석하면서도, 구체적 양형을 판단할 때에는 '업무상 과실치사' 정도로 본다. 법원은 습관적으로 실수였다는 면죄부를 주는 셈이다.

영국의 국가기관인 보건안전청Health and Safety Executive에 따르면, 매년 발생하는 산재 사망 중 적어도 70% 이상이 사업주의 무책임한 경영으로 인한 것이라고 한다. 그러므로 대다수의 산재 사망이 사업주가 조금만 주의를 기울였어도 예방 가능한 것이었다고 평가하고 있다. 선진국인 영국에서조차 모든 산재 사망 중 적어도 70% 이상이 사업주의 과실 때문이었다고 한다면, 한국의 산재 사망은 거의 모두 기업의 태만과 무책임함으로 인한 '인재'라고 할 수 있다. 그러므로 거의 모든 산재 사망이 원칙적으로 예방 가능하다. 그런데 왜 아직 한국의 상황은 개선될 기미를 보이지 않고 있을까?

_ 이지혜, 「산안법 어겨도 징역·금고형 3%뿐」, 『한겨레』, 2019. 6. 10.

2016년 산재 통계를 보면 노동자 사망 사고에 기업이 문 벌금액은 평균 432만 원이다. 지난 10년간 산재 사망 사고를 일으킨 사업장 책임자 중 실형을 선고 받은 사람들은 전체의 0.5%에 그쳤다. SBS 이슈취재팀은 김용균 씨가 숨진 2018년 12월부터 11개월간 재해 사망 사건 판결 207건을 분석했다. 책임이 인정된 피고인 295명 가운데 단 1명을 제외하고는 모두 벌금 또는 집행유예 선고를 받았다. 안전한 작업 환경을 마련하지 못한 기업도 대부분 5백만 원 이하의 벌금형에 그쳤고 가장 많은 벌금도 2천만 원을 넘지 않았다. 이러니 재범률도 높다. 산안법 위반 재범률은 2013년 66.8%에서 2017년 76%까지 올랐다. 영국, 호주 등에서는 숨진 근로자 소속 회사의 책임을 엄중하게 물어 벌금 상한선이 없는 기업 살인법을 도입한 뒤 사망률이 크게 떨어졌다.

_「죽음의 악순환 못 막는 대책들… 해외 기업 살인법 보니」, SBS뉴스, 2019. 11. 3.

| 자료 3 | 현장 실습생 사망 사건 2심 재판 탄원서

2017년 현장 실습생 이민호가 일하다 사망한 제주 음료 공장 사업주에 대한 2심 공판을 앞두고 대책위에서는 전국적으로 자필 탄원서를 모았다. 1심에서 사장은 집행유예, 회사는 벌금 2,000만 원을 선고 받았다. 이에 자필 탄원서를 써서 팩스로 보냈다.

피고인 | (주)제이크리에이션 대표이사 ○○○

탄원인 | 강성규 (교사)

재판장님, 만 17세 청년이 생명을 잃었는데 왜 책임지는 사람은 없습니까? 왜 우리는 늘 책임 이행을 유예한다는 판결만 들어야 합니까? 일하다 죽는 실습생의 생명은 그렇게 가벼운 것입니까? 법은 중대 재해를 '저지른' 업주에게 왜 이리 너그럽습니까?

저는 고등학교에서 학생들을 가르칩니다. 세상에 희망을 갖고 나가라고 어찌 가르치겠습니까. "저 판결들을 보고도 그러십니까" 하고 그들이 묻는다면 할 말이 없겠습니다.

회사는 고장이 잦은 기계 수리, 작동법을 고3 실습생한테만 맡기고 끊임없이 그를 불러다 일을 시켰습니다. 제 자식들이라도 그랬을까요? 이민호 군은 사망 전에 이미 두 번을, 일하다 다쳤습니다. 충분히 회복되지 못했는데도 회사의 호출에 불려 나가 일했습니다. 하루 12시간에 달하는 과로가 잦았고 토요일에도 특근에 혹사당했습니다. 작업장의 43도에 달하는 고온과 메인 기계를 자신에게 맡기는 회사에 '극혐'을 느껴도 친구에게 카톡 메시지만 보낼 뿐, 참고 일할 수밖에 없는 사회, 그동안 우리 사회의 기득권이 온갖 제도로 구축해 온 것 아닙니까.

이 사회 전체의 일부인 한 젊은 학생을 돈에 눈먼 사장과 간부들이, 실제로 죽도록 내몬 사건입니다. 예방조치, 안전 의무 이행 하나 없이 기계 이상 시 작동하는 몇 만 원짜리 리프트 센서 하나 없이 일하게 한 '기업 살인'이 아니면 무엇입니까.

중대 재해 기업처벌법이 있는 선진사회는 아니라도 현재 법 논리로도 자명한 인과관계를 따져 엄하게 책임 묻는 게 왜 안 된다는 겁니까.

미약한 처벌은 가해자의 죄책감을 덜어 줍니다. 사장은 진정한 사과조차 하지 않았습니다. 생산 정지 기간에 자기도 먹고살아야 한다며 합의를 종용한 자입니다. 젊은이가 가장 위험한 일을 떠맡아 하다가 다치고 갈비뼈가 부러져도, 또 일하다가 마침내 죽는 공장에서 사장은 그 죽음에 아랑곳없이 자기 손해를 걱정하는 세상이 정상입니까.

세계에서 일하다 죽는 사람이 가장 많은 나라입니다. 현장 실습생, 하청 비정규직은 기계의 부품입니까. 그렇다면 그 가족과 친구들도 기계입니까. 아닙니다. 사람입니다. 길 가다 아들과 비슷한 체구의 안경 쓴 젊은이만 봐도 울컥하는 부모들입니다.

사업주에 대한 어떤 엄한 처벌조차도 그 죽음을 조금도 회복할 수 없습니다. 그런데 집행유예에 벌금형이라니요. 엄중한 판결로 억울한 죽음과 주눅 든 시민들, 친구, 형제와 부모의 상실감에 가 닿아 주십시오. 중형을 선고해 안이한 기업들이 정신 번쩍 나도록 하십시오. 기업들이 이윤보다 생명을 중시하는 방향 전환에 길이 남을 정의로운 판결 기대하겠습니다. 법은 억울한 사람들 편에 서야 사법 신뢰도 되찾지 않겠습니까. 그래야 저도 학생들에게 세상에 나가 보자고 말할 수 있겠습니다.

2019. 10. 17.

탄원인 강성규

시간 _ '다른 시간'을 살고 싶다

학습이 노동인 사회의 여름

2019년 여름, 사람들은 비지땀을 흘리며 더위의 고빗사위를 넘는 8월의 입구. 그 와중에 한국 고등학생들의 짧은 여름방학이 끝났다. 큰 볼일을 보다가 중간에 끊고 대충 바지춤을 올린 것처럼 개운치 않은 기분으로 학생들은 다시 교문으로 달려간다. 9시 등교마저 먼 나라 이야기인 내가 사는 곳 대구의 고등학생들은 7시 40분에서 8시 사이에 학교에 도착해야 벌점을 피할 수 있다.

8월 15일 광복절 전에 개학이라니. 박근혜 정권 시절 '수능 이후 교육과정 정상화'라는 명분 아래 '수업 구조 조정' 바람이 불었고, 수능 전에 교과 수업을 몰아 버리는 바람에 안 그래도 짧은 여름방학이 2~3주로 더 짧아졌다. 그런데 문재인 정부에서도 '아직도' 그렇다. 한번 개악된 학교의 관행은 좀처럼 회복될 기미를 보이지 않는다.

휴가철과 겹치는 8월 첫 주에 개학한 일부 학교 학생들은 체험 학습 신청을 내고 휴가를 다녀와 며칠 후 등교하기도 한다. 충전을 하다 만 찌뿌둥한 몸과 마음을 다독이며 학생들은 가방을 멘다. 시간의 주도권은 다시 학교가 쥔다. 한국 청소년 자살률은 1년에 두 번, 학기 초에 높아진다.[30] 개학이 존재를 좌우할 만큼 참 힘겨운 시작이라는 반증이다.

방학이라고 별다른 시간은 아니었다. 2~3주밖에 안 되는 여름방학은 또 하나의 산업 현장이다. 짧은 방학을 잘게 쪼개어 학원이, 학교 보충수업이, 붐비는 관광지가, 헬스장과 교회가 나눠 가진다. 8월 첫 주에 개학하면 에어컨을 틀어도 더운 교실에 멍하게 앉아 시간을 견딘다. 갈수록 여름은 뜨거워지는데 온전한 쉼을 불온시하는 이 사회의 여백 없는 학교를 생각한다. 첫날부터 많은 학교는 보충수업과 야간자습도 풀가동할 것이다.

대구 성서 지역 주민 기본권을 옹호하는 단체들이 모인 회의에서 백창욱 목사는 야간자습을 마치고 밤늦게 교문을 빠져나오는 학생들의 축 처진 어깨와 창백한 얼굴을 보면, 공장 야근을 마치고 나오는 노동자들의 모습이 떠오른다고 했다. 다들 고개를 끄덕였다. 1960~70년대 "평화시장 노동자들은 달을 보고 나와 막차를 타고 간신히 통행금지 시간 직전에 집에 도착하곤 했다"[31]는데 태일은 평화시장의 그 고

30 | 이창수(『세계일보』 기자), 「국가인권위원회 대구사무소 10주년 기념 '청소년 자살과 인권 현황' 토론회」(2017. 6. 29) 발제에서 인용.

31 | 신순애, 『열세 살 여공의 삶 : 한 여성 노동자의 자기 역사 쓰기』, 한겨레

된 시간표를 바꿔 보려고 했다. 모범 업체 설립은 그 구체적 방법이었다.

태일피복 대표의 인사말

안녕하십니까? 직접 찾아뵙지 못하고 지면을 빌리어 인사 올리게 됨을 넓으신 아량으로 이해하십시오. 본사는 금번 평화시장 피복계에 일대 센세이숀을 이르킨 태일피복입니다. 타사와 달리 철저한 품질 관리와 생산원가를 고객 여러분에게 솔직하게 알려드리고 생산과정을 소개하여 드립니다. 가격은 고객 여러분께서 생산원가를 뺀 얼마간의 이익을 부쳐주시면 됩니다. 그리고 본사의 이율은 기업주와 종업원이 공평하게 분배합니다. 여러분의 자녀분들인 종업원을 건강보호로부터 교육에까지 철저하게 관리합니다. 본사의 모토는 정직입니다. 종업원을 기업주와 하등의 차이도 없이 대우하고도 사업을 해 나갈 수 있다는 기본을 보이기 위한 기업체입니다. 그러므로 언제나 양심적이며 실용적인

출판, 2014, 168쪽. 이 장의 평화시장 이야기는 대부분 이 책의 내용을 참조하였다.

전태일기념관에 마련된 모범 업체 태일피복 부스의 한 게시판

상품은 논할 것도 없으며 모든 기업체의 모범이 될 것을 약속합니다. 끝으로 본사를 좀더 이해 많으시기를 바라고, 많은 충고와 사랑이 있으시기를 기다립니다. 감사합니다.

1969년 11월 1일 태일피복 대표 전태일[32]

'태일피복'의 워라밸[33] 프로젝트

1970년 3월 내내 태일은, 몇 년 동안 구상해온 '모범 업체 설립 계획서'를 노트에 써 내려가고 있었다. 30쪽에 달하는 계획서에는 평화시장에 새로운 노동과 삶의 시간표를 만들겠다는 그의 생각들이 꼼꼼하게 집대성되어 있다. 그는 사업 목적을 서술한 부분에서 "정당한 세금과 근로기준법을 준수하고도 제품 계통에서 사업을 할 수 있다는 것을 여러 경제인에게 입증시키고, 사회의 여러 악 여건 속에 무성의하게 방치된 어린 동심을 하루 한시라도 빨리 구출하는 데 그 취지가 있다"[34]고 썼다.

32 | 전태일, 『내 죽음을 헛되이 말라』, 돌베개, 1995, 132쪽.

33 | 워크Work와 라이프Life의 밸런스Vallence, 일과 삶의 균형.

34 | 전태일, 『내 죽음을 헛되이 말라』, 돌베개, 1995, 167쪽.

'태일피복'의 직원들은 하루 8시간 일한다. 모두 기숙사에서 생활하며 협력을 배운다. 기술을 배워 일만 하는 회사가 아니다. 도서실을 갖추고 교사까지 채용해 공부도 한다. 직원들의 공부는 물론 건강까지 챙긴다. 당구대, 탁구대, 실내축구시설, 농구대도 있다. 미싱사와 재단사는 똑같이 30,000원, 시다는 8,000원, 재단 보조는 15,000원의 월급을 준다. (1970년 가을 평화시장에 돌아온 태일이 삼동친목회를 만들어 설문조사한 결과에 따르면, 당시 재단사는 30,000원, 미싱사는 1,5000원, 시다는 3,000원을 평균적으로 받았다.) 교사 5명의 월급으로 25,000원씩, 직원들의 교육비와 위생비까지 책정했다.

'진심으로 하고 싶은 일'이라는 제목의 사업 계획서에서 태일은 자문자답의 형식으로 꼼꼼하게 사업 방침, 소요 항목과 예산, 예상되는 긍정적·부정적 요소, 인근 시장 조사도, 제품 종류와 주력 제품 판매 홍보 전략, 기숙사 운영 방침, 휴게 오락 시설까지 체계화했다. 태일피복은 학생 기성복을 보급해 맞춤옷보다 싸게 좋은 옷을 입히고자 했다. 여름철에 흰 학생모를 서비스하면 인기가 좋을 거라 예상하기도 했다. 학생 기성복을 만들어 그렇게라도 학교에 닿으려는 태일의 그리움이 감지된다.

태일의 꼼꼼한 계산에 따르면 미싱 50대와 직원 184명

규모의 회사 자본금으로 3,000만 원이 필요했다. 독지가를 통해 자본금을 마련하려고 신문에 나온 시각 장애인 예술가에게 한쪽 눈을 기증하겠다는 편지를 실제로 보냈지만 반송되었다. 태일은 "나의 인도주의적 정신에 입각한 사업 방침은 많은 사람들의 마음을 움직일 것"이라는 확신과 노트 중간중간 휘갈긴 유행가 가사 사이를 힘겹게 오가고 있었다. 고된 일을 하는 '어린 동심'들을 구출한다던 사업 목표는 그 상식적인 정당함 때문에라도 현실에 뿌리를 내리지 못하고 태일의 노트 속에서만 발을 동동 구르고 있었다. 학교를 못 다니고 일하던 당시 '어린 동심'들의 일상을 환기해 보자.

고통에 기생하는 희망

평화시장 여공들은 월급을 받지 않았다. 한 벌당 공임에 따라 옷 만든 만큼 돈을 주는 '도급제'라 여름 비수기나, 명절 후에는 수입 없이 쉬다가 공장을 옮기곤 했다. 명절 앞 대목에는 한 달에 두 번 휴일마저 없이 잠 안 오는 약을 먹거나 주사를 맞고 며칠 몇 주 계속 일했다. 업주에게만 유리한 '탄력 근로제'로 여공들의 삶은 피폐해져 갔다. 임금 체불도 심했다. 체불이 심해지면 여공들은 모여 "우리도 명절에 고향에 가게 해 달라"고 외쳤다. 차표까지 끊어 놓았는데 사장이 임금을 안 줘 결국 고향에 못 가는 사람들이 많았다. 고향에 못 가고 남은 이들은 모여 창덕궁, 금곡릉에 가서 손잡고 강강술래를 돌며 분을 삭였다.

신순애[35]는 열세 살인 1966년 평화시장에서 일을 시작했다. '7번 시다, 3번 미싱사, 1번 오야[36]'로 불리며 일했다. 시다였던 66년부터 미싱사로 일한 75년까지 아침 8시부터 밤 11시 20분 정도까지, 한 달 420시간, 주당 105시간을 일했다. 노동자들에게는 과로와 영양실조, 결핵, 위장병, 안질, 저임금에 고달픈 '고통의 시간표'였지만, 신흥 자본가로 커 가는 사업주들에게는 이윤이 쌓이는 '희망의 시간표'였다.

하루 14~16시간을 일하고 한 달에 0~2일 쉬는 것은 과연 사는 것일까. 토막잠을 자고, 조악한 밥을 먹는 것 외에 인간으로서 할 수 있는 게 있을까. 능동적인 여가 생활은, 교양

35 | 수배 중에 『전태일 평전』을 집필하던 조영래는 평화시장의 여공 신순애를 소개받아 인터뷰한다. 평전에 나오는 '어린 시다'의 모델 신순애는 53세에 늦깎이 공부를 해 『열세 살 여공의 삶』이라는 책을 쓴다. 국민학교 중퇴로 중단한 공부를 오랜 세월이 지나 '한 여성 노동자의 자기 역사 쓰기'로 이어간 것이다. 신순애는 '여공'에서 시작해 '노동자'로 깨어난 '자기 주체화 과정'을 당사자의 육성으로 들려준다. 우리는 전태일이 바라보던 여공들 자신의 목소리를 듣게 된 것이다.

36 | 오야[親]는 일본어에서 '우두머리'라는 뜻으로, 여기서는 경력과 실력을 갖춘 대표 미싱사, 오야 미싱사를 뜻한다.

을 위한 독서는? 시간이 없다. 영화, 여행, 세상 읽기, 친구 만나기, 데이트가 가능했을 리 없다. 오직 재단사들에게 잘 보여 쉬운 일감을 얻어 조금이라도 일을 빨리 끝내야 한다. 세상일은 업주들을 통해 먼 나라 소식처럼 들었다. 시간은 물론, 세상을 보는 태도와 시야까지 지배당했다.

이들에게 유일한 휴식 시간은 의외의 상황에 찾아왔다. 전력 수급이 불안해 이따금 찾아오던 정전은 여성 노동자들에게 꿀맛 같은 휴식이었다. 정전 말고는 하루 종일 일하는 셈이었다. 빨간 옷을 만들면 머리에 빨간 먼지가 쌓이고, 노란 옷을 만들면 머리에 노란 먼지가 쌓였다고 한다. 일하다가 "밤 9시 55분이 되면 라디오 방송에서는 '청소년 여러분! 밤이 깊었습니다. 어서 빨리 부모님이 기다리는 가정으로 돌아갑시다'라는 소리가 나왔"[37]지만 공장의 여성 청소년들에게는 먼 이야기였다. 일이 몰리는 성수기에 그들은 집에 못 가고 재단판에 엎드려 서너 시간을 자고 뻣뻣한 몸으로 다시 일을 시작했다. 비슷한 모습이 떠오른다. 교실 책상에 엎드려 자는 게 익숙한 요즘 10대들은 자신의 시간표를 살고 있을까?

37 | 신순애, 『열세 살 여공의 삶』, 한겨레출판, 2014, 179쪽.

10대들의 과로 예행 연습

2016년 9월 12일 경주에서 진도 5.8의 강진이 저녁 7시 44분, 8시 32분 두 차례에 걸쳐 발생했다. 첫 번째 지진에 바로 학생들을 보낸 학교들도 있었지만 동요하는 학생들을 주저앉혀 계속 '야자'를 시킨 학교들도 많았다. 제보가 이어졌다. 특히, 경주 지역의 불안과 공포가 컸지만 야간 자습을 시키던 학교의 대응 원칙은 익숙하게도 "가만히 있어라"였다. 존재 자체가 위험한 재난 상황과 맥락에도 아랑곳하지 않았다. 나가려는 학생들에게 돌아온 말은 "학교에서 죽나 거리에서 죽나 똑같으니 여기 있어라", "수능이 66일 남았는데 지진이 무슨 대수냐", "무단 외출 시 벌점 부과하겠다" 등이었다. 무서운 '폐쇄적' 말들이지만, 우리 교사들이라면 쉽게 내뱉는 말이기도 하다.

두 번째 지진에서야 마지못해 1, 2학년을 보낸 어떤 학교는 고3은 잡아 두기도 했다. 지진은 고3을 알아 모시고 한국의 입시 열기를 피해 간단 말인가? 이러한 분위기이다 보니 고3이 교실에서 소설을 읽으면 벌점을 받기도 한다. 학교와 공공 도서관 열람실에는 온통 문제집, 수험서뿐이다. 총체적 독서, 영화, 여행, 세상 읽기, 친구 만나기, 데이트 등 견문을 넓히고 생각의 기둥을 세우는 풍요로운 공부는 입시 공부의 걸림돌 취급을 받는다. 게다가 한국 입시 공부의 특징은, 낙오되지 않으려면 해야 한다는 울며 겨자먹기식 생존 경쟁의 공부로 자리매김 되어 '비자발성'을 특징으로 한다. 이 상황에서 공부는 미지의 세계를 탐색하는 지적 경험이 아니라, 과정보다 결과가 중요한 고된 '학습 노동'으로 전락한다. 장시간 학습 노동은 어떤 사회를 디자인하고 있는가. 시야를 넓혀 다각도로 살펴보자.

일주일은 누구에게나 공평하다. OECD에 속한 나라 학생들은 일주일에 33시간을 공부한다. 한국 학생들은 초·중학생은 40~50시간, 고등학생은 70~80시간을 공부한다. 방학이 되면 하루 12시간을 학원에서 지내기도 한다. 이것을 학생들은 '텐 투 텐(아침 10시부터 밤 10시까지)'이라고 부른다. 한국의 학교와 학원은 적대적으로 공존한다. 10대의 몸 하나를 두고 양쪽에서 팔을 당긴다. 이 환경에서 공부는 행복하지도 흥미롭지도 않다. 한국의 10대는 성인의 법정 노동시간 주 40시간을 초과해 '월화수목금금금'을 살아 내고 있다. 한국 성인들이 세계에서 가장 오래 일하는 것처럼 한국 학생들은 세계에서 가장 오래 '입시 공부 산업'에 동원되고 있는 것이다. 2019년 초 한국의 10대들이 유엔에 '제5·6차 유엔아동권리협약 이행 대한민국 아동 보고서(부제: 교육으로 인해 고통받는 아동)'를 제출하러 제네바까지 찾아간 까닭이다.

"한국 사회는 과도한 학습 노동을 통해 과로를 견디는 사람을 길러낸다."[38] 2018년에 독일 노동자들은 연간 1,356시간을 일하는 동안, 한국 노동자들은 2,024시간을 일했다. 멕시코 다음으로 오래 일했다. 이 인내심은 한국인의 기질이 아니라 사회적으로 강요된 것이다. 하지만 이제 훈련된 인내력도 한계를 넘은 지 오래다. 가장 긴 노동시간은 자연스럽게 가장 높은 산재 사망률로 연결된다. 오래 일해 피곤하고 집중력이 떨어지니 많이 다치고 죽는 것이다.

한국의 집배 노동자들은 2017년 기준으로 연 2,745시간을 일했다. 우정사업본부 노사와 전문가들이 '집배원 노동조건 개선 기획추진단'을 꾸려 조사한 수치로, 이 조사에 따르면 집배 노동자들은 1년 343일을 일해, 당시 한국 임금 노동자 평균인 257일보다 86일 더 일했다. 2018년에는 25명, 2019년 11월 말까지 12명이 과로, 교통사고로 돌연사하거나 극단적 선택을 했다. 2019년 7월 총파업을 철회한 이후에도 4명이 세상을 떠났다. 그리고 그 숫자는 멈춰 있지 않고 계속

38 | 이수정 노무사의 강연, 「청소년 노동인권 교육 교사 아카데미」(2019년 6월 5일, 대구 성서 와룡배움터).

늘어만 간다. 민간 택배 노동자들은 2019년 8월 광복절에 이어 이틀만 쉬자며 주문 자제를 요청했다. 나만 그런 일을 안 하면 된다 생각해도 소용없다. '저임금 장시간 노동'은 한국 사회의 기본 조건이다.

'다른 시간'을 살고 싶다

삶의 언어가 달라지는 특별한 날이 있다. 전태일이 죽고 나서도 그 맥락을 잘 모르던 신순애는 공부가 하고 싶어 청계 노조의 노동 교실에 다니게 된다. 평화시장에서 일한 지 10년 되던 1975년 봄이었다. 노동 교실의 웃음과 환대 속에서 그녀는 자기 삶의 새로운 '시간'이 시작되는 것을 느낀다. 공장 야근 두 시간과 노동 교실의 두 시간은 달랐다. 신순애는 '여공'에서 '노동자'로 자기 삶의 주체가 되어 감을 느낀다.

우선, 번호로만 불리던 익명의 공장을 벗어나 제 이름으로 불리는 것이 기뻤다. 삶과 배움의 기쁨, 노동자의 정당한 권리에 대해 깨닫기 시작한다. 중앙정보부가 특별 관리 대상으로 감시하던 청계노조 생활은 탄압과 구속의 험난한 가시밭길이었지만, 비로소 '인간의 시간'이 시작되었는데 '노예'로 다시 돌아갈 순 없었다.

1975년 12월 16일 저녁 8시. 평화시장의 시계로는 한창 미싱을 돌려야 할 연말 성수기의 초저녁 때다. 청계천 일대 10여 개 상가 580여 공장에 동시에 불이 꺼진다. 정전이었을까? 아니다. 청계노조의 요구대로 근로감독과장이 강제로 야간 노동을 멈춘 것이다. 1만여 명 노동자들의 야근이 중단된 것이다. 사장들은 한창 바쁜 연말에 마지못해 직원들을 퇴근시켰다. 노동자들은 이날 일찍 퇴근한 일을 환희로 기억한다.[39] 8시 퇴근은 어색하고도 홀가분했을 것이다. 불을 내리게 한 그 단결된 힘이 뿌듯했을 것이다. 안 지켜질 거라는 예상이 빗나가 오히려 얼떨떨하기도 했을 것이다. 물론, 그날 이후 사장들과의 험한 싸움은 계속되었다.

어쨌든 그날 밤 시간은 유독 알뜰했겠다. 조금 과장해서 상상해 본다면, 그 두세 시간이 보장한 여유 속에 일찍 퇴근해 쉬고, 책도 보고, 이야기하고, 음식도 나누고, 삶을 생각하고, 술도 한잔 하고, 심야 영화도 보고, 사랑도 나누고, 심지어는 일찍 자기도 했을 것이다. 오랜 친구에게 편지도 한 줄 썼겠다. 스스로 얻어 낸 시간이기에 어제와는 분명 다른 시간이었을 것이다.

우리는 많은 '다른 시간'을 살아 보아야 한다. 태일이 머

39 | 안재성, 『청계, 내 청춘』, 돌베개, 2007, 199쪽에서 내용 참조.

리를 싸매고 새 시간표를 써 내려가던 외로움을 넘어, 세상이 달리 보이던 8시 퇴근의 환희처럼, 스스로 함께 '다른 시간'을 만들어 그 기쁨을 찾아와야 한다. 그 기쁨은 숱한 반대와 완고한 편견의 장벽 너머에 있을 게 분명하다. 하지만 서로의 다른 시간이 가능하도록 손을 잡고 지지해 주면, 그제야 저마다의 삶과 그것이 어우러진 공동체의 삶이 꿈틀꿈틀 시작될 것이다. 이번 이야기는 1975년 12월 16일, 청계노조 여성 노동자의 감격적인 일기를 전부 인용하는 것으로 마무리한다.

간절한 소망
: 잊을 수 없는 어느 날의 일을 회상하며

내가 평화시장 제품 업소에서 일해 온 지도 어언 십이삼 년. 그동안 직접, 간접으로 우리 살림을 돕는 데 보탬이 될 수 있었던 것은 무척 다행한 일이었다고 가끔 생각해 보았다. 그러나 이 시장에서 일하고 있는 대부분의 사람은, 아니 거의 다라고 보아도 과언이 아닐 것이다. 너무도 가난하기만 한 집안에 태어나 잘살아 보겠다는 책임을 안으로 지고 나선 사람들이기 때문에 하고한 날 불리한 환경과 조건 속에서 장시간의 노동을 해 와도 어쩔 수 없는 운명이려니 했다. 뼈에서 오도독 소리가 나도, 얼굴빛이 누렇게 떠도 또 참고 참다 보니 이젠 몸에 배어서 당연한 것으로 인식되고 말았다.

나 한 사람 희생해서 우리네 가정이 잘산다면 모르지만 아직도 아직도 끝없는 가난이 뒤따르고 있다. 이토록 몸 바쳐 참고 희생해 봐도 이 가난에서 벗어나지 못할 바엔 근로조건이라는 한 귀퉁이를 터놓아서라도 고된 일에서 다소나마 해방해 주어야 한다는 간절한 소망을 빌어 왔다.

지난 14일(1975년 12월 14일)은 둘째 일요일이어서 노동 교실에서는 여러 팀의 모임과 회의가 있을 예정이었다. 예정된 시간이 넘어도 과반수 이상이 모이질 않았다. 웬일일까 해서 알아보니 작업들을 하고 있기 때문이라는 것을 알아냈다.

노조 측이 가서 제지하였으나 듣지 않았으므로 노동청에 보고하여 근로감독관들이 왔다. 그러나 사업장에 나간 근로감독관들은 오히려 이제까지 지켜 온 우리의 질서를 뒤엎는 식의 지시를 하고 갔기 때문에 우리 조합원들은 흥분한 나머지 지부장님을 찾았다.

40여 명이 중부지방사무소에 가서 무책임한 행정 지시에 항의하고, 앞으로 우리의 근로조건을 개선하고 감독하지 않으면 우리도 더 이상 가만히 있지 않겠다고 강력히 요구했다. 우선 시간 단축에 주력하겠다는 다짐을 받고 돌아왔기에 반신반의하면서 오늘을 마음 졸이며 기다렸다.

저녁 8시, 갑자기 전기가 나갔다. 제각기 어리둥절하며 이구동성으로 한 마디씩 웅성거렸다. "요즘처럼 바쁜 시기에 웬일일까"라는 등. 그러나 나는 안다, 그 이유를. 아! 춤이라도 추고 싶었다.

"누구 나하고 춤출 사람 없니?"

"아니, 언니 왜 그래?"

그러나 아무것도 모르고 일찍 끝났다는 해방감에 좋아하는 저들에게 무어라 이 기쁜 설명을 한 마디 전할 수 있단 말인가. 사장네들은 빨리 옷 주워 입고 나가라고 설쳐 댄다. 겁먹은 소리로 건물 밖에 나오니 무리를 지어 우리 동료가 나오고 있지 않은가. 지난 14일의 우리 요구가 실효를 보았다니 오늘 하루만이라도 좋다. 아니 며칠, 몇 달만이라도….

아! 이 기쁨을 누구 통할 수 있는 사람과 나누며 기념하고 싶다. 생각나는 대로 친구가 사는 집으로 숨도 쉬지 않고 달려갔다. 마침 동생이 일찍 들어와 있었다. 나는 급히 방으로 뛰어들었다.

"순자야, 나하고 춤추자!"

나는 그녀를 얼싸안았다.

"언니, 웬일이야?"

영문을 모르는 순자는 정신 이상이라도 되지 않았나 하는 표정으로 나를 바라보았다.

"우리의 소망인 시간 단축이 된 거야, 이것아!"

"언니, 정말? 아이 좋아, 아이 좋아."

우리는 서로 얼싸안았다. 이날을 맞기 위해 이미 한 사람이 목숨을 바쳤고, 앞에서 뒤에서 얼마나 많은 노력을 해 왔던가. 부디 눈속임을 쓰기 위한 방지책이 되지 말고, 제멋대로인 시장 상가에 질서와 규칙을 가져올 수 있는 동기가 되고, 더 나아가서는 법질서 위에 떳떳이 앉아 굶주리지 않고 일할 수 있는 일터들이 될 때가 하루속히 와 주기를 간절히 빌었다.

(1975년 12월 16일)[40]

40 | 민종덕, 『노동자의 어머니, 이소선 평전』, 돌베개, 2016, 271~273쪽에서 재인용.

| 자료 4 | 한국의 노동시간 톺아보기

① 법정 노동시간

한국의 법정 노동시간은 주 5일, 하루 8시간씩 40시간이다. "그 이상은 신체에 무리가 가게 하고 삶의 질을 떨어뜨리는 요인이 될 수 있다"고 보는 것이다. 여기에 당사자 합의 하에 12시간을 더 일해 총 52시간 일할 수 있다. 연장 근로 수당은 1.5배를 쳐 줘야 한다. 2004년 7월 도입되기 시작한 주 5일제 이래 그렇다.

하지만 일주일을 평일 5일로 계산해 주말 2일 16시간을 더할 수 있다고 노동부에서 해석해 왔기에 2004년 이후로도 한국은 주 68시간까지 일을 시킬 수 있었다.

문재인 정부 들어 공약에 따라 고용노동부는 그간의 오류를 사과하고 주 40시간 노동과 연장 근로까지 52시간 일할 수 있다는 것을 명확히 했다. "근로기준법상 일주일이란 휴일을 포함한 7일을 말한다"고 명문화해 논란을 해결했다. 주 40+12=52시간제는 2019년 300인 이상 기업에 적용되기 시작해 2020년 1월, 50인 이상 중소기업에, 5인 이상 영세 사업장에는 2021년 7월 적용을 앞두고 있다.

하지만 중소기업계의 강력한 요구로 여당에서도 주 52시간제 적용 3년 유예 법안을 발의하고 정부에서도 이를 유예하고 보완하는 대책 마련에 나서 논란이 일어났다. 노동조합이 없거나 영세한 업체, 비정규직 노동자들의 노동시간에 영향을 미치기 힘든 주 52시간 적용마저 더 멀어져 한국 산업 구조는 기존의 저임금 과로의 구조가 연장되는 상황에 처해 있다.

② 탄력 근로제

탄력 근로제는 "초과 노동을 시키더라도 일정 기간 평균 노동시간이 기준을 넘지 않으면 연장 근로 수당을 지급하지 않아도 되도록 기업의 부담을 없애 주는 제도"이다. 현행 3개월까지 허용되는 탄력 근로제에서도 '6주 연속 최대 주 64시간'까지 일을 시킬 수 있다. '과로'로 인한 산재 기준은 4주간 1주 평균 64시간 노동, 또는 3개월 평균 60시간 노동이다. 그러니 현행 제도로도 과로가 정당화되는 것이다.

그런데도 정부, 기업, 국회는 기업의 부담을 더 덜어 주기 위해 탄력 근로제 단위 기간을 3개월에서 6개월로 연장하는 데 뜻을 모았다. 이렇게 되면 무엇이 가능해질까? '13주 연속 합법적으로 추가 수당 없이 주 64시간씩 일 시키는 것'이 가능해진다. 자유한국당(현 미래통합당)이 줄기차게 주장해 온 1년 연장 안이 아닌 걸 다행이라 해야 할까? 1년으로 연장하면 '26주 동안 주 80시간 일을 시키는 것'이 합법이 될 뻔했다.

③ 노동시간 단축에 대한 주장들

'주 52시간 근로제'가 무리하게 추진되는 바람에 월급이 줄어 근로자가 피해를 본다는 지방 일간지의 보도가 이어진다. 연장, 휴일, 야간 근로로 받는 초과 급여 비율이 높은 대구, 울산을 비롯한 지방의 노동자들이 직격탄을 맞게 된다는 것이다. 급여의 12.2%가 초과 근로 급여인 대구의 제조업은 더 큰 타격을 받게 될 것이라 한다. 하지만 문제는 기본급을 낮추고 수당에 의존하게 해 장시간 노동을 시키는 기형적인 월급 체계이다. 노동시간 단축의 본질은 저임금 장시간의 초과 근로에서 벗어나 인간답게 사는 것이다. 즉, "노동시간을 줄이고 임금도 줄이는 게 아니라, 노동시간은 줄이되 임금은 인상된 임금 체계에 따라 유지되거나 나아지는 것"을 말한다.

황교안 자유한국당 대표는 단식을 중단하고 서울대 경제학과 특강(2019. 12. 6)에서 '한국의 경제 위기와 대안'에 대해 강의했다. 현 정부의 주 52시간 단축은 과도한 것이라며 우리나라는 좀 더 일해야 하는 나라이며, 발전을 지속하려면 조금 더 일하는 게 필요한 나라라고 말했다. 현 정부의 소득 주도 성장은 '반기업, 반시장, 친귀족노조' 정책이라며 자유한국당의 '민부론'을 중심으로 노동시장의 유연성을 회복해야 한다고 주장했다.

④ 연간 노동시간

노동시간은 생산성, 효율, 성장 이전에 노동자의 삶과 죽음의 문제이다. 연간 노동시간 통계를 낸 2000년부터 2007년까지 한국은 OECD 국가 중 1위를 차지했다. 2008년부터는 멕시코에 이어 2위. 2014년에 총 2,285시간을 일해 다시 OECD 34개국 중 1위를 탈환했다. 독일의 1.6배였다. 법정 노동시간과 연장 근로 52시간까지 초과해 일한 노동자가 전체 19%인 357만 명에 달했다. 누리꾼들은 "1위 재탈환이 자랑스럽다"고 비아냥거리며 "그나마 저 시간도 사기 쳐서 줄인 시간임. 누락시킨 진짜 헬시간(임금 못 받고 더 일한 시간)"은 더할 것이라 했다. 2014년 연간 근무일로 치면 독일보다 95일, 일본보다 50일, 미국보다 42일 더 일했다.

이후 멕시코에 이어 줄곧 2위(2017년에는 멕시코, 코스타리카에 이어 3위)를 기록했다. 흐름을 보면 2,071시간(2015년), 2,052시간(2016년), 2,024시간(2017년), 2,113시간(2018년)으로 매년 2,000시간을 넘게 임금 노동자들은 일하고 있다. OECD 평균은 1,700시간대이다. 2018년에 한국 노동자들은 OECD 평균에 비해 347시간, 43일을 더 일했다.

질문들

2장의 주제에 관한 질문들이다. 자신의 생각을 글로 써서 친구들과 나누고 SNS 공론장, 여러 매체에 발표해 사회 변화에 참여해 보자.

1. 집 2000년대 중반 이후 최근까지 다주택자 숫자와 상류층의 주택 보유수가 폭증해 온 가운데 한국의 공공 임대주택 비율은 선진국에 비해 매우 낮은 수준이다. 이런 현상과 "당신이 사는 곳이 당신이 누구인지 말해 줍니다"라는 아파트 광고에 담긴 생각은 어떤 특징을 가지고 있는가?

2. 일터 한국의 산재 사고율은 낮지만 산재 사망률은 높은 까닭은 무엇일까? 저임금, 장시간 노동, 산재 은폐율과 관련지어 생각해 보자.

3. 시간 당신과 친구들의 일(공부), 휴식 시간을 메모해 일주일의 노동(공부) 시간을 따져 보자. 거기에 담긴 한국 사회의 특징과 '인간다운 삶을 위한 시간표'라는 제목으로 글을 써보자.

3장

아름다운 것을 보았느냐고요?

"우물 밖에서 생각할 필요가 있어요.
우리는 다르게 생각하는 사람이 필요합니다."

그레타 툰베리, 스웨덴 기후 정의 운동가

노동조합 _ 줄어드는 삶을 지키는 방법

'외노자, 외국인 노동자'라고 흔히 부르는 사람들의 공식 호칭은 '이주 노동자'이다. 국경을 의식하게 되는 '외국인'보다 한국에 와서 일하고 함께 사는 사람들의 존재와 산업적 기여를 존중하기에 적합한 명칭이다.

국경 대신에 시골과 도시의 경계를 기준으로 보면 산업화에 박차를 가하던 1960~70년대 한국의 젊은이들도 이주 노동자였다. 먹고살기 힘들게 된 고향을 떠나 대도시로, 공장을 찾아 물밀듯 밀려들어온 내국인 이주 노동자들. 원래 자기 삶의 터전을 떠나 생계를 이유로 산업화 시기 공장이 밀집한 대도시로 나와 임금 노동자가 되었던 사람들.

한국의 발전된 산업 현장에 외국인들이 들어와 일하고 산업 연수생 제도가 도입된 이래, '이주 노동자'들은 송출국과 수입국 사이에 정책적으로 양산되었고, 한국의 산업에 이들이 기여하는 비중은 날로 커지고 있다. 그 과정에서 이주 노동자에 대한 고용 허가제가 도입된 지 어느덧 16년이 되었다. 대한민국 통계청에 따르면 외국인 취업자의 80% 가까이가 50인 미만 영세 사업장에서 일하고 있다. 이주 노동자의 산재 사망률은 전체 산재 사망률보다 높아 '위험의 외주화'

에 이어 '위험의 용병화', '죽음의 이주화'라는 말까지 나오고 있는 실정이다.

2019년 6월, 광주 서구의 한 호텔 공사장 13층에서 베트남 노동자가 추락사했다. 7월 말에는 서울 목동 빗물 펌프장에서 일하던 미얀마 노동자가 죽어 고국으로 돌아갔다. 9월에는 경북 영덕 오징어 젓갈 공장에서 폐기물 지하 탱크에 일하러 들어간 이주 노동자 4명이 질식사하였다. 유해, 위험 요소를 개선했다고 고용노동부로부터 '클린 사업장' 인증을 받은 업체였다. 그로부터 9일 후, 인천의 아파트 신축 공사장에서 일하다 3미터 높이에서 추락해 허리를 다쳐 치료받던 카자흐스탄 출신 20대 노동자가 3개월 만에 숨졌다. 취업 비자로 한국에 온 지 보름도 안 되어 대전의 한 금속가공업체에서 일하던 23세 네팔 청년이 무거운 조형 틀에 깔려 허리를 다쳐 치료받다가 숨진 것은 10월 12일의 일이다. 전태일의 기일인 11월 13일에는 태국에서 온 30대 노동자가 양주의 폐기물 처리 업체에서 이물질을 분류하다 컨베이어 벨트에 끼여 사망했다. 평일 10시간 노동에 주말에는 24시간 연속 노동을 하기도 했다.

이루 말할 수 없이 많은 사고, 극단적 선택 등으로 이주 노동자들이 다치거나 숨져 가고 있다. 이 뚜렷한 죽음의 사슬, 배경은 복합적이지만, 근본 원인은 바로 사업주에게 유리한 '고용 허가제'하에 위험한 노동 현장에 실질적 교육 없이 이주 노동자를 투입하는 한국의 현실이다.

이주 노동자들은 사업장을 자기 뜻대로 옮기지 못한다. 숙식비 강제 징수, 임금 체불과 최저임금 위반, 열악한 근로환경, 욕설과 인권 침해를 견디다 못해 마지막으로 용기를 내어 '노동조합'을 찾는다. 고용센터, 출입국사무소, 고용노동부 모두 그들의 입장에 서서 문제를 바라보지 않기 때문[41]이다.

스리랑카에서 온 프라사드 차민다(이하 차민다)는 2019년 4월부터 대구 성서공단노동조합(이하 STU[42])에서 상근 활동을 시작했다. 산업 연수생으로 2003년에 들어와, 17년째 한국에서 살고 있다. 한국말을 잘하지만 이주 노동자들의 고충을 상담하는 일을 맡았으니 더 잘해야 한다. 김용철 상담소장과 함께 노동권 상담을 위한 고급 한국어를 공부한다. '임금 시효, 각종 수당, 비인간, 양심, 영세'의 뜻과 예문을 공부하다가 머리가 아파 올 즈음 김용철 소장은 외친다. "오늘

41 | 대구 성서공단노동조합 김희정 위원장과의 인터뷰.

42 | Sungseo Industrial Complex Trade Union.

성서공단노동조합 홍보 포스터

여기까지 합시다!" 수업 참관을 하다 기지개를 켜고 고개를 드니, 사무실 벽에 걸린 전태일의 초상이 눈에 들어온다.

삼동친목회의 '인간 선언'

1970년 9월, 태일은 근로기준법 책을 옆에 끼고, 짧은 스포츠머리에 빵모자를 쓰고, 검정 바바리를 걸친 채 평화시장에 돌아왔다. 수도원 공사장에서 쓴 일기에 적힌 '완전에 가까운 결단'에 이른 그는 단단한 얼굴로 나타나 사람들을 만났다. 이직률이 높은 평화시장은 1년 전의 블랙리스트를 처박아 두고 바쁘게 돌아가고 있었다. 태일은 왕성사에 재단사로 취직한다.

9월 16일 밤 '바보회'는 '삼동친목회'로 새롭게 출발한다. 은호다방에 12명이 모였다. 바보회 6명과 새로 뭉친 6명이었다. 삼동친목회는 민원을 접수하고 열악한 환경을 호소하던 1년 전 바보회의 활동 수준에서 한 걸음 전진하기로 뜻을 모은다. 시청, 노동청이 있지만 사실상 귀를 닫고 있다는 것을 1년 전에 확인했기 때문에 모임 분위기는 한층 더 냉철하고 성숙해 있었다. 새로 합류한 친구들은 '체격 좋고 괄괄한 정의파'들이라 모임 분위기는 한껏 고무되었다. 삼동회는 가혹한 노동 현실을 폭로하고 공동 행동을 결의한 후 다시 설문 조사에 착수했다. 작년에 쓰고 남은 설문지 200장을 이번에는 치밀한 작전으로 돌려 126장을 회수한다. 100장을 뿌려 30장을 걷었던 작년에 비하면 통계의 값어치도 훨씬 커졌다.

하지만 삼동친목회는 여전히 '바보'였다. 의지는 높았지만 근로감독관의 노회한 회유와 거짓 약속, 정보과 형사가 정보를 캐내기 위해 꾸민 친절에 번번이 속아 넘어간다. 태일은 형사가 도와주는 줄로만 알고 계획을 자세히 상의했는데, 집회를 막기 위해 도와주는 시늉을 한 것이었다. 노동청, 경찰서, 관청은 영화 〈트루먼쇼〉[43]나 연극 무대의 세트처럼 가짜였다.

보름 만에, 태일은 왕성사에서 해고되었다. 업주는 동료들을 옹호하는 태일의 능동적인 태도를 불쾌하게 여기다가, 몸이 아파 조퇴한 일을 꼬투리 잡아 무급 해고했다. 10월 7일 『경향신문』에 평화시장 기사가 나자 삼동친목회의 활동은 소문을 타고 번진다. 시장은 고된 노동의 피로감 사이로

43 | 피터 위어 감독, 짐 캐리 주연의 미국 영화(1998). 30년 동안 자신의 삶이 생중계되고, 자신을 둘러싼 환경이 가공의 세트장인 것을 모르고 살아온 트루먼이 진실에 눈 뜨고 진짜 삶을 찾아 세트장을 벗어나는 치열한 투쟁의 과정을 그렸다.

변화의 기대감에 점차 술렁인다. 얼마 후 태일과 삼동회원들은 왕성사로 가서 밀린 임금을 요구해 5,000원을 받아 낸다. 다른 회원들이 임금을 제대로 못 받을 경우에도 역시 함께 가서 임금을 받아 내고는 하였다. "서로 뭉치면서 똑똑해져" 혼자서는 포기하고 말 일을 해내는 기쁨을 나눈다.

삼동회의 단체 행동은 착취 공장에 대한 항거이자, 브레이크 없는 평화시장 업주들의 이윤에 눈먼 질주를 멈추는 '인간 선언'의 시작이었다. 하지만 업주들은 공장에서 그들을 깡패들이라고 부르며 접촉을 막는다. 이후 '깡패 취급'이 '인간 선언'을 조롱해 온 수십 년 역사를 건너뛰어, 우리는 경북 고령의 한 농공 단지로 '이주'해 본다.

섬유회사 정원의 나무

경북 고령 쌍림공단 대한섬유 정문 앞에 STU 활동가들과 이주 노동자들이 달려가 항의한 것은 2019년 6월 21일 정오의 일이다. 스리랑카, 네팔의 젊은 노동자들이 STU 조끼를 입고 차에 오를 때, 밀린 임금을 받으러 가던 태일과 삼동친목회원들의 힘찬 어깨와 높은 이마가 겹쳐 보였다.

"새벽부터 일 시키고 월급 안 주는 대한섬유 문 닫아라!", "공짜 노동 시켜 놓고 돈 떼먹는 사장을 구속하라!" 사회자 차민다의 목소리와 손끝이 하늘을 찌른다. 사람들은 힘차게 구호를 외치며 피켓을 높이 든다. 현수막을 펼친 스무 명 목소리와 행진은 정오의 뜨거운 폭염과도 다투었다. 집회에 참가한 이주 노동자들은 산재 치료 중이거나 해고되어, 또는 지역을 옮겨 새 공장을 알아보느라 시간이 났다. 남의 일 같지 않은 억울함에 함께 길을 나선 것이다.

이 공장에서 일하다가 먼 STU 사무실까지 와서 억울함을 호소한 것은 필리핀 여성들이었다. 사장은 이주 노동자를 15명까지 쓸 수 있게 하려고 자기 회사를 '대한섬유', '디에이치', '텍스코'로 쪼갰다. 한 회사당 고용할 수 있는 이주 노동자의 수가 제한되어 있기 때문이다. 거기에다가 고용한 이주 노동자들의 수습 기간을 최대한 적용하고 계약서에 명시된 시급을 지키지 않고 일당으로 싸게 지급할 수 있는 도급제로 바꾸어 인건비를 추가로 아꼈다. 이에 그치지 않고 1년간 생산량을 이유로 새벽 3시부터 공짜로 강제 노동을 시켰다. 필리핀 여성 4명이 받은 임금은 최저임금의 절반 수준이었다. 노동자들의 꼼꼼한 출퇴근 기록을 토대로 산정한 4명의 체불임금을 합하면 4,000만 원에 달했다. 회사는 집회가 거듭되자 "왜 직원들이 새벽부터 일했는지 도무지 모르겠다"며 딴청을 부렸다. 집회에 참가한 이들은 "그러면 필리핀에서 이 먼 나라까지 돈 잘 버는 기업에 봉사활동하러 왔겠냐"고 반문하였다.

필리핀 여성들은 공짜 노동과 관리자들의 욕설에 시달리다가 일을 그만두고 김해로 옮겨 일하고 있다고 한다. 고용노동부는 '고용 제한 조치'를 내려야 하는 명백한 상황에서 노사 주장이 다르니 합의를 보라고 했다. 회사는 집회 참가자들을 채증하고 STU에 헐값의 합의금을 흔든다. 회사 앞뜰에는 족히 수억 원은 되어 보이는 소나무와 각종 정원수들이 수려한 외모를 뽐내며 보는 이들의 감탄을 자아낸다. 체불임금 4,000만 원[44]은 그 정원에 들인 돈에 비하면 얼마나 될 것인가.

평화시장 사장들의 신당동 호화주택에도 저 나무들이 있었다. 그것은 직원들의 삶을 희생시켜 얻은 초과 이윤을 독차지한 문란한 욕망의 흔적이다. 평화시장 초창기부터 하루 16시간씩 건강을 잃어 가며 헌신적으로 일해 온 박명옥은 요정에서 몇 십만 원짜리 술을 먹고 한 해에 빌딩 하나씩 늘려

44 | 고용노동부에서는 최초 계약서와 달리 다른 업체에서 일을 시키고, 시간급이 아닌 도급제로 바꿔 임금을 떼어먹은 업체에 '고용 제한 조치'를 내려야 함에도 불구하고, 양측 주장이 다르다는 논리로 합의를 종용하여, 노조 측에서 산정한 체불 임금 4,000만 원 가운데 3,300만 원을 받는 것으로 합의가 이루어졌다.

간다고 자랑하는 사장들을 여럿 보았다. 그들은 밤 11시 넘게 일하는 여공들한테 '삼립빵' 하나 사지 않았다.[45] 업주들의 늘어나는 재산이 노동자들의 몫이었음을, 박명옥은 청계노조 활동을 하면서 깨닫게 되었다.

임금 지급의 3대 원칙

임금은 '정해진 날짜에, 본인에게, 전액' 지급되어야 한다. 평화시장에서 이 원칙은 공공연히 무시되었다.

우선, 임금 체불이 잦았다. 체불은 생활 구석구석을 주저앉힌다. 노동자는 지금 마땅히 해야 할 일을 참아야 한다. 손꼽아 기다리던 명절, 고향에 갑자기 못 가게 된다. 최소한으로 버티던 생활비를 마른 수건 짜듯 더 줄여야 한다. 도시락을 안 싸고, 콩나물 5원어치 사는 횟수를 줄인다. 일하다 남은 천으로 옷을 지어 입고, 자취 비용을 아끼려고 공장 다락에서 숙식하거나, 몇 명씩 돈을 보태 자취를 한다 해도 왕복 버스비 20원이 아까워 걸어서 출퇴근하기로 결심하고, 달력에 적어둔 '목욕탕'과 '샴푸'에 연필로 ×표를 친다. 한 달 내내 일하고도 빚을 내러 집을 나서기도 해야 한다. 또는 전봇

45 | 안재성, 『청계, 내 청춘』, 돌베개, 2007, 87쪽.

대에 붙어 있던, 숙식과 월수가 보장된다는 업소 전단지를 떠올리며 한참 고민을 하기도 한다.

시다들에게는 직접 월급을 주지 않고 미싱사가 받은 돈에서 나눠 주었다. 게다가 공임 단가를 업주 마음대로 정하니 말 그대로 '월급은 주는 대로' 받는 것이었다. 이에 더해, 사업주들은 보증금처럼 10~15일 치의 첫 월급을 '깔고' 주었다. 노동자들은 받아야 할 돈을 저당 잡힌 것이나 마찬가지였다. 업주들은 이를 그럴 듯하게 '임금 예치 제도'라 불렀지만 회사를 많이 옮길 수밖에 없는 불안정한 도급제 일터에서 이런 관행은 직원들의 발목을 잡아 악조건을 감수하고 계속 일하거나, 예치금을 포기하도록 만들었다. 악덕 관행이었다. 큰 맘 먹고 공장을 옮기면 저당 잡힌 돈을 떼이기 일쑤였다. 어렵게 시간을 내어 다니던 공장에 여러 번 찾아가도 돈을 받아 내기가 어려워 제풀에 나자빠지기 쉬웠다.

2017년 이후 이주 노동자들의 사정 또한 그렇다. 예전에는 숙식이 제공되었지만 이제 그나마 적은 월급에서 20~40만 원씩 미리 떼어 가는 숙식비 징수 지침은 사실상 임금 전액 지급에 반하는 임금 체불[46]이다. 업주의 허락 없이는 공장

46 | 한상균, 「이주 노동자 월급에서 빼가는 숙식비, 직장 못 옮기게 가로막는 고용 허가제」, 『평화뉴스』, 2019. 8. 20.

을 옮길 수 없는 고용 허가제는 매달의 손해와 굴욕을 참고 일할 수밖에 없게 한다.

가로수 그늘 아래 모이는 사람들

물론 평화시장과 성서공단은 다르다. 평화시장에는 일자리가 많았다. 국내 기성복의 70% 이상을 생산했고, 당시 의류 산업은 상승세였으며, 한국의 경제성장률이 매년 두 자리에 육박하는 동아시아 전체의 호황이었다. 하지만 분배는 없었다. 업주들은 부를 독점했고, 군사정부는 그 뒤를 봐주며 노동자들을 저임금으로 끝없이 동원했다. 물가, 지가는 폭등해 빈부 격차를 늘렸다.

반면 '대구 경제의 엔진'으로 불리던 성서공단은, 저성장이 고착화·장기화된 세계 경제 불황의 제조업 끄트머리에 있다. 중층의 하청 구조 속에 자동차 부품, 기계, 섬유 제조업의 영세성과 공단 이탈은 가속화되고 일자리는 최근 몇 년간 급감했다. 업주들은 상시적 경영 위기를 호소하지만, 사실 그들 나름대로 숨통을 틔우는 요령이 있다. 사람을 줄이고 노동 강도를 높이고 상여금을 축소하거나 폐지한다.

정부는 최저임금 산입 범위를 확대해 노동자의 임금 인

상 효과를 억제했다.[47] 자유한국당(현 미래통합당) 의원들은 최저임금을 차등적으로 더 낮추고, 산입 범위를 더 넓혀야 한다고 주장한다. 재계의 편에 서서 최저임금 차등안을 잇따라 발의하고 있다. 지역별 차등을 두거나, 이주 노동자가 의사소통이 잘 안 되니 임금을 낮추고 기숙사비, 식사 등 현물 급여마저 최저임금에 포함해야 한다고 주장한다. 근로기준법 6조에 명시된 "성, 국적, 사회적 신분에 따른 차별이 없이 균등한 처우"를 받아야 한다는 원칙을 흔들어 댄다. 그나마 지켜

47 | 최저임금 제도는 1988년 첫 실시된 이래 저임금 노동자의 임금 하락을 막기보다는 임금 상승을 억제하는 최대임금으로 기능해 왔다. 최저임금은 문재인 정부 출범 이후 2018년(6,470원 → 7,530원), 2019년(→ 8,350원)까지 큰 상승폭을 그리다가, 2020년(→ 8,590원)에는 10년 만에 2%대 최저 인상률을 기록했다. 경제계, 기업, 중소 자영업자들, 보수 야당과 언론의 반대 속에 소득 주도 성장의 핵심인 최저임금 인상률은 시간당 1만 원 공약을 지키지 못하고 꺾이고 말았다. 동시에 정부의 의지 또한 실종되었다. 정부와 국회는 최저임금법을 개정해 기존의 최저임금에 포함되지 않았던 '상여금'과 '복리후생비'(교통비, 식대, 정기 상여금 등 포함. 매월 지급되지 않는 명절 휴가비, 복지 포인트, 기숙사비나 점심식사 등 현물 급여는 제외)를 최저임금에 포함시켰다. 2019년부터 부분적으로 포함되는데, 매년 산입 비율이 높아져 2024년에는 모두 포함된다. 이를 최저임금 산입 범위 확대라고 하는데, 최저임금 인상으로 인한 기업의 부담을 덜어 주기 위한 것이다. 최저임금 인상으로 임금 인상을 기대한 많은 저임금 노동자들은 실질적인 임금 상승을 체감하지 못한다고 증언한다. 기본 시급은 높아졌지만 상여금 지급 방식을 매월 주는 것으로 바꿔 최저임금에 포함시켜 계산하거나 연차 수당을 내리는 등 각종 편법에 최저임금 인상 효과가 무력화되고 있는 것이다.

지지 않는 이주 노동자의 최저임금을 아예 더 깎으려는 것이다. 한편 노동자의 안전을 대비하고 기업의 책임을 강화하는 법안들은 강제 취침 중이다.

이렇게 보면 평화시장과 성서공단의 구조는 노동자의 삶을 돌보지 않는다는 면에서 비슷하다. 호황 속에는 미루어지던 분배가, 불황 속에서는 고통 분담으로 가장 먼저 노동자들을 찾아온다. 늘 먼저 쪼그라드는 것은 노동자들의 구체적인 '삶'이다.

영세 하청 업체의 계약직, 이주, 여성 노동자들은 소득이 주도하는 성장을 맛보지도 못한 채 저임금 고강도 노동[48]을 감수하며 다시금 서로 뭉칠 수 없는 피곤한 시간을 살고 있다. 노동자들의 유일한 숨통은 힘을 모으는 것인데, 노조 가입률은 바닥을 친다. 노동조합 사무실까지 가는 길은 너무

48 | 저임금 노동자는 100명 중 50등 임금인 중위 임금의 2/3 이하의 낮은 임금을 받는 노동자를 말한다. 한국은 1/4명꼴로 저임금을 받고 일한다. 2009년까지 OECD에서 저임금 노동자 비율 1위를 달리다가 미국발 국제 금융 위기 이후로 미국에 이어 2~3위권을 형성하고 있다. 2015년 21.3%까지 내려갔다가 2016년 23.2%, 2017년 23.8%에 달했다. OECD 평균은 15.8%이다. 한편 여성 저임금 노동자 비율은 1위 자리를 차지하고 있다. 취업한 한국 여성들은 10명 중 4명이 저임금 노동자이다. 한국 사회에 저임금 노동자 비율이 높은 요인은 대기업과 중소기업의 임금 격차, 학력에 따른 차별, 비정규직과 여성에 대한 임금 차별, 고령층의 저임금 등 불안정 노동의 확대 구조에 기인한다.

멀기만 하다. 사업주의 숨통은 트여 있고 노동자의 숨통은 막혀 있다. 그런데 개개인의 쪼개진 삶과 여론의 왜곡, 편견 속에서도 '노동조합'이 끈질기게 이어지는 힘은 어디에 있을까. 인간 서로를 아끼는 전태일, 청계노조, STU의 전통 속에서 그 힘을 찾을 수 있다.

태일은 한미사 재단사 시절, 피를 토한 동료를 데리고 병원에 가고, 잠 안 오는 약 부작용으로 동료가 앞이 안 보이고 손이 굳어 울면 달래고 약국에 다녀왔다. 병원비 모금 전단지를 복도에 붙이기도 한다. 이런 행동으로 사장의 눈 밖에 났다. 사장은 폐병 걸린 직원을 해고하고, 오히려 야유회에서 그 직원이 아이를 돌보던 일을 떠올리며 아이에게 병이 옮지나 않았을까 제 자식만 걱정하는 인간성 상실의 끝판왕을 보여 주었다.

태일이 떠나고 친구들과 이소선 어머니는 청계노조를 만들었다. 당시 권력의 편에 서서 호화로운 생활을 하던 어용 노조 아래 들어가지 않고 회사와 정부의 집요한 탄압과 방해를 견디며 근로시간 단축을 위한 8시 퇴근 투쟁, 와이셔츠 공장 6시 모터 끄기 운동, 임금 체불 해결, 퇴직금 투쟁, 시다 임금 인상 투쟁 등 전태일에 이어 '인간 선언'에 온힘을 다했다.

청계노조 설립 후 생긴 복지의원은 노동청의 지원 중단으로 폐쇄되었다가 청계노조의 노력으로 다시 열렸다. 건강진단, 무료 진료로 그동안 돌보지 않던 평화시장 일대 노동자들의 건강을 비로소 챙기게 되었다. STU 사무실에는 수요일 저녁마다 무료 진료소가 열려 의료 사각지대에 있는 사람들의 건강을 챙긴다. 영세, 이주 노동자들의 발길이 끊이지 않는다.

태일은 건강하고 '인간다운 삶'을 갈망했다. 평화시장 근로 실태 설문 조사지의 11번 질문은 "당신 교양을 위한 서적은?"이었다. 공부를 통해 인간다운 도약을 꿈꾼 태일 자신의 대답은 "볼 시간이 없다"였다. 청계노조는 노동 교실을 열어 배움을 열망하는 노동자들의 닫힌 눈을 열었다. 노동 교실에는 수많은 소모임이 생겨 살아 숨 쉬었다. STU는 이주 노동자 문화 교실을 열어 영상을 찍고 탁구와 기타를 치며, 뜨개질을 하고 서툰 한국어로 노동자의 권리 선언문을 써 내려간다.

STU의 헌신적인 정주 한국인 활동가, 이주 활동가들은 이 사회의 가장 낮은 자리에서 노동자들의 점점 줄어드는 삶을 지킬 방법을 연구한다. 자본주의의 탐욕이 정원의 조경수를 가꿔 아름다움을 소유할 때, 노동조합의 노동자들은 거리

회사 담장 너머 보이는 잘 가꾸어진 정원수들

회사 건너편 가로수 아래 피케팅하는 이주 노동자들

의 가로수 그늘에 모인다. 그래서 그날, 대한섬유 길 건너 은행나무 그늘에서 우리는 땀을 식히고 물을 나누어 마셨던 것이다. 가로수는 친구가 많고 풍성한 그늘을 자랑한다.

언어 _ 우리가 쓰는 말은 어떤 삶을 살고 있을까

2019년 9월이다. 태풍 링링에 쓰러진 창밖의 나무를 보다가 전태일의 수기를 다시 한 장씩 넘긴다. 문장 사이사이 박인 외로움과 떨림, 분노와 그리움, 그리고 두려움을 읽는다. 1969년 9월에, 그는 혼자였다. 평화시장은 그의 자리를 모두 뺐다. '청년 백수' 태일은 종일 떠돌다 돌아와 산속 골방에서 9월에게 편지를 쓴다.

> 9월, 너는 가을이라는 친구와 변함없는 우정의 상대자. … 모두 혼자만이 낙엽이라고, 이 나무 아래 떨어진 낙엽은 가을의 발 아래에서 썩는구나. 낙엽 따라 9월은 가지만 나, 나는 누굴 따라 어떻게 간단 말이냐. 나는 삼거리에 이정표처럼 누가 같이 가자고 하는 이가 없구나. 바람이 부나, 눈비가 오나, 모든 것을 그대로 받아들여야 하는 나.
>
> (1969년 9월의 일기에서)

그렇게 시작해 가을, 겨울, 이듬해 봄에 걸친 침묵 속에서 글을 써 내려간다. 소년 시절의 거리 이야기를 회상하며 쓴다. 청옥고등공민학교를 함께 다닌 고향 친구 원섭이에게 긴 편지를 쓴다. 평화시장의 자전적 경험을 소설로 쓴다. 그 공책 속에서 태일은 할 수 있는 모든 것을 해 본다. 대통령에게, 근로감독관에게 엄중한 문장으로 편지를 쓴다. 아무도 봐주지 않는 모범 업체 설립 계획서를 치밀하게 작성한다. 지칠 때는 유행가 가사로 행간을 채운다. 태일의 글들은 나침반 바늘 끝처럼 파르르 떨린다.

도무지 믿기지 않는 평화시장의 부조리와 폭력을 곱씹기 위해서라도 그는 글을 써야 했다. 글쓰기는 닫힌 세상의 문을 찾는 통로이자, 앞날의 불안과 두려움에 맞서는 유일한 방법이었다. '근로기준법'에 나온 대로 해야 한다고 떠들다 추방된 청년의 말들은 노트 안에 둥지를 튼다. 독백인 줄 모르는 독백 속에 태일은 치열하게 집중하였다. 그러지 않고서는 배길 수 없는 시간을 태일은 살고 있었다. 그는 방에서 글을 쓰며 노트를 통해 평화시장으로 끊임없이 되돌아간다.

'사내'와 '사나히', 설움을 봉인하다

취업을 준비하던 청년 김용균은 토익 점수로 스트레스 받던 어느 날, 휴대폰 메모장에 편지를 썼다. "용균아 나다 너, 요즘 군기가 빠진 듯한 너를 보니 나도 힘이 나지 않는다"로 운을 뗀다. 이 상황은 자신에게 "주어진 당연한 숙제"

이니, 토익 준비 시간과 기초가 부족했던 결과를 받아들여 우선 물러서자고 한다. 하지만 그게 포기는 아니며, "기하급수적"으로 잘해 주신 부모님을 생각할 때, "세상이 아무리 모질고 힘들더라도, 너 김용균은 굳세어야 한다"고 나 김용균은 쓴다.[49]

이 시대 청년의 성실한 자기 주문이다. 불확실한 미래와 주눅 든 자신을 애써 추스르고 있다. 일이 잘 안 되는 것은 군기 빠진 자신의 노력 부족 탓이다. 용균의 낱말들은 학교와 군대, 어른들이 그동안 가르쳐 준 것들이다.

그런데 마음에 걸리는 일이 있다. 며칠 전 부모님에게 불쑥 날카롭게 굴고 세상을 원망하는 퉁명스러운 말을 내뱉은 게 명치 끝에 걸려 있다. "어린 마음에 부모님이나 어른들에게 본심을 나타내는 건 옳지 않은 일"이라며 반듯하게 수습은 하고 있지만, 용균은 이렇다 할 '일자리'를 환영하며 내주지 않는 사회를 원망하는 '본심'이 생겼던 것 같다. "세상이 뭐 이래!"에서 "헬조선, 현실은 시궁창, 또는 극혐" 사이였을 그 본심은 번번이 일자리를 거절당하던 날마다 불뚝불뚝 일어섰을 것이다.

49 | 김용균의 어머니 김미숙은 아들의 휴대폰 메모장에서 발견한 편지를 인터뷰(2019. 5. 19)에서 보여주고 공유해 주었다.

공손한 용균은 반발력으로 자연스레 고개를 든 본심을 '예의'로 누른다. 그러나 이미 생긴 마음은 쉽게 사라지지 않아 다시 한 번 다독인다. 본심을 드러낸 걸 반성하면서 스스로 "울지 마, 넌 사내야"라고 한다. 군대와 사회가 쥐어 준 '사내'라는 말로 겨우 마음을 다잡는다. 결국, 숱한 도전 끝에 이 '사내'는 화력발전소에 '현장 운전원'으로 취직한다. 문화자본도, 화려한 스펙의 발판도 없는 공단 하청 노동자의 아들에게 세상이 드디어 캄캄한 자리를 내준 것이다. 또 한 '사나히'가 번민하고 있는 1969년 가을로 돌아가 보자.

태일은 방에 들어앉아, 처음 재단사가 되었던 1967년의 일기장을 넘겨보고 있다. 그해 2월의 일기에는 "일 끝나고 두 시간씩 공부해서 입시를 보고 군 입대까지 돈 모아 집 한 채를 장만하자"는 거창한 꿈이 씌어 있었다. 평화시장에서 3년 일하면서 가혹한 노동 환경에 '억울한 생각'이 쌓였지만, 원하던 재단사가 되었으니 재량과 노력으로 극복할 수 있다고 여긴 시절이다.

자신에게 일자리를 준 "주인의 공을 갚고 완전한 재단사가 되자"고 씌어 있다. 한미사에 "온 생애를 걸다시피 한" 마음이었다. 세상의 선의를 믿고 긍정 마인드와 열정 페이로 비수기의 가혹한 무급을 견디며 눈물을 삼킨 만큼 포부는 컸다.

재단사가 되기 직전, 설 이후 비수기 내내 가게와 공장 허드렛일을 도맡아 하지만 사장 부부는 태일에게 임금을 주지 않았다. 태일은 참다못해 사모에게 500원의 '최저 생존 비용'을 청구했다. 하지만 사장 부부는 묵묵부답이다. 결국 아끼던 맘보바지, 할부도 안 끝난 곤로를 헐값에 판다. 밥은 뒤로 하고 통신 강의록 중학 1권을 산다. 노트까지 한 권 사고 3일 금식에 들어간다. "나에게는 배움을 빼고 나면 아무것도 없다"고 되뇌며 빈 배를 속이지만, 두 끼를 참고는 밥을 넣는다.

그날, 정신력으로 겨우 막고 있던 설움과 고독이 '역습'해온다. 이유를 설명하기 힘든 눈물이 난다. 자신도 모를 설움에 북받쳐 펑펑 운다. 주인집의 선의를 애타게 기다리던 그는 그렁그렁한 눈물을 "사나히답지 못하게"라는 말로 닦으며 겨우 수습했다.

그 시간을 통과해 시작한 재단사 생활은 "못 견디게 괴로"운 나날이었다. 세 명 일을 혼자 하는 심신의 고통을 3월 18일 일기에 썼다. 일기는 3월 말에 끊긴다. 한참 후 가을 일기에, "자신은 일의 방관자"라 씌어 있다. 멍한 의식과 기계적인 노동, 무감각한 퇴근과 세면, 형식적 인사와 밥상, 꿈 없는 잠. 이런 일상 속에 태일은 우리의 스무 살이 그렇듯, 가혹한 착취 노동 속에서도 '자기 훈련'이라는 메모를 쓰던 날이 있었다.

'자기 훈련'에는 모두 20개의 체크리스트가 적혀 있다. "맡은 일에 매일 정력을 다 기울이고 있는가? 나는 일에 빈틈이 없고 또한 일하는 태도가 훌륭하다고 볼 수 있는가? 수입의 몇 할을 저축하고 있는가? 나의 교양과 지위 향상 준비를 위해서 수입의 몇 할을 정해서 쓰고 있는가? 인생의 건축기사로서 사람은 그 일에 온갖 정력을 퍼붓지 않으면 안 된다" 등의 질문과 명제가 눈에 띈다. 요즘 우리처럼 '노오력'의 근거를 마련하던 2년 전 자신의 마음을 생생하게 돌이켜 본다. 그는 1967년 초까지만 해도 자기가 열심히 살면 된다는 희망의 언어로 억울함을 지웠다. 태일과 용균은 '사나히'와 '사내'로 간신히, 막을 수 없는 뜨거운 억울함과 '이건 아닌데'라는 생각을 덮어 누르고 있었던 것이다.

김용균 특조위 보고서[50]의 낯선 문장들

1년 열심히 하면 '한전'에 정규직으로 입사할 수 있다는 직장의 실체는 달랐다. 청년 김용균은 원청회사인 한국전력

50 | 김용균 특조위, 「고 김용균 사망사고 진상조사결과 종합보고서」, 2019.

서부발전[51]의 하청 업체 중 하나인 한국발전기술의 비정규직 노동자로 태안화력발전소에서 첫 직장 생활을 시작했다. 2001년 분할된 5개의 발전 공기업은 경쟁 시스템을 갖춰 왔고 2013년 발전 정비 부문에 전면 경쟁이 도입된다. 5개 중 하나인 한국서부발전 등 원청회사는 연속되는 화력발전 공정의 흐름을 쪼개 민간 업체에 나누어 준다. 원하청 업체 사이, 하청 업체와 노동자 사이의 상호 소통은 단절되고 수직화되면서 위험은 급증했다. 김용균들에게는 위험을 감수할 책임이 생겼지만 위험을 해결할 물품과 권한은 주어지지 않았다.

최근 5년, 발전 산업 재해는 급증했고 사고 사망자는 모두 하청 노동자였다. 원청은 책임이 없었다. 8년간(2010~2018) 11명이 죽었어도 원청회사인 한국전력 서부발전은 무재해 인증을 받아 오히려 산재보험료를 감면받았다. 최저가로 입찰한 하청 업체들은 청년들을 현장에 졸속 투입해, 부족한 인력으로 고강도 노동을 시키는 한편, 원청에서 받은 임금을 절반까지 착복해 큰 이윤을 남긴다. 2인 1조는 지켜지지 않았다. 노동자들은 컨베이어 벨트 설비 개선을 수도 없이 이

51 | 시장형 발전 공기업으로 한국전력의 자회사 중 하나이다.

야기하고, 한국발전기술은 원청 서부발전에 2018년 한 해에만 28차례나 현장 개선을 요청했으나 답을 얻지 못했다. 헤드 랜턴도 지급되지 않았다. 김용균은 휴대폰 손전등으로 컴컴한 점검구를 비추며 일했다. 이상은 2019년 9월에서야 4개월에 걸친 조사 끝에 '고 김용균 사망사고 진상규명과 재발방지를 위한 석탄화력발전소 특별노동안전위원회(김용균 특조위)'가 밝혀 낸 총체적 진실의 일부이다.

「김용균 특조위 보고서」는 「발전소 자체 보고서」와 달리, 노동자에게 책임을 묻지 않고 노동자의 인권에 주목해 사고 원인에 깊게 접근했다. 발전소의 구조적 불안과 위험한 고용, 예견된 죽음의 문제를 실증적으로 밝혔다. 김용균이 매뉴얼을 무시한 채 20톤짜리 컨베이어 벨트 아래 머리를 디밀고 시키지 않은 과잉 행동을 한 게 아니라, 점검구에 머리를 넣고 기계 사이에 낀 탄 덩어리를 후비고 롤러를 육안으로 확인해 이상 시 사진을 찍어 보내야 하는 원청의 업무상 지시를 성실하게 수행하다가 변을 당했다고 썼다. 김용균의 사수는 한 발은 저승길에 들여 놓고 일해 왔다고 말했다. 늘 사고 원인을 개인에게 전가하고 직원들을 입단속하던 발전소는 할 말이 없게 됐다. '기도문' 같은 특조위 보고서의 문장에서는 피땀이 묻어 나온다.

김용균의 어머니는 아들이 힘들게 일하는 걸 보며 할머니의 이야기를 떠올리곤 했다. "야야, 돈 벌 모퉁이가 죽을 모퉁이데이"라는 대수롭지 않은 속담이 자기 자신의 일이 되어 험한 일터에 보낸 자식을 잃고 뒤늦게 그 말을 다시 떠올린다. 돈 버는 게 힘들다는 보통 말이 아니었다. 이 말에는 일제강점기 이래 근대 산업화와 독재 아래 한국인들이 겪어 온 불안하고 위험한 노동에 대한 경험이 누적되어 있다. 민중은 생명을 경시하는 구조적 폭력을 간파하고 있었다.[52]

추방된 언어, 친구들 사이 '자리'를 갈망하다

태일은 노동자들을 이윤의 '거름'으로 여기는 업주, 그 뒤를 봐주던 독재국가의 관리인들에게 순진하게 근로기준법을 들이댔다. 현 실정에 안 맞으니 지킬 수 없다고 그들이 말하자 태일은 알겠다고, 더 열심히 일하겠다고 하지 않고, 친구들을 모아 잘못되었다고 떠들고 다닌다. 평화시장은 불순한 학생을 퇴학시키듯 태일을 쫓아냈다. 태일의 말들이 '자기

52 | 이 단락은 김용균 특조위의 「고 김용균 사망사고 진상조사결과 종합보고서」(2019) 요약 부분을 주로 참고하였다. 또한 김용균의 죽음과 남겨진 이들의 마음을 담은 낭독 노래극 작품집 『기다림』(대본 장민지)을 전반적으로 참고하였다.

울타리'를 넘어 주제넘게 '세상'을 말하고 있었기 때문이다. 이미 태일의 언어는 개인의 출세, 가족 언어의 울타리를 넘어가고 있었다. 1969년 말일, 새해로 넘어가면서 결연한 투쟁 의지를 일기장에 밝힌 태일은, 어느 순간부터 자기 생명을 거는 일까지도 선택지 속에 넣기 시작한 듯하다.

1970년 4월에 쓴 태일의 소설 초고에는, 주인공의 유서가 눈길을 끈다. "사랑하는 친우여, 나를 아는 모든 나여. 나를 모르는 모든 나여. … 테이블 중간에 나의 좌석을 마련하여 주게. 원섭이와 재철이 중간이면 더욱 좋겠네. 좌석을 마련했으면 내 말을 들어주게. 그대들의 전체의 일부인 나. 힘에 겨워 굴리다 못 굴린 … 덩이를 … 그대들에게 맡긴 채 잠시 … 쉬러 간다네. 어쩌면 반지의 무게와 총칼의 질타에 구애되지 않기를 바라는 이 순간 이후의 세계에서 내 생애 못다 굴린 덩이를 … 목적지까지 굴리려 하네. 이 순간 이후의 세계에서 또 다시 추방당한다 하더라도 굴리는 데 도울 수만 있다면, 이룰 수만 있다면." 태일은 친구들 사이에 앉아 이야기를 나눌 '자리'를 갈망한다. 끊임없이 의자를 빼는 '생존경쟁이라는 악마'의 사회가 아니라, 자리를 내주고 앉으라는 수평의 환대를 갈구한다.

'사회 없는 사회'의 새로운 언어들

한국 사회는 '노력, 능력' 같은 낱말 속에 삶을 가둔다. 가까운 사람을 잃지 않은 사람들은 개인과 가족의 언어 속에 여전히 산다. 세상은 "사회는 없다! 개인과 가족이 있을 뿐"[53]이라며 고속 컨베이어를 돌린다. 죽음은 개인 책임이어야 하므로 재해, 재난의 진실은 뭉개진다. '사회는 없는' 사회의 틈에서 '사회는' 계속 청년들을 지우고 있다. 우리는 선령 규제를 완화해서 들여온 중고 세월호에서 수많은 삶을 잃고도 여전히 세월호 같은 세상에서 김 군을, 현장 실습생 이민호, 김동준, 김동균, 홍수연 들을, 청년 김용균을, 김태규를 잃고 또 잃는다. 누군가는 '사람을 잃고' 고통 속에 살지만, 비용과 이윤을 더 중시하는 '생각'과 '정책'이 스며든 사회 곳곳의 시스템은 사람을 잃었다고 느끼지 않는다. 사람이 아닌 부속품이 빠졌다고 인식하고 라인을 재가동한다.

53 | 1980년대에 신자유주의로 국가 정책 기조를 바꾼 영국 총리 마거릿 대처가 한 잡지와의 인터뷰에서 한 말. 사람들이 자신의 문제를 사회에 떠넘기고 있다며 정부의 공공복지에 의존하는 것을 비판했다. 자신의 말이 좌파가 '대처리즘'을 반대하는 빌미를 주었지만, 발언을 후회하지 않는다고 대처는 자신의 책 『국가경영』에 썼다. (박동운, 『마거릿 대처, 시장경제로 영국병을 치유하다』, 살림, 2007, 33쪽 참조) 기업의 이윤과 시장의 효율을 절대시하며 세계 곳곳으로 퍼진 신자유주의는 사람의 안전과 생명을 저버리는 결과를 가져온다.

우리가 쓰는 말은 어디까지 가 닿는가. 진실에 닿으려는 말들은 '사회는 있다'고, '있어야 한다'고 말한다. 청년들은 그동안 눌러 둔 말들을 하기로 했다. 세상을 겪으면서 마음에 고인 '본심'을 말하기 시작했다. 더 이상 '사내' 같은 말로 눌러 둘 수 없는 마음들이 터져 나온다. 용균은 피켓을 들고 문재인 대통령에게 이대로 비정규직을 방치할 거냐고, 만나자고 했다. 태일은 '우리는 기계가 아니'라며 당시 박정희 대통령에게, 근로감독관에게 편지를 썼다. 삼각산 수도원 공사장에서 고된 노동에 몸을 맡긴 지 여러 달이 지난 1970년 8월, 태일은 평화시장에 돌아가 싸우기로 마음먹었다. 8월 9일의 일기는 '완전에 가까운 결단'으로 잘 알려진 일기인데, 안타깝게도 중간이 삭제되어 있다. 남아 있는 전문을 옮겨 본다.

이 결단을 두고 얼마나 오랜 시간을 망설이고 괴로워했던가?
지금 이 시각 완전에 가까운 결단을 내렸다.
나는 돌아가야 한다.
꼭 돌아가야 한다.
불쌍한 내 형제의 곁으로 내 마음의 고향으로,
내 이상의 전부인 평화시장의 어린 동심 곁으로.

생을 두고 맹세한 내가,
그 많은 시간과 공상 속에서,
내가 돌보지 않으면 아니 될 나약한 생명체들.
나를 버리고, 나를 죽이고 가마.
조금만 참고 견디어라.
너희들의 곁을 떠나지 않기 위하여
나약한 나를 다 바치마.
너희들은 내 마음의 고향이로다.
…… (일기 원본이 없어진 부분)
오늘은 토요일, 8월 둘째 토요일.
내 마음에 결단을 내린 이날,
무고한 생명체들이 시들고 있는 이때에
한 방울의 이슬이 되기 위하여 발버둥 치오니
하나님, 긍휼과 자비를 베풀어 주시옵소서.

(1970년 8월 9일)

학교에서 배우지는 않았지만, 생명을 지키려는 저항의 언어로 쓴 시이다. 피켓을 들어 함께 외칠 시간이 왔다고, 이 시대의 본심들도 마음을 먹고 있다. 제주 음료 공장의 현장 실습생 이민호가 친구에게 보낸 문자 메시지에서처럼, 43도의 더운 공장이 '실화'이며, 고딩이 고장 난 메인 기계를 책임지는 '극혐'의 세상은 이제 끝내야 하지 않겠는가.

글쓰기 _ 삶이 담긴 글의 생명력

다섯 권의 노트에 써 내려간 태일의 글 속에는 그의 땀과 눈물, 발걸음이 담겨 있다. 그래서인지 그의 삶과 죽음에 의미가 부여되는 것을 막으려던 사람들, 당시 정부 기관과 언론은 그 기록을 빼앗아 지우려 했다. 상당 부분을 빼앗겼지만 우여곡절 끝에 살아남은 그의 글은 결국 전해져 생생한 모습으로 우리에게 도착한다. 글에 담긴 삶의 힘과 생명력, 살아남은 이들이 나누어 받은 악착같은 생의 의지가, 좁지만 길을 만들어 지금 여기에 이르고 있는 것이다.

태일의 일기 주요 부분은 면도칼로 뭉텅뭉텅 잘려 나가 있었다. 분신 후 기사에 참고한다며 노트를 가져간 조선일보사는 유족에게 나머지만을 돌려주었다. 민첩한 정보기관과 언론사의 공조였을 것이다. 민청학련 사건 수배로 도피 중이던 조영래는 남은 일기를 바탕으로 평전을 쓴다. 이소선, 삼동회원, 평화시장 여공을 만나 인터뷰하며 태일의 삶을 입체적으로 재구성한다. 노트에 빼곡하게 쓴 조영래의 글은 복사기까지 감시하던 경찰을 피해 한 회사원의 도움으로 겨우 복사되어 민종덕의 집 마루에 숨어 지내다가 판로를 찾아 나선다. 국내 출판사들이 책을 펴낼 엄두를 못 낼 때, 1978년 일본에서 『불꽃이여, 나를 태워라 — 한국 청년 노동자의 삶과 죽음』이라는 제목으로 먼저 출간되었다.

이어 돌베개 출판사 편집장 박승옥은 구속을 각오하고 국내 출판을 결심한다. 문익환 목사는 모든 걸 자신이 책임지겠다며 출간을 지지한다. 1983년, 전태일기념관 건립위원회 이름으로 『어느 청년 노동자의 삶과 죽음』이 출간되자 사람들은 뜨겁게 반응한다. 전두환 군사정권의 문화공보부는 바로 판매금지 조치를 내리지만 청계노조 일꾼들은 온종일 책을 전국 곳곳으로 배달했다. 혼신을 다해 배달하다가 평생 앓을 신경통을 얻은 사람도 있다. 그렇게 전해진 평전을 수많은 노동자와 학생들이 읽고 새 세상을 본다. 출판사에는 "밤새워 눈물 흘리며 읽었다는 편지와 전화가 끊이지 않았다."[54]

군사정권의 서슬이 퍼렇게 연장되고 있던 터라 책의 저자가 조영래라는 것은 밝히지 않았다. 1990년 12월에 가서야, 비로소 조영래 이름으로 『전태일 평전』 개정판이 발간되는데, 조영래 변호사는 안타깝게도 그 며칠 전 폐암으로 숨을 거두고 만다. 전태일은 자신의 삶을 기록으로 남겼고, 그

54 | 조영래, 『전태일 평전』 개정판, 돌베개, 1991, 머리말에서.

기록은 사라질 뻔하다가, 수배 중에 치열하게 써 내려간 조영래의 손끝에서 되살아나, 군부독재의 시퍼런 사슬을 뚫고 결국 우리에게 전해졌다. 그렇게 배달된 태일의 삶 마지막 장, 1970년 11월에 우리는 이제 도착했다.

1970년 11월

태일과 삼동회의 온갖 노력에도 불구하고 시장 작업장의 미싱들은 똑같은 여건에서 돌아갔다. 삼동회의 요구는 한국의 경제 사정상 들어주기가 어렵다며 뭉개졌다. 10월 15일, 20일, 24일, 11월 7일에 걸쳐 노동청과 평화시장 주식회사의 약속은 미루어지고 시위는 어떻게든 무산되었다. 태일과 친구들은 결국, 13일에 근로기준법 화형식을 하기로 한다. "그날만큼은"이라는 의지가 태일과 친구들의 가슴 속에 확고해졌다. 하지만 태일에게는 절박한 다짐이 하나 더 있었고 친구들은 그것까지 알 수는 없었다.

11월 10일에 태일은 대구에 간다. 뜻밖의 방문에 동창 김예옥은 의아했지만 반가웠다. 예옥은 1963년 청옥고등공민학교 야간부의 짧고도 소중한 추억을 되새기며 태일을 만났다. 둘은 택시를 타고 동촌유원지로 갔다. 유원지 벤치에 앉아 태일은 평화시장의 열악한 상황을 한참 이야기했다. 김예옥은 죽음을 암시하는 듯한 태일의 이야기를 심각하게 생각하지 못했다. 고민이 많아 보였다. 예옥은 대구 중앙통에서 그날 태일과 함께 먹은 떡만둣국이 참 맛있었다.

11일. 태일은 평화시장에 단골로 다니던 국숫집에 들른다. 국숫집 딸은 삼동회 일을 그만두라고 타일렀으나 태일은 심각한 얼굴로, 이틀 후면 모든 것이 끝난다고 말했다. 태일은 그날 밤새 자기 방의 물건을 정리한다. 12일. 단정한 옷차림으로 식구들과 아침을 먹는다. 순옥이와 순덕이 머리를 쓰다듬고는 몇 차례 뒤를 돌아보며 집을 나섰다. 그날 밤 여인숙에서 삼동회 친구들과 밤새 현수막을 쓰고 데모를 준비한다.

흐리고 바람 부는 날이었다. 13일 오후, 이전보다 더욱 삼엄해진 경찰 병력을 보며 1시 반경 거리로 나오다가 형사들에게 현수막을 빼앗긴다. 종이 현수막은 그 자리에서 찢겨 못 쓰게 되었다. 1시 40분경, 친구들은 책만 태우고 구호를 외치는 줄 알았지만, 태일은 자기 몸에 기름을 뿌리고 내려왔다. 옷 틈에 기름 먹은 솜을 끼워 퇴로를 차단했다. 계단을 내려온 태일은 친구 김영문을 부르고는 뛰어나가며 몸에 불을 붙인다. 김영문은 1미터쯤 뒤에서 그를 따라 뛰었다. 태일은 온몸이 불꽃이 되어 소리를 지르다 쓰러졌다. 친구 최종인이 잠바를 덮어 불을 껐다. 쓰러진 검은 몸으로 기자의 질문에 답하고 다시 일어나 뛰어가며 소리친다. "근로기준법을 준수하라, 우리는 기계가 아니다, 일요일은 쉬게 하라"는 온건한 구호는 생명과 바꾸어 겨우 세상에 전해진다.

태일은 검게 탄 몸으로 열 시간 가까이 버티다가 밤 10시 넘어 숨을 거두었다. 그는 그때까지 남은 힘을 그러모아 어머니, 친구들에게 확답을 듣고야 만다. 자신이 하던 일을 이어서 하겠느냐는 다그침이었다. 큰 대답을 들을 때까지 그는 계속 물었다. 어머니와 친구들은 눈물을 그렁거리며 그러겠노라고 크게 대답하였다. 그의 마지막 날은 어머니 이소선, 삼동회 친구들, 그 소식에 감응한 노동자들과 대학생들, 마음이 내려앉은 세상 사람들에게 첫날이 되었다. 태일은 고단한 숨을 거두며 이들의 생명 속으로 자기를 쪼개어 두루 퍼졌다. 한쪽 눈을 맹인 예술가에게 주고 태일피복 설립 자금을 마련하려고 편지까지 보냈던 태일은 결국, 자신의 온몸을 기증해 사람들의 눈을 열었다. 3년을 달달 외운 근로기준법이 새겨진 온몸을 태워, 사람들 눈에 안 보이던 평화시장이, 그 안의 사람이 결국 보이게 했다.

평화시장 인력시장, 분신 현장. 평화시장 쪽을 찍으려 하자 경비원이 제지하여 반대 방향으로 찍었다.
2019년 5월 18일 촬영

태일의 질문과 세상의 오래된 대답

태일의 죽음은 대답 없는 세상에 대한 질문이었다. 이소선은 아들의 죽음을 자살이라고 하는 사람들의 말을 고쳐 주었다. 개인적 이유로 죽은 게 아니라 잘못된 세상에 대한 분신 항의라고 정정해 주었다. 살아 있을 때에는 이루어지지 않던 대화가 죽음으로 시작되었다. 태일이 골방에서 써 둔 노트의 독백은, 답하지 않을 수 없는 질문으로 사회화되었다.

대통령을 더 할 수 있게, 1969년 삼선 개헌으로 정권 연장의 길을 마련한 박정희도 동요하는 민심 앞에, 한 청년의 죽음 앞에 선거를 앞두고 대답하지 않을 수 없었다. 그런데 그 대답은 역방향이었다. 전태일의 죽음의 파장을 축소하고 지우려는 '무사유無思惟'의 무사武士들은 부지런히 움직였다. 돈과 권력을 독점하는 자신들의 세상을 지키는 방향으로 뛰어다녔다.

시장 업주들은 태일의 죽음을 개인적 자살로 몰고 갔다. 불만을 품은 깡패가 죽어 가마니로 덮어 놨으니 구름다리로 가지도 말라고 말했다. 여공들은 그런 줄로만 알았다. 경찰과 시장 사람들은 태일이 깡패들과 어울리다가 홧김에 자살을 했다고 떠들고 다녔다. 노동청장은 태일이 지병으로, 가정사로 비관해 죽었다고 말했다.

하지만 숱한 철거를 함께 겪으며 살아온 동네 사람들은 그 말들을 믿지 않았다. 그들은 태일이 어떻게 살아왔고 왜 죽었는지 알았기에, 경찰의 삼엄한 감시를 뚫고 영안실을 지켰다. 태일과 이소선이 다니던 교회에서는 태일의 죽음을 죄악시하였고 목사는 돈 받고 합의를 보라고 이소선에게 거듭 압박을 가했다. 그 와중에 생전에 그토록 바라던 대학생들이 찾아와 서울 법대 학생장으로 결국 장례가 치러지게 된다.

장례가 치러질 때까지 태일은 6일 동안 영안실에 누워 있었다. 경찰은 이소선에게 시체 양도 증서에 서명하라고 강요했다. 친척들에게도 압력이 들어왔다. 시장 대표, 노동청 관리는 300만 원이 든 회색 가방을 들고 와 회사가 장례를 치르게 해 달라고 애걸복걸했다. 이소선은 남은 자녀들과 가족회의를 하고 와서는 돈을 받지 않겠다고 선언했다. 오히려 가방 속에서 한 줌의 돈뭉치를 꺼내어 공중에 뿌렸다. 이어 아들의 소원을 반영하는 여덟 가지 조건을 대표들에게 적어 주었다.

노조 결성 인정하라.

하루 16시간을 8시간으로.

매주 하루를 쉬게 하라.

다락방 철거.

일 년에 한 번 모든 노동자들 건강 검진.

정기 급료를 검토하라.

시다 임금 두 배로, 고용주가 직불하라.

환기구 충분히 설치.

고용주들은 이렇게 답했다. 장례일은 휴일로 정해 시장을 쉬고, 한국노총은 노조 결성에 도움을 줄 것, 시장 내 노조 사무실 마련 조처, 나머지 조건들은 노동청 지도 아래 실행하기로 한다. 물론 그 약속은 제대로 지켜지지 않아 이소선과 태일의 친구들은 끈질긴 투쟁으로 하나하나 이루어 나가는 험난한 삶을 시작한다. 이후 태일의 누이 순옥은 시다로 일하며 살림을 책임지고, 이소선은 매일 새벽 청계천 거리에서 헌 옷을 팔기 시작했다. 태일의 뜻을 지키고 익숙한 가난을 택한 것이다.

당시 노동청 근로기준국장이었던 임정삼은 훗날 2003년 방송사와의 인터뷰에서 태일을 선부른 이상주의자로 기억했다. '국민학교'도 졸업 못 한 재단사가 책을 끼고 온 것을 보고 한자투성이 책을 읽을 수 있냐며 의심했다고 한다. 근로기준법을 혼자 파고들면 '의식화'될 것이 아니냐며 "당시에 우리 산업 현장이 어딜 가도 근로기준법 잣대로 보면, 맞을 곳이 없어요. 외람되지만 공무원은 '솔로몬의 지혜'로 임해야지, 법대로 하면 살 사람이 아무도 없어요" 하고 말했다.

임정삼은 삼동회와의 협상에서 고용주들이 스트레스를 받았을 거라고 이어 말한다. 그는 사업주의 입장에서 상황을 보았다. 근로자들이 당장 요구 사항이 시행될 듯 굴면서 자기들끼리 유토피아가 온 것처럼 좋아한 것이라며, 한국 실정상 매주 일요일을 쉴 수는 없었다고 말한다.[55] '근로기준국장'의 생각이 이랬다. 노동청 간부, 경찰, 중앙정보부원은 모두 이런 무의식 위에 하나가 되어 기업주의 일방적인 이윤과 착취를 '어쩔 수 없다'고 떠받쳤다. 권위주의적 국가기구의 파수꾼들이 요소요소 박혀 태일의 발목을 잡았다. 사회악은 너무도 평범하게, 혹독한 노동 착취를 '함께' 당연시하며 두루두루 퍼져 있었던 것이다. 태일과 친구들의 노력이 가로막힐 수밖에 없었던 배경이다.

오늘도 오는 사람

돌아보면 임정삼이 전태일을 보는 시선으로 우리도 '함

55 | 〈KBS 인물현대사 — 꺼지지 않는 불꽃, 전태일〉, 2003.

께' 살아오지 않았을까. 1970년 12월 30일, 『동아일보』 김중배 기자는 「근대화의 벅찬 발걸음, 그 응달엔 숱한 생채기가」라는 특집 기사를 썼다. 시속 100㎞로 달리게 된 경부고속도로의 개통 이면의 사건들, 즉 정인숙 의문사, 와우아파트 붕괴, 추풍령 고속버스 사고, 전태일의 분신, 남영호 침몰 등을 짚어 보며 숱한 죽음의 의미를 묻고 있다.

하지만 이후로도 우리는 뒤돌아보지 못하는 지배 체제 아래 살아왔다. 생채기에 약을 바르지 않고 뛰기만 했다. 경부고속도로의 속도와 성장을 누리는 생각의 울타리 속에서 세상을 보며 살아왔다. 그와 동시에 여전히 박정희 시대의 사회구조 속에 고생하고 있다. 최장 노동시간, 고강도 저임금, 산업재해 사망 1위의 사회에서 우연히 살아남고 있다. '성장 만능주의'는 다시 국민소득 4~5만 달러 카드를 꺼내어 사람들을 바쁘게 돌리려 한다. 경제 불황에도 2년 국가 예산이 넘게 든 대기업 곳간의 빗장은 굳게 잠겨 있다. 공정, 민주화를 표방하는 정부가 들어섰지만, '노동 존중 사회'는, '민주주의'는 좀처럼 체감되지 않는다. 시민들은 엘리트 권력층의 과잉 잡음에 채널이 고정되어 정치에 염증을 느끼게 하는 '재난의 체육관'에서 그저 시청자로 살고 있다.

대구 영남대 의료원장실에 걸린 박정희의 사진과 성서공

단노조 사무실 벽에 걸린 전태일의 사진은 여전히 긴장감을 자아낸다. 물론 아직도 강자는 박정희들이다. 2006년 박근혜 구재단의 영남대 이사진 복귀에 맞춰 의료원은 창조컨설팅에 의뢰해서, 노조를 기획 탄압해 900명에 달하는 조합원 수를 70명으로 줄였다. 끝까지 싸우다 해고된 간호사 두 사람은 해고 후 12년이 지난 2019년 7월 1일부터, 병원 옥상에서 태풍 다섯 개와 모든 날씨를 견디며 고공농성을 해 왔다. 한 사람은 107일째 건강상 이유로 내려오고, 한 사람은 해를 넘겨 고공농성 중[56]이다.

2012년 8월, 당시 새누리당 대통령 후보 박근혜는 산업화 세력과 민주화 세력의 '화해'와 협력으로 잘사는 나라를, 전태일 열사의 뜻을 이어 노동자가 잘사는 사회를 만들겠다고 말했다. 전태일재단과 청계천에 있는 태일의 반신상에 꽃을 들고 왔으나 유족과 당시 쌍용차 해고 노동자들이 가로막았다. 화해의 전제 조건인 폭력의 인정과 사과가 없었기 때

56 | 2020년 2월 12일, 227일의 고공 농성을 마치고 박문진 간호사는 땅을 밟았다. 영남대의료원 사측의 노조 파괴와 해고 문제는 13년 만에 노사 간의 합의로 해결되었다. 정년을 1년 앞둔 박문진은 복직과 동시에 곧 퇴직하고 병원은 위로금을 지급하기로 했다. 함께 농성을 했던 송영숙은 5월 복직하기로 했다. 의료원 측은 노조 활동의 자유를 보장하는 데 합의했다.

문이다.

화해란 무엇인가. 화해和諧는 쌀[禾]을 나누어 먹고[口], 모두 각자[皆] 말[言]을 한다는 뜻[57]이다. 화해는 이렇게 구체적으로 분배해 사람을 살리고, 목소리를 가로막지 않아 곳곳에 민주주의를 뿌리내리는 체제의 이행이다. 새 세상의 판을 짜는 것이다. 이것은 화해라는 평범한 생활 용어가 지닌 혁명적인 속뜻이다.

세월호 참사 이후, 감겨 있던 눈을 뜨고 세상의 틈을 들여다보면 전혀 다른 구도의 세상이 펼쳐진다. 지금도 매일 노동자들은 죽어 나간다. 현장 실습장에서, 아파트 공사장에서, 오징어 가공업체 폐기물 탱크에서, 이 땅 곳곳의 일터에서 사람이 죽는다. 누군가의 가족이고 대체 불가한 생명인 청년들, 하청 시민 노동자, 이주 시민 노동자의 죽음은 사회적 무감각 속에 단신 처리되고 빠르게 잊혀 간다. 촛불 항쟁으로 탄생한 문재인 정부마저 세월호 참사의 진실은 물론, 이들의 삶을 아래로부터, 주요 의제로 힘을 다해 다루지 않는다. 오히려 노동 정책의 뚜렷한 역주행은 사람들의 삶을 후퇴시키고 있다. 이것은 화해의 구도가 아니다. 폐기되고 청산되어야

57 | 고영직, 『인문적 인간』, 삶창, 2019, 221쪽에서 인용한 신영복 『강의』의 내용을 재인용함.

서울의 한 지하철역에 붙어 있는 구의역 김 군 3주기 집회 포스터

할 것들이 완강히 버티는 가운데 촛불로 탄생한 정부는 대다수 시민, 노동자들에게 등을 돌리고 더욱 절망을 강요하는 구도이다.

태일은 절망이 강요된 시간을 온몸으로 거부하였다. 외롭고 힘들었지만, 자신의 시간을 온전히 살아 냈다. 나는 응달진 거리를 태일과 함께 한참 걸었다. 발바닥에 땀이 흥건하다. 걸으며 나는 대화에 참여해 준 당신께 꾸벅, 명랑하고 유쾌한 몸짓의 전태일식 인사를 드린다. 전태일은 오늘도 먼 길을 걸어와 당신의 창을 두드린다. 시다들에게 풀빵을 사 먹이고 세 시간 걸어 퇴근하던 그 걸음으로 집집마다, 당신과 나의 문을 두드리며 오늘도 온다.

질문들

3장의 주제에 관한 질문들이다. 자신의 생각을 글로 써서 친구들과 나누고 SNS 공론장, 여러 매체에 발표해 사회 변화에 참여해 보자.

1. 노동조합 한국은 선진국에 비해 노조 가입률이 매우 낮고 임금 체불이 많은 나라이다. 임금 지급에는 3대 원칙이 있는데, 그것이 지켜지지 않는 것을 임금 체불이라 한다. 임금 체불을 해결하는 과정에서 개인이 하는 것과 노동조합과 함께 하는 것은 어떤 차이가 있을까? 자신의 경험이 있다면 그것을 바탕으로 소개해 보자.

2. 언어 지금까지 살아오면서 자신의 삶에 가장 큰 규율이 되어 온 낱말이나 격언 3개를 찾아 그 안에 담긴 사회상과 그것이 삶과 일, 공부하는 태도에 미친 영향을 소개해 보자. 혹시 그중에 바꾸고 싶은 것이 있다면 바꾸어 소개해 보자.

3. 글쓰기 자신이나 가족의 삶의 내력을 일, 밥, 집, 학교 등 주제를 하나 골라 사회상과 관련지어 글을 써 보자.

4장

여러분 전체의 일부

"오전 3시 따뜻한 집에서 밖으로 길을 나선 후 알게 되었다.
아침 해와 저녁 달을 따라 일하는 나의 노동이 나에게
얼마나 안락한, 안전한 것인가를. 낮과 밤을 바꿔,
8시간 이상의 노동을 할 자신도 체력도 없는 나에게.
편의점, 식당, 중간 배달업체, 청소, 경비, 과일 도매, 호텔,
가로등 정비, 택시, 그리고 야식 배달 노동자와 청소 노동자.
경찰차를 타고 순찰을 도는 경찰관까지 …
그 노동의 고됨을, 그 노동이 고되기만 하다고
함부로 말할 수 없으나, 단지 나의 바람은 그 노동이
안전하고, 그의 존엄을 지켜 주는 노동이 되는 것이다."

2019년 5월 1일 노동절, 국가인권위원회 김태은 주무관

공부 _ 전태일의 학교

두 개의 시간

시시포스가 바위를 산꼭대기로 밀어 올리듯 오늘도 설거지를 한다. 가사 노동의 벗, 휴대폰으로 노래를 튼다. 장범준의 〈당신과는 천천히〉가 흘러나온다. 설거지가 리듬을 탄다. 가사가 귀에 쏙쏙 들어온다. 당신과 함께하는 시간, 퇴근 후 쉬는 시간, 주말의 휴식은 왜 빨리 지나가느냐고 하소연한다. 아쉬움은 커지고, 지루한 시간은 코앞에 와 있다. 짧은 4분의 노래가 끝나고 설거지 노동자는 잠시, 적막의 시간을 견딘다.

고대 그리스인들은 시간을 둘로 나누어 인식하고 다르게 불렀다. '크로노스'와 '카이로스'의 시간이 그것이다. 크로노스는 보편적으로 흘러가는 타자의 시간이다. 물리적이고 객관적인 시간이다. 하염없이 흘러가는 달력의 넘김이 그 시간이겠다. 나이만 먹는다는 푸념에서 그 나이는 바로 크로노스의 시간이 쌓여 가는 것이다.

카이로스는, 내가 주인 된 시간의 번쩍이는 순간들이다. 시간의 흐름에 끌려가지 않고 스스로 기획하고 이끌어가는 몰입과 집중의 시간이다. 흘러가는 시간을 쪼개어 모종의 의미를 욱여넣는 역류의 시간이다. 이 시간에 우리는 일상의 틈을 비집고 결단을 내려 모험에 나선다. 능동적인 순간, 스스로 순간의 무게를 감당해야 하는 부담이 있는 만큼 삶의 보람과 해방감을 만끽하는 시간이기도 하다.

떠올려 보자. 시간의 흐름은 주로 어떤 느낌으로 되살아나는지. 커피 주문을 받으며 서서 일하는 알바 시간은 왜 이리 더딘가. 공장을 다닌다면 하루 종일 나사를 돌리는 반복작업이 잔업으로 이어져 하루 10시간을 일하게 될 때 기분이 어땠는가. 대학의 낭만도 잠시, 생계를 위해 알바를 하느라 공부할 시간도 없는 바쁜 '나무 말'[58]은 어찌할 것인가. 알바와 공부, 노동과 휴식 사이에서 카이로스를 느낄 새 없이 하루하루 크로노스의 힘에 이끌려가는 것이 우리의 현실 조건일지 모른다.

이 쳇바퀴를 잠시 멈추고 친구들과 모여 책을 읽고 악기를 연주하고 이야기를 하는 삶을 당신은 살고 있는가? 자본주의의 공허한 소비와, 주어진 일상의 자장에서 벗어날수록 카이로스의 시간은 그 생생한 얼굴을 보여 준다. 억지로 주어진 시간들은 물 없이 빵을 먹는 것처럼 힘겹고, 자신이 꾸

58 | 최승호 시, 「낮과 밤의 발걸음」, "내가 나무 말 열두 마리를 끌고 가는 것이 삶이라면, 나무 말 열두 마리가 나를 끌고 가는 것은 죽음이다"에서 인용.

린 시간은 단 몇 분이라도 온갖 정성과 긴장이 들어가게 마련이다.

1963년, 마지막 학교

태일은 가난과 배고픔, 멈출 수 없는 노동으로 짜인 크로노스의 시간표를 부여받았다. 그 시간표의 짧은 생애 속에 1963년은 가장 빨리 지나갔을 것이다. 어렵게 편입했던 국민학교를 중퇴한 1960년 이래 태일은 거리에서 온갖 떠돌이 노동을 했다. 1961년 5월에 감행한 첫 가출은 1년 넘게 이어졌고 태일은 대구에 살고 있던 식구들을 다시 만나 새 삶을 시작했다. 1963년 5월, 개학 두 달이 지났을 무렵, 태일은 청옥고등공민학교에 입학한다.

해방 이후 당시까지의 취학률을 살펴보자. 일제강점기가 끝나고 해방을 맞이했을 때 억눌린 교육열이 살아나 국민학교 취학률이 두 배 증가해 64%에 달했다. 취학률은 꾸준히 늘어 한국전쟁 전에는 81.8%에 이르렀다가 전쟁으로 다소 감소한다. 1954년에는 전쟁 전 수준을 회복하고 1960년에 가서는 95.3%에 이르게 된다. 당시 가난한 부모들의 희망은 교육이었다.

하지만 취학이 졸업으로 이어지지는 못했다. 국민학교를

다 못 다니거나 국민학교만 졸업하고 진학하지 못하는 사람들이 더 많았다. 가난한 사람들은 먹고살기에 바빠 배움을 미루거나 포기하기에 분주했다. 1960~70년대가 되면 많은 여성들은 집안의 남자 형제들이 공부할 수 있도록 대도시 공장에 취직해 생계에 도움을 주는 삶을 살게 되었다. 태일은 비록 남성이었지만, 4·19혁명을 전후로 사기를 당해 가세가 기울어 실질적인 가장 노릇을 하게 되면서 어렵게 편입한 학교를 포기했던 것이다.

그래서 태일은 야간학교지만 청옥에서 다시 배울 수 있다는 사실에 고무되었다. 집에서 아버지를 도와 오후 4시 반까지 일한 뒤 학교 가는 시간이 제일 기다려졌다. 지금은 인쇄 골목에서 자동차 공구 골목으로 이어지는 뒷골목이지만 당시에는 염색 공장이 하나 있을 뿐이었던 길, 태일은 그 배추밭 길을 따라 500미터 거리에 있는 학교에 다녔다.[59] 태일은 책임감이 강하고 공부에 열심이었으며 친구들과 잘 어울렸다. 하루하루가 자신을 위해 존재하는 것 같은 뿌듯한 시간의 연속이었다. 대야를 코피로 물들이는 날들이 이어져도 태일은 잰걸음으로 학교에 갔다. 수기의 한 대목.

59 | 대구교육누리, 『대구에서 전태일을 기억하기』, 대구문화재단, 2019, 46쪽.

나는 기초 지식이 없어 영어와 수학 과목은 이해하는 데 무척 힘이 들었다. 그렇지만 다른 과목은 다 재미있고, 50분 수업 시간이 너무 짧은 것 같았다. 정말 하루하루가 나를 위해서 존재하는 것 같았다.
우리 반에서도 나는 인기 있는 학생이었다. 아무리 과거에 국민학교를 졸업하지 못하였지만 서울에서 다녔고 말을 조금 재미있게 하는 재능이 있었다. 그 당시 우리 반 실장은 낮에는 철공소에 다니고 밤에는 학교에 다니는 모범학생이었다. (…) 부실장은 김예옥이라는 예쁘게 생긴 여학생으로서 반에서는 1, 2등을 다투는 수재였다. 나는 이 부실장이 좋았다. (…) 피나게 열심히 공부에 공부를 더한 나는 노력의 보람이 있어 우리 반 실장이던 박천수가 학교에 못 다니게 되자, 담임선생님인 손 선생님께서 나에게 실장의 임무를 주셨다.
하루 일과가 마치 기계처럼 꽉 짜여서 조금이라도 쉴 시간이 없었다. 아침 6시에 기상하면 같은 반 학생인 재철이네 집에 원섭이와 셋이 모여서 아령을 들고 역기를 들고 앞산 비행장까지 마라톤 연습을 했다. 앞산까지 뛰어갔다가 우리 집까지 오면 식사를 하고, 그때부터 아버지께서 하시는 재봉 일을 도와가면서 벽에 써 붙여 둔 영어 단어를 외우다가 손끝이 다리미에 닿으면 깜짝깜짝 놀라는 일이 한두 번이 아니었다. (…) 오후 4시 반까지 일을 계속하고 학교에 가면 그때가 하루 일과 중 제일 즐거운 시간이었다. (…) 2학기 접어들어서는 한 달 가량은 어떻게 허둥거렸는지 아침마다 세수할 때는 코피로 세숫대야를 벌겋게 물들였다.

그해 가을 고등공민학교 연합 체육대회는 경북대 사범대 운동장에서 열렸다. 태일은 마라톤과 배구에 참가했다. 그날의 일기에서 우리는 그의 행복과 불안을 동시에 느낄 수 있다.

아홉 번째 서브까지 성공시키고 게임이 끝났습니다. 시합장엔 요란한 박수갈채와 승리의 개가가 퍼지고 나는 일약 오늘 이 게임에서 마스코트가 되었습니다.

맑은 가을 하늘은 구름 한 점 없이 깊었으며, 그늘과 그늘로 옮겨 다니면서 자라 온 나는 한없는 행복감과 인간만이 누릴 수 있는 특권인 서로간의 기쁨과 사랑을 마음껏 음미할 때 내일이 존재한다는 것이 얼마나 즐거운 일이며 내가 살아 있는 인간임을 어렴풋이나마 진심으로 조물주에게 감사했습니다. (…)

점심시간에는 나는 학교 주최 측에서 제공하는 식당에서 다른 선수들과 나란히 자리를 같이하면서 남녀 선수들과 같이 즐거운 대화를 나눌 때 문득 내가 아직도 서울에서 방황하고 있었으면 어떻게 되었겠나를 생각할 때 가슴이 뭉클하면서 (…) 어떻게든지 공부를 끝까지 해서 지금도 서울에서 고생하고 있는 친구들을, 그리고 거리에서 허기진 배를 움켜쥐고 5원의 동정을 받고 양심까지도 다 내어보여야 하는 언제든지 밑지는 생명을 연장하려고 애쓰는 불쌍한 사람들을 위해 일하리라고 막연하게 생각을 했었다.[60]

하지만 '청옥의 시간'도 길지는 못했다. 그해 말, 설 대목을 앞두고 재봉 일이 밀리던 날, 아버지는 등교 중지령을 내린다. 태일은 아버지에게 귀한 노동력이었다. 하지만 태일은 멈출 수 없었다. "학업에 반미치광이가 되다시피 한 나에게, 어떻게 학업을 중단하라고 하시는지 정말 애가 타고 불안하기만 합니다. 내 나이 열여섯 살에 중1인데 지금 또 중단하면 나는 영영 배움의 길이 막히는 것입니다"라고 수기에 썼다.

60 | 조영래, 『전태일 평전』, 돌베개, 2001(2차 개정판), 53~56쪽.

1963년 말, 살얼음이 잡힐 무렵에 태일은 고학[61]을 하려고 두 번째로 가출한다. 배움의 시간을 빼앗기지 않으려는 사투를 벌인다. 아버지가 만든 모직 잠바 여덟 벌을 챙겨 동생 태삼이랑 길을 나섰지만 돈을 벌며 공부하기는 사실 불가능했다. 첫날 새벽 용산역 광장에 내려 '얄팍하게 무거운 불안'을 느끼며 시작한 가출은 오래 갈 수 없었다. 둘째 날 밤늦게까지 남은 신문을 팔다가 다다른 서울역에는 함박눈이 내렸고, 부모 손을 잡고 역에서 나오는 아이들의 따뜻한 모습을 보면서 동생은 추위와 피로, 외로움에 주저앉았다. 태일이도 더 버틸 수가 없었다.

며칠 만에 돌아온 태일에게 아버지는 쌍욕과 발길질을 퍼부었다. "장관, 국회의원도 돈 가지고 하는 것이고 나중에 돈만 있으면 공부는 얼마든지 할 수 있다"고 소리치고 "지랄용천하지 말고 나가"라며 저주를 퍼부었다. 태일은 뭇매에 이어 아버지의 억센 주먹에 왼쪽 귓방망이를 맞고 나가 떨어졌다. 태일의 '배움의 시계'는 이렇게 다시 멈추었다. 남대문국민학교 4학년 중퇴, 청옥고등공민학교 1학년 중퇴. 태일의 공식 학력은 '중퇴'의 누적으로 끝나게 된다.

61 | 苦學. 학비를 스스로 벌어가며 공부함.

그에게 1963년은 단 몇 시간의 즐거운 만남처럼 흘러갔을 것이다. 아버지의 호통과 저주에 태일은 대구 앞산처럼 버티다가 결국 울음을 삼키는데, 그때 그의 마음은 어땠을까? 갈라진 저수지 바닥처럼 배움에 목말랐던 태일의 행복한 야간 학교 청옥과, 그 귀한 수업 한 시간 한 시간, 깨알 같던 우정, 학교를 그만두고 우연히 먼발치에서 스쳐가던 친구들의 모습을 보며 느꼈을 태일의 절망을 생각하면, 몸 한 구석이 아득해져 온다.

이야기꾼의 새로운 공부

1967년 2월, 재단사가 될 무렵까지 태일은 기술을 배워 돈을 벌고, 대학에 가고 싶었다. 태일은 밥 먹을 돈으로 방송통신 강의록을 사는 등, 입시를 꿈꾸었다. 하지만 그 꿈은 생활의 무게로 인해 바위에 부서지는 파도 거품처럼 스러진다. 그럼 이제 태일의 공부는 끝난 것일까? 아니다.

재단사의 일상과 평화시장의 열악한 상황은 태일을 '삶의 문제집'으로 이끌었다. 역설적으로 태일의 공부는 학교에 못 다니게 되면서부터 시작되었다. 사람이 살아 있는 한 삶의 문제는 끊임없는 파도처럼 달려들기 때문이다. 번듯한 교실은 아닐지라도 삶의 곳곳에서 인간은 배우고 성장하거나,

상황에 투항한다.

태일은 학교에 못 다녀도 인간과 세상을 배우려는 마음과 태도를 잃지 않았다. 에너지 많고 유쾌한 청년은 '삶의 당면한 문제'를 해결하는 치열한 과정 속에서 책 읽고 글쓰기를 게을리하지 않았다. 누이동생 순옥은 오빠를 따뜻하고 재치 있는 사람으로 기억한다. 어린 시절 방에 조르르 앉아 이불에 다리를 넣고 오빠가 해 주는 이야기를 자주 들었다고 한다. 태일은 그날 읽은 소설이나 재미난 이야기를 동생들에게 들려주는, 조선시대 전기수傳奇叟[62] 같은 사람이었다. 이야기할 때에는 우스꽝스러운 흉내도 빼놓지 않았다. 태일의 집에는 러시아 소설책, 카네기 전집 등 책이 제법 있었고 그건 주로 태일이 읽는 책들이었다고 순옥은 회상하였다.[63]

태일은 자기가 배운 것을 동생들과 친구들, 어머니한테 이야기로 풀어 놓아 끊임없이 의미를 나누고 확장해 나갔다. 끊임없는 '이야기', 그것은 태일이 살며 공부해 나가는 큰 힘이었다. 태일은 아무리 늦게 퇴근해도, 낮에 일할 때 있었던 일을 어머니에게 시시콜콜 이야기하곤 했다. 평화시장에 다

62 | 조선 후기 소설을 읽어 주던 낭독가.

63 | 2019년 2월, 대구 대명동 한울림 소극장, 전태일 토크 콘서트에서.

닌 후로는 주로 힘들게 일하는 여공들 이야기였다.

태일의 마음은 이제 고된 노동의 나날 속에 다른 각도로 눈을 돌리게 된다. 그는 평화시장 여성 노동자들의 열악한 환경, 불합리한 임금 결정 구조, 엉망인 건강, 폭력적 관행, 지켜지지 않는 근로기준법에 '마음을 쓰기' 시작한다. 근로기준법 책을 파고들며 현실과의 괴리를 극복하기 시작한 진짜 공부가 시작된 것이다.

이왕 하게 된 공부를 열심히 하자거나 공부를 해서 유리해지자는 게 아니었다. "주위의 상황과 어려움에 대해 잘 살피고 그 상황과 어려움의 과거와 미래에 대해서도 관심을 갖는"[64] 마음을 작동시킨 것이다. 태일은 삶과 밀착한 공부를 시작한다. 그 공부는 점수 경쟁의 승자가 되어 나만 좋은 대학에 가기만 하면 되는, 책상에 코 박은 좁은 시야의 공부가 아니었다.

오히려 인간은 사회 전체의 일부임을, 서로 나누며 살아야 하는 관계성의 존재임을 확인하는 '확장'의 공부였다. 빚을 내어 근로기준법 책을 사서 닳도록 공부한 태일의 목표는 '사법 고시 패스'가 아니라 '근로 조건 개선'이라는 공익을

64 | 노태맹, 「열정과 엄숙의 시대」, 『영남일보』 칼럼, 2019. 6. 7.

향해 가고 있었다.

학교, 사실상 사교육의 현장

나는 2016년 가을의 학부모 총회를 떠올린다. 국가의 공적 재산과 권력을 사유화해 국민의 삶을 농락하던 자들의 몰락이 시작되던 시기였다. 총회의 발언 절반은 자녀가 즐겁게 다닐 수 있어서 좋다는 말들이었지만 나머지 절반은 자녀의 똑똑함을 자랑하거나 자식에게 유리한 민원을 제기하는 것으로 채워졌다.

한 부모는 어서 우리 학교도 이웃 학교처럼 서울대 합격 현수막을 걸어야 평판이 좋아진다는 말로 포문을 열었고, 다른 부모는 우열반 편성이 정말 안 되는 것인지 하소연했다. 이어서 한 교사는 술 대접받은 이야기를 소개했다. 늘 1등을 놓치지 않던 지인의 자녀가 서울대를 나와 외무고시에 합격했다는 것이다. "기분 좋으면서도 부러운" 자리였다고, 교육의 목표는 그런 것 아니겠느냐면서 웃으며 말했다. 나는 거기에 어떤 사회적 가치가 있냐고 반론했다. 국정 농단의 주역 김기춘, 우병우의 학벌을 들면서, 그 자녀가 어떤 삶을 사는가가 중요한 것 아니겠냐고 말했다. 총회는 어수선하고 애매한 분위기에서 마무리되었다.

학벌은 형식이다. 소위 유리한 가방끈을 멘 사람들이 사회 요직을 차지하고 국정을 농단하고 권력과 이윤을 독점하다가 일부 몰락하는 것을 우리는 눈 뜨고 보았다. 또한 유리한 인적·물적 네트워크와 경제·사회·문화적 자본을 누리며 입시 고지를 차지하고, 자녀를 불법적으로 좋은 일자리에 취직시키는 부조리를 우리는 현재도 목격하고 있다.

설거지도, 노래도 끝났다. 널어 둔 빨래는 햇볕과 바람이 열심히 말릴 것이다. 우리는 자연의 맹렬한 노동에 기대어 산다. 당신의 맹렬한 공부는 어떤 조건과 환경에서 전진하고 있는가. 주어진 크로노스 속에 수행하는 기계적인 노동인가, 공부의 터전과 구조까지 염두에 둔 당신의 카이로스인가. 공부를 '하고' 있는가, 아니면 입시와 취업 공부를 '당하고' 있는가. 당신은 세상의 어느 각도까지 쳐다보고, 사유하고, 의식하고, 느끼면서 공부하는가. 지금 마음의 화살촉은 어디를 향하고 있는가.

도서관마저 낭비로 여기게 한 지난 시절, 내가 다니던 고등학교의 분위기를 기억한다. 문제집 외에는 책상 위에 꺼낼 때 용기가 필요했다. 구조적으로 시야의 각도를 좁게 만들고, 들어오는 모든 교사들이 몇몇 대학 합격 수기를 읊고 줄기차게 전교 석차를 붓글씨로 전시하던 복도에서 그 너머를 생각하긴 어려웠다. 아무리 '정석'과 문제집을 후벼 파도 공허했고 사이사이 미친 듯이 축구로 땀을 흘렸다. 세상이 궁금했지만 어떤 연결 고리도, 뇌 주름 사이에 들어와 박히는 낱말도 없었다. 오직, 대학 가면, 좋은 대학 가면, 가면… 나는 책상에 코를 박고 졸다가 '교련'한테 머리를 쥐어박히기 일쑤였다. 머리를 싸매고 욕도 못 하고 올려다보면 '교련'의 우람한 덩치가 무표정하게 내려다보고 있었다. 우연히 만난 몇 권의 책과 친구가 길을 함께 걸어 주었다.

교육은 주저앉히는 게 아니라, 뭔가 하고 싶어지는, 세상의 고통에 '마음을 쓰는 마음'을 만드는 것이라고 오랜 세월을 돌아 믿고 말하는 사람이 되었지만, 내가 일하는 학교는 여전히 세상과 차단된 진공 상태에서 각박한 지위 경쟁의 플랫폼으로 기능할 뿐이다. 문제 풀이의 자장에서 겨우 몇 발자국 벗어나지 못했는데 뒤바뀐 교육 정책과 정시 확대로 다시 '닥치고 문제집' 분위기로 돌아갈 것이 우려스럽다. 시민들의 저항으로 사라진 일제고사가 다양한 형태의 획일적 진단 평가로 학력 측정 열풍을 불어올 것도 걱정된다.

이십여 년이 지나도 해결되지 않는 갈증을 느끼며 함께 태일의 짧았던 행복과 공부 길을 살펴보았다. 당신은 지금

이 순간, 어떤 낱말을 가슴에 품고 삶의 어느 길모퉁이에서 이 대목을 읽고 있는가, 어떤 마음을 쓰면서 삶의 문제들과 맞서고 있는지, 자못 궁금하다.

| 자료 5 | 행복의 공공성

유엔의 「2019 세계 행복 보고서」[65]에서 한국은 156개국 중 54위를 차지했다. 전년보다 3위 올랐고 5년간 50위권을 맴돌고 있다. 하지만 이것은 평균의 관점이다. 한국은 기대수명 9위, 국민소득 27위를 기록했지만, 사회적 지원이 91위, 부정부패 100위, 사회적 자유는 144위였다. 이는 우리 사회가 어떤 가치를 중시해 왔는지 보여준다. "어떻게든 경쟁에 이겨 돈 많고 오래 살면 장땡"이라는 각자도생의 현주소다.

순위가 낮은 항목을 차례로 설명하면, "어려움에 처했을 때 도와줄 관계, 안전망이 부족하다. 학연과 지연, 혈연 등의 사회 문화적 자본으로 불공정하게 사회가 돌아간다. 무엇을 선택할 때 가로막는 강제적이고 권위적인 사회 분위기에 짓눌려 산다." 거기에 순위가 높은 항목 또한 "계층에 따른 의료의 격차로 인한 수명의 양극화, 빈약한 시혜적 복지, 부의 양극화를 견디며 살고 있다"는 것

65 | 2012년부터 SDSN(유엔 산하 자문기구인 지속가능발전 해법 네트워크)에서 해온 조사로, 2019년 행복 지수는 2016~2018년 사이의 삶을 조사하여 산출한 것이다.

을 보여준다.

이 보고서의 행간에서 우리는 “대한민국 어디에 살든 튼튼한 사회 안전망 속에 집, 의료, 교육 걱정 없이 지나치게 경쟁하지 않고 살고 싶다는, 이웃과 도와가며 골고루 나눠 먹고 건강하고 공정하고 평등한 관계 속에서, 할 말 하며 인간답게 존중받으면서 살고 싶다는 요구”를 읽을 수 있다.

한편, ‘하루하루 경험하는 긍정적 정서’를 측정하는 항목에서 한국인들은 ‘웃는 일’이 101등이었다. 우리는 ‘여유로운 웃음’을 웃을 일이 하루하루에 얼마나 되는지 생각해 보게 된다. 보고서에서는 일인당 소득이나 기대수명은 하루하루 겪는 웃을 만한 긍정적 정서에 영향을 거의 미치지 못한다고 말한다. 오히려 일상의 웃음에는 사회적 지원, 자유, 관용이 영향을 미친다고 분석했다.

이주 _ 두 청년 이주 노동자의 삶

2019년 8월 17일 토요일 밤, 아이들과 '성서공단노동조합(이하 STU) 이주 노동자 문화 교실 수료 발표회'에 다녀왔다. 박수 치는 이웃 1, 2, 3으로 참여한 것이다. 네팔, 베트남 남성들이 기타 치며 노래를 불렀다. 탁구 동아리는 평소 탁구 치던 영상을 보여줬다. 한국어 교실의 두 베트남 여성은 한국어를 배워 쓴 글을 또박또박 낭독[66]하였다. 뜨개질 공방에서는 수세미, 가방 등 만든 물건들을 전시했다. 특히 자신의 회사 생활을 카메라에 담은 네팔 사람 카르티 라이의 시선은 날카로웠다.

66 | "한국의 산업 현실에는 노동 인력은 필요하지만 고령화 사회 때문에 그만큼 노동력은 많이 필요하다. 그래서 이주 노동자를 채용한다. 한국의 다양한 이주 노동자가 돈을 벌 기회를 가졌다. 이주 노동자는 한국에서 살다 보면 어려운 생활을 겪고, 특히 언어 장벽은 큰 문제라고 여긴다. 그러므로 의사소통, 문화, 병원 등등 필요한 때 전달하고 싶은 때 못 하는 경우가 많다. 특히 노동자들은 노동법을 잘 아는 것이 필요하고 한국 사회의 법도 아는 것이 필요하다. 한국의 사회생활을 잘하고 싶다면 한국어를 배워야 된다고 본다. 한국어가 통해야 일, 생활, 병원, 사회 문제를 해결해 갈 수 있다. 한국어를 배우러 가고 싶은 이주 노동자들은 이주노동조합에서 무료로 공부할 수 있기도 하고 다양한 교류 문화 교육을 할 수도 있다. 그러므로 한국에 살고 있는 이주 노동자들은 이주 노동자들의 권리를 보장받기 위해서 이주노동조합에 가입하는 거나 문제 생기면 상담 받으러 가세요."

이 행사는, 고된 노동의 시간을 뚫고 만들어 낸 '인간의 시간'이었다. 평화시장에서 1966년에 일을 시작한 신순애는 1975년에 청계노조 노동 교실 문을 두드린 후 "노동 교실 수업이 재미도 있었거니와, 나는 새로 태어난 사람처럼 즐거웠고 매일 노동 교실에 가지 않으면 왠지 허전하였다"고 회상한다.

STU 이주 노동자 문화 교실이 문전성시를 이루고 있는 것은 아니다. 장시간 노동으로 주말에도 짬 내기 힘들어 지속적인 참여율이 떨어진다. 그런 상황에서 치러 낸 수료식은 조촐하지만 큰 감동을 주었다. 사회를 본 노조 부위원장 빌구룽의 마지막 구호는 "스탑 크랙다운(멈춰라 강제 추방)! 위 아 레이버(우리는 노동자다)!"였다.

그뿐이겠는가. 고용 허가제에서 노동 허가제로, 갈 길이 멀다. 고용 허가제를 폐지한다는 것은 단순한 제도의 변화가 아니다. 사람을 바라보는 시선과 문화의 근본 변화이다. 그 길은 이주 노동자가 '불법 체류자'에서 '미등록 근로자'를 지나 당당한 '노동자이자 인간'으로 존중받는 먼 길이다. 죽고 다치고 추방되는 소모품이 아닌 인간이 되는 먼 길을 이 땅의 이주 노동자들은 걷고 있다. 이 와중에 20대 자유한국당 국회의원들은 여러 건의 '최저임금 법률안 개정안'을 발의해 외국인 근로자에 대한 임금 삭감안을 제시하였다. 농축산업자, 영세 상공인들의 경영 악화를 배려한다는 명분이지만, 위에서부터 나누지 않고 아래서부터 깎으려는 우악스러운 세상의 살풍경이다. 이주 노동자에게는 투표권이 없기 때문이다.

그렇다고 늘 우거지상일 순 없다. 문화 교실은 웃음으로 떠들썩했다. 이날 네팔 사람 민우도 왔다. 그의 본명은 비노드 구릉이다. 일하던 회사에서 편하게 아무 한국 이름을 붙여 주고 불렀다고 한다. (STU 김희정 위원장에 따르면 그런 회사들이 종종 있다고 한다. 본명으로 임금 체불 진정을 넣으면 그 가명으로 발뺌하는 업주까지 있다고 한다.) 그는 아시아마트에서 뒤풀이 맥주와 안주를 박스에 담아 왔다. 민우의 짙은 눈썹을 다시 만난 것은 그로부터 두 달 후였다.

2019년 10월 6일 일요일. 대구 성서고등학교 시청각실에서 영화 〈안녕, 미누〉 공동체 상영 행사가 열렸다. '지역 주민과 노동자의 기본권 실현을 위해 함께 행동하는 성서공대위'에서 준비한 상영회. 일요일에야 시간을 낼 수 있는 이주 노동자들의 형편을 감안해 날을 잡았지만, 네팔 추석 명절이라 많이 오지는 못했다. STU 정주 활동가들과 스리랑카 차민다를 비롯해 네팔의 민우와 잭, 시리, 빌 구릉, 사루수먼 등 여러 사람이 와서 함께 영화를 보았다.

눈썹 짙은 민우는 영화 상영 후에 무대에 올라 소감을 이야기하다 그만 울먹이고 말았다. 영화를 두 번째 보는데도 눈물을 멈출 수 없다고 했다. '우리 미누 형'이라고 이야기하는 얼굴에 슬픔이 고였다. 민우와 사루수먼은 네팔 민요 〈레쌈삐리리〉를 불렀다. 영화가 끝나고 나오는 입구에서 민우한테 고맙다는 네팔 말 "던에바드!"를 배워 따라하며 두 손을 잡고 인사를 나누었다. 이제 영화의 주인공 미누 이야기다.

미누 삶의 절반, 한국

네팔 이주 노동자 미누의 본명은 미노드 목탄. 한국 나이로 스물한 살이 되던 1992년 2월 22일, 15일짜리 비자를 받아 한국에 왔다. 그에게 한국은 88올림픽을 개최할 정도로 번영한 나라였다. 그의 아버지는 서울에 남산 타워를 개관했다는 신문 기사를 보며 한국을 부러워했다. 미누는 성실하고 낙천적인 사람으로, 2년만 돈 벌고 돌아갈 생각이었다.

의정부에 있는 식당에서 일을 시작해, 가스 밸브 공장, 김치 공장에서 일했고, 친구의 소개로 앨범 공장에서 1년, 동대문을 비롯해 봉제 공장에서 8~9년 일했다. 식당에서 함께 일하던 아주머니가 한국말을 잘하고 성실한 미노드 목탄에게 가장 발음이 가까운 한국식 이름을 지어준 게 바로 '미누(민우)'였다.

앨범 공장에서는 본드 냄새를 실컷 맡았다. 봉제 공장에서 오래 '재단 보조'로 일하다가 재단사도 되고 작은 공장을 운영하기도 했다. 고된 날들이었다. 하루 종일 일하는 것도, 그 많은 먼지를 마셔 가며 일하는 것도 참 힘들었다.

> 일도 힘들지만요. 기계가 빠를수록 손놀림도 빨라지고요. 그 다음에 노동자들의 하루 물량이 얼마 나와야 된다 이런 것들을 계산해야 하기 때문에, 물량을 맞추려고 손발이 빨라지고 기계 속도에 따라 사람이 기계처럼 움직입니다. 그리고 제일 안타까운 게 서로 대화가 없는 거예요. 옆에 바로 있는데도 말없이 일만 하는 거. 원단에서 먼지가 엄청납니다. 재단하면서 먼지 나고 눈꺼풀 먼지로 쌓이고, 그러면서도 털지 않고 계속 아침 9시부터 저녁, 새벽 한 시, 두 시, 세 시, 네 시까지 정말 안타까운 게 저는 그래도 혼자니까 새벽까지 일하고 방에 가서 씻고 자고 또 공장에 가서 일하지만, 아주머니들이 특히 여성 노동자들이 정말 힘들게 … 가족 생각이요? (울먹이다가)…[67]

67 | 미누의 강연, 마이그런츠 자원 활동가 교육(2008. 4. 5. 국립중앙박물관 소강당)에서.

나는 전태일이 1967년 가을 어느 날 쓴 일기를 자연스럽게 떠올린다.

어지럽게 들려오는 쇠 금속 소리.

짜증석인 미싱사들의 언성. 무엇이 현재의 실잰지를 분간 못하면서 그 속에서 나도 부지런히 그들과 같이 해나갔다. 무의미하게. 내가 아는 방법대로. 지금 내가 하고 있는 일 이외에는 무아지경이다. 아니 내가 하고 있는 일 자체도 순서대로 지금 이 순간에 알아야 될 행동만이 질서정연하게 자동적으로 행하여지고 있는 것이다. 실재의 나는 일의 방관자나 다름없다. 내 육신이 일을 하고 누가 시키는 것이 아니라 이때까지의 영감과 이 소란스러운 분위기가 몇 인치, 몇 푼을 가르키는 것이다. 다 긋고나면 나라시가 되고, 다 되면 또 재단기계를 잡고, 그은 금대로 짜르는 것이다. 누가 짤라을까? 이렇게 생각이 갈 때에는 역시 내가 짤랐다. 왜 이렇게 의욕이 없는 일을 하고 있는지 나 자신도 모르겠다. 그러나 어렴풋이 생각이 확실해질 때는 퇴근시간이 다 될 때이다. 세면을 하고, 외출복으로 바꿔입고, 인사를 하고, 집으로 오면, 밥상이 기다리고 있다. 밥을 먹고 몇 마디 지껄이다가 두러누우면 그걸로 하루가 끝나는 거다. 무시무시

한 가을의 고독은 또 나를 아는체 미소해 오는구나. 언제나 나는 너 가을에게 굴복을 했다. 제발 나를 아는체 하지 말아 다오. 나는 있는 사력을 다해 너를 기피했건만 너는 너무 잔인하게 미소해 오는구나.[68]

달라진 노래, 달라진 시선

2003년에서 2004년으로 넘어오면서 미누는 한 순간에 '불법 체류자'가 되어 버렸다. 고용 허가제가 도입되면서 한국에 온 지 4년이 안 된 노동자들에게만 수 개월에서 2년 정도까지 비자가 발급되었고, 그보다 오래된 사람들은 한국을 떠나야 했다. 2003년 말, 열흘 만에 1,233명을 연행하고, 606명을 추방했다. 미누는 한순간에 사람을 몰아내는 이 제도를 받아들일 수 없었다. 성공회 성당에 모인 사람들과 추운 겨울 강제 추방에 반대하는 농성에 참여했다.

'금지된 존재'가 되면서부터 미누는 이주 노동자의 '권리'에 눈을 떴다. 필요할 땐 '미등록 상황'을 묵인하고 써먹던 사람들을 한국 정부는 '불법 체류'로 낙인찍어 추방하려 했다. 이주 노동자들의 자살이 줄을 이었다. 그 영정 사진들을

68 | 전태일, 『내 죽음을 헛되이 말라』, 돌베개, 1995, 112~113쪽.

보며 미누의 눈 또한 달라졌다. 생계를 위해 살며 케이팝을 즐겨 부르던 미누는 이주 노동자의 권리를 외치며 싸우게 된다. 그는 다문화 강사, 밴드 '스탑크랙다운'의 보컬, 문화 프로그램 기획자, 노동운동가로 살았다.

2009년 10월 법무부는 집 앞에 잠복하는 표적 단속으로 미누를 체포해 화성 외국인 보호소에 수감했다. 미누는 집행정지처분을 신청했지만 법무부는 법원의 판단도 기다리지 않고 보름 만에 그를 추방해 버렸다.

'법질서 확립'이라는 법무부 용어와는 어떤 토론도 불가능하다. 미누의 존재는 불법이었다. 그는 보호소 상담실에서 "말기 암 환자가 사형선고를 받은 듯한 기분이다. 내가 한국에서 살 가치조차 없는 사람인지, 18년이란 시간이 헛된 것이었는지 한국 사람들에게 묻고 싶다"는 말을 남기고 떠났다.

에베레스트보다 높은 블랙리스트

우리는 여전히 블랙리스트 사회에 산다. 재단사 전태일이 업주들의 블랙리스트에 올라 발붙일 곳 없어졌던 1960년대의 평화시장, 박근혜 정권 시절 문화관광부에서 광범위한 문화계 블랙리스트를 작성해 문화의 숨통을 틀어막던 일, 국정 농단과 발맞춰 재판 결과를 거래해 사법 농단을 저지른 양승

태의 법원행정처에서 판사들의 성향을 분류해 작성한 블랙리스트, 삼성에서 노동조합을 만들려고 애쓰는 노동자들을 감시하며 작성한 '문제 인력 프로필'과 직원들의 연말정산 서류를 불법 사찰해 특별 관리한 '불온 진보 단체 후원 직원 명단' 등 한국 사회의 성숙과 다양성을 좀먹는 블랙리스트는 말 잘 듣는 화이트리스트와 짝을 이루어 엄연히 존재해 왔다. 그러다 보니 우리는 블랙리스트에 오르지 않으려고 "모난 돌이 정 맞는다"는 속담을 금과옥조로 여기며 살고 있다.

미누가 법보다 더 강한 블랙리스트의 피해자라는 것을 그의 삶을 보면 알 수 있다. 고용 허가제는 미누 삶의 터닝 포인트였다. 한때 외국인 노래자랑 대상까지 받았던 그는 미얀마, 한국 친구와 함께 밴드 '스탑크랙다운'을 만들어 활발하게 활동한다. 전태일이 패션을 소홀히 하지 않았듯, 미누도 그에 못지않았다. 공연 때는 청바지와 깔끔한 수트에 와이셔츠 깃을 세우고 손가락 부분을 잘라 낸 빨간 바닥 목장갑을 끼고 마이크를 잡았다. 손가락이 잘려 가며 일하는 노동자들의 열악한 상황을 뜻하는 퍼포먼스였다.

이후 미누는 이주 노동자의 방송 MWTV 네팔어 앵커와 방송국 대표를 맡아 활동한다. 이주 노동자들을 한국 사회에 문화적으로 어떻게 연결할지 고민하며 활동을 기획했다. 여러 집회에서 이주 노동자의 인권뿐 아니라 한국의 여러 노동 문제에도 연대해 발언하고 노래했다. 미누는 이주 노동자의 권리가 보장되지 않으면 한국 노동자들의 권리도 보장될 수 없다고 말하곤 했다. 이명박 정부 초기, 미누의 이런 활동은 오히려 추방의 근거가 되었다. 법무부는 불법 체류자가 반정부 촛불집회에 가담했다는 이유도 제시했다. 밴드에서 함께 기타를 치던 미얀마 출신 소모뚜는 "월급 못 받는 사람들을 위해 〈월급날〉이라는 노래를 부른 게 반정부인가요? 그럼 월급 안 주는 사업주를 그냥 두는 게 이 정부의 시책이에요?" 라며 서글서글한 눈망울로 되물었다.

미누는 네팔에서도 열심히 살았다. 한국어 교실, 사회적 기업에서 일하며 침체된 고향에 활력을 불어넣으려 했다. 한국어 교실에서 그는 후배들에게 한국 이야기를 정성껏 들려주었다. 좋은 선배요 교사였다. 한국행을 앞둔 후배들에게 '빨리빨리' 일해야 하는 한국에서, 힘들 때 사탕을 깨물지 말고 입 속에 굴려 먹으라고 다정하게 말하던 사람.

그는 사회적 기업 '트립티'의 대표로 네팔 주재 한국 대사관에서 비자를 발급받아 8년 만에 한국에 왔다. 2017년 4월, 한국 사회적 기업의 초대로 '서울 국제 핸드메이드 페어'에 인형을 출품하러 온 것이다. 하지만 한국 법무부는 입국을 불허하고 인천공항에서 미누를 다시 추방했다. 한국 외교부가 허락했지만 법무부는 직원의 실수였다며 입국을 불허했다. 새벽 6시에 인천공항에 도착한 미누는 오후 1시 비행기로 네팔로 돌아갔다. 두 번째 추방. 하지만 법에는 강제 출국 이후 재입국 금지 기간이 5년으로 명시되어 있다. 미누는 강제 출국된 지 이미 8년이 지나 있었다. 블랙리스트에 오른 사람에게는 법마저 지켜지지 않았다.

이듬해인 2018년 9월 미누는 경기도 영화제 사무국의 요청으로 DMZ 국제다큐영화제 개막작 〈안녕, 미누〉의 주인공으로 초대되어 2박 3일의 체류 허가를 받는다. 짧은 한국행을 마치고 돌아간 그 다음 달인 10월 15일, 그가 심근경색으로 쓰러져 돌연 사망했다는 소식이 한국의 친구들에게 전해졌다.

'목포의 눈물'과 '맨발의 청춘'

미누는 노래를 좋아했다. 식당에서 함께 일하던 목포 아주머니가 〈목포의 눈물〉을 가르쳐 주었다. 목포와 네팔 이주 노동자는 그 노래를 부르며 함께 각자의 고향을 그리워했다. 미누는 한국인도 소화하기 힘든 〈목포의 눈물〉을 구성지게 불렀다. 나는 영상 속에서 나룻배를 타고 부르는 미누의 〈목포의 눈물〉을 다시 듣는다. 그리고 이어 전태일이 좋아했던 〈맨발의 청춘〉을 듣는다. 전태일은 1964년 발표된 후 당시 유행하던 〈맨발의 청춘〉을 좋아했다. 일기를 쓰다가 사이사이에 가사를 적어 넣었다.

> 눈물도 한숨도 나 혼자 씹어 삼키며
> 밤거리의 뒷골목을 누비고 다녀도
> 사랑만은 단 하나에 목숨을 걸었다
> 거리의 자식이라 욕하지 말라
> 그대를 태양처럼 우러러보는
> 사나이 이 가슴을 알아줄 날 있으리라 …

태일은 자신의 고단한 삶이 오버랩되는 이 가사들이 마음에 와 닿았을 것이다. 밤거리에서 꽁초를 주워 말아 팔던 일, 서울역에서 수레 뒤밀이를 하며 흠뻑 땀에 젖어 동대문까지 달리던 일, 비 오는 날 우산을 팔다가 당구장에서 한 손님한테 물건이 엉망인데 비싸다며 '거지' 취급받던 일들이 주마등처럼 스쳐갔을 것이다. 태일은 이 노래가 좋았다.

모범 업체 '태일피복'의 설립 계획서를 꼼꼼하게 적어 내려가다가, 잠시 연필을 놓고 쉬다가, 자신이 열심히 해 온 일들이 평화시장에서 무시된 일들이 떠오를 때, 앞으로 싸울 일들이 막막할 때, 태일은 빼곡한 노트의 빈 곳에다 〈맨발의 청춘〉 가사를 적었다. 우리가 한참 공부하다가 못 견디게 지겹거나 힘들 때 연필을 던지거나 마구 낙서를 하듯 그는 좋아하는 유행가 가사를 적었던 것이다. 어쩌면 목이 터지도록 몇 소절 불렀을 수도 있다.

서울 남대문 일대, 부산과 대구에서 고생하다가 다시 청계천 평화시장으로 온 '청년 이주 노동자 전태일'. 혼자 기술을 배워 고급 기술자로 가족을 건사하며 살 수 있었지만, 태일의 마음은 자신과 가족의 울타리에 머물지 않고, 어느새 사회화되어 함께 일하던 여공들의 고통에 닿았다. 시다, 미싱 보조, 미싱사, 재단 보조, 재단사를 거치면서 그는 평화시장의 노동 조건을 '근로기준법'대로 하자는 온건한 목표를 내세워 싸웠다. 하지만 당시에 그것은 대단히 불온한 요구였다.

태일은 그 목표를 향해 사람들을 모으고 온갖 방법으로 호소했지만 평화시장은 그를 블랙리스트에 올려 강제 추방했다. 그리고 1년 후에 돌아와 다시 사람들을 모아 여러 차례 모든 계기를 만들어 '투쟁'하다가 이 세상에서 추방되었다. 친구들에게 남긴 유서 형식의 편지에서, 그는 이후의 세계에서 또 다시 추방당할지라도 인간이 되는 바퀴 굴리기를 포기하지 않겠다는 다짐을 써 두었다.

미누의 두 차례 강제 추방과 갑작스런 죽음을 생각한다. 마지막 순간 그의 의식 속에는 어떤 기억들이 지나갔을까. 스물한 살 젊은 날부터 그가 세차게 숨 쉬며 일했던 앨범 공장의 본드 냄새, 봉제 공장의 먼지들, 불법 체류자라는 낙인, 분노, 표적 단속의 압박, 강제 추방의 긴장과 모욕, 초조함. 비자가 재발급되어 왔다가 인천공항에서 다시 네팔로 돌아갈 때의 억울함이 혈관 속에서 뒤엉켜 그날 심장을 멈추게 한 것 아닐까. 다부지고 부지런한 몸, 각진 턱과 선량한 웃음, 부드러운 말투의 미누는 숱한 그리움을 남겨둔 채 히말라야를 넘어 다시 올 수 없는 먼 길을 떠났다. 나는 2019년 가을 내내 미누의 노래를 따라 부르며 그의 삶을 되새겼다. 〈안녕, 미누〉의 관람을 당신께도 권한다.

| 자료 6 | 필요와 혐오 사이, 이주 노동의 현실

"이주민과 범죄를 연관시키는 용어나 보도는 인종 혐오를 부추긴다. 사람들은 실제 벌어지는 일과 무관하게 외국인에 의한 범죄 피해가 크다고 인식하고 자신도 범죄 대상이 될 수 있다는 두려움을 느낀다. 2017년 (한국의) 이주민 환대 지수가 OECD 23개 회원국 가운데 21위를 기록한 배경에는 이런 현실이 있다. '불법 체류'라는 이름은 '내국인의 권리를 위협하는 외국인'이라는 구도를 지탱하는 버팀목이다. 그래서 유엔 인종차별철폐위원회나 (한국의) 국가인권위원회 모두 용어를 '미등록 체류'로 바꾸도록 권고한다. 법무부 역시 영어로는 'undocument(미등록)'라고 표기한다. 하지만 우리말로는, 존재 자체가 불법인 것처럼 들리는 '불법 체류'라는 이름을 고수하고 있다. 이것은 이름에 그치지 않는다."

- 미류, 인권운동사랑방 활동가

1. 이중적 시선

한국은 명백한 다문화 사회이다. 이주 노동자, 결혼 이주 여성, 이주 아동이 10년 새 2배로 증가해 242만 명에 달하는 '용광로 사회Melting Pot'이다. 취업 비자로 와서 일하는 104만 명에, 정부가 추산하는 미등록 36만 명을 합하면 이주 노동자의 규모는 2019년 기준으로 140만 명에 달한다.

이들을 보는 한국인의 시선은 이중적이다. 영세 사업주들은 이들을 절대적으로 필요로 한다. 영세 중소 제조업, 광업, 농축산업에서는 이주 노동자 없이 생산이 안 된다.

반면 이주 노동자들은 한국인의 일자리를 빼앗는 침략자라고 공격받기도 한다. 소위 '불법 체류자'들이 내국인의 건설 현장 일자리를 빼앗고 있다는 등의 이야기이다. 미등록 이주 노동자들을 난민, 범죄자 바라보듯 혐오하는 시선은 이러한 공격의 심리적 바탕을 이룬다.

분명한 것은 140만 이주 노동자들이 이미 한국 경제의 한 축을 담당하고 있다는 사실이다. 그들 없이는 돌아가지 않는 산업이 존재한다는 사실 앞에 이주 노동을 바라보는 시선 또한 바로잡혀야 한다.

2. 고용 허가제

2004년부터 한국 정부는 고용 허가제에 따라 이주 노동자의 수를 직접 관리해 왔다. 영세 제조업, 농축산어업, 건설업, 광공업 등에서 내국인을 구할 수 없어 부족한 만큼 매년 숫자를 정한다. 한국과 양해 각서를 체결한 네팔, 베트남, 인도네시아, 방글라데시, 스리랑카 등 16개국에서 노동자들이 일하러 온다. 2018년 기준으로 가장 많은 노동자를 한국으로 송출한 국가는 네팔로 8,404명이 왔다.

네팔 사람들은 한국에 오려고 한국어 능력시험을 준비한다. 카트만두에만 816개(2019년 기준)의 한국어 학원이 성업 중이다. 네 집 중 한 집꼴로 해외에 일하러 간 식구가 있는 네팔은, 월 30~40만 원을 버는 사우디아라비아, 카타르보다 월 170만 원을 벌 수 있는 한국을 선호한다. 한국어 시험에서 한두 문제 틀리면 제조업, 세 문제 틀리면 농업, 그 이상 틀리면 탈락이다. 2019년 한 해 동안 92,376명의 네팔 사람들이 한국어 시험에 원서를 접수했다.

연간 200만 원에 달하는 시험 준비 비용을 대기 위해 빚을 내는데, 시험에 실패하면 빚더미에 앉고 합격하면 2년간 성적이 유효하며 '선택'받을 자격이 생긴다. 한국 고용센터의 3배수 추천을 받아 사업주한테 뽑히면 계약을 하고 한국행을 확정한다. 네팔 센터에서 일주일간 한국어를 배우고 한국의 위계질서에 적응하는 학습을 받는다. 노조에 가입하거나 데모를 하지 말라는 조언을 듣지만, 노동 인권 교육은 받지 않는다.

고용 허가제에는 한국인의 일자리를 보호한다는 취지도 있다. 그래서 중소 제조업, 건설, 농축수산업 등 단순 노무 분야에 한정되어 있다. 내국인으로 채울 수 없는 산업의 공백을 이주 노동자들이 채우고 있는 것이다. 하지만 고용 허가제는 철저하게 고용주에게 유리한 제도이다.

고용 허가제에서, 이주 노동자들은 3년간 3회 사업장을 옮길 수 있다. 그러나 사업주의 허락이 필요하다. 허락은 쉽게 떨어지지 않는다. 임금 체불이나 성폭력 등 범죄가 발생하면 노동자 스스로 다른 업체를 알아볼 수 있지만 장시간 노동, 욕설, 업무 스트레스, 따돌림, 식사와 종교 등 문화적 차이로 인한 부적응 등의 문제로 사업장을 옮길 수는 없다. 이때, 일터는 이주 노동자에게 감옥이나 마찬가지가 된다.

임금 체불로 적발되어도, 허가가 취소된 업체는 2017~2018년 2년간 단 한 곳도 없다. 허가 업체 가운데 5%에 불과한 사업장을 점검해 대부분 시정 지시만 내리기 때문에 고용 제한, 취소율은 극히 낮다. 이런 상황에서 스스로 이주 노동자들의 권리를 챙기는 사업장은 극히 드물다.

사업주들은 "한 명을 바꿔 주면 다들 바꿔 달라 한다"며 사업장 이동을 거의 허락하지 않는다. 노동자들이 견디다 못해 사업장을 이탈하면 '미등록' 신분으로 다른 일터를 구하게 된다. 소위 '불법 체류자'를 양산하는 구조이다. 불안한 신분으로 전락한 미등록 이주 노동자들은 최저임금 이하를 받으며 노동 암시장을 전전한다.

3. 한국의 편견과 상황

한국인들은 이주 노동자들이 세금도 안 내는 우범자들이라고 흔히 말하지만 그건 '가짜 뉴스'다. 그들은 소득세를 꼬박꼬박 납부한다. 안 내던 '숙식비'까지 20~40만 원 원천징수 당한다. 거기에 최저임금을 밑도는 임금에서 건강보험료까지 낸다.

이주 노동자의 범죄율은 내국인의 범죄율보다 훨씬 낮다. 불안정한 신분 때문에 행동을 자제하기 때문이다. 이주 노동자들이 무권리 상태에서 부정적 시선을 받으며 일하는 상황에 대해 법학자 홍성수 교수는 "완전한 남이라 생각되는 이주민들이 정치적으로 공격받기도 쉽다"고 말한다.

황교안 자유한국당(현 미래통합당) 대표는 2019년 6월 "우리나라에 기여한 것 없는 외국인들에게 똑같이 임금을 주는 건 공정하지 않다"고 발언했다. 이런 분위기에서 국회에는 외국인 근로자 최저임금 차등 지급 법안들이 여러 건 발의되어 있다. 이는 국적에 따라 임금을 차별해서는 안 된다는 근로기준법과 ILO협약을 위반하는 것이다.

이근상 가톨릭 신부는 "시혜를 베풀기 위해 저 사람들한테 뭘 해 주는 게 아니고, 우리 필요에 의해 가장 힘든 일을 하고 있으니 그들을 그냥 노동자로 대접해 주면 되"는 거라고 말한다. 2019년 10월 20일, 서울 중구 청계천 파이낸스 빌딩 앞에서는 '사업장 이동의 자유, 노동 3권 보장, 고용 허가제 폐지, 노동 허가제 쟁취'를 슬로건으로 전국이주노동자대회가 열렸다. 저임금 장시간, 고강도 노동에 시달리는 이주 노동자들의 목소리가 하늘을 찔렀다. 일찍 출근, 늦은 퇴근에 대한 보상이 없다고 한다. 임금 체불에도 받을 방법이 없다고 한다. 컨테이너, 비닐하우스에서 사는데 숙식비는 터무니없이 공제된다고 한다. 지역 건강보험료를 과다 부담하고 있다고 한다. 고용주에 편향된 고용 허가제는 감옥과 같다고 한다. 욕설에 시달리고 휴식이 없다고 한다. 생산량을 과도하게 설정하고 못 하면 욕을 한다고 한다. 업주가 무섭게 해 퇴사하면 고용센터에서는 반말을 하며 사용자 편을 든다고 한다. 이주 노동자들은 외친다. "우리는 기계가 아니다!"

* 『서울신문』의 「2019 이주민 리포트 : 코리안드림의 배신」 6회 연재물을 중심으로 정리하였다.

야외 노동과 기후 _ 뜨거워지는 지구에서 일하기

전태일은 야외 노동의 달인이다. 평화시장에서 일한 시간을 빼면 소년 전태일은 4계절 고스란히 변화무쌍한 날씨 속에 일했다. 세 번째 가출로 상경해서 막내를 보육원에 맡겨 두고 거리에서 일하던 1964년, 전태일은 완연한 '날씨 노동자'였다. 앞에 소개한 '뒤밀이'를 기억하시는가. 리어카 라이더들의 뒤를 밀어주는 일. 당시의 노동 플랫폼은 스마트폰 화면의 앱이 아니라 미군 원조 물자가 쏟아지는 서울역, 사람들이 줄을 선 하역 현장이었다. 늦여름이라도 서울 야외의 새벽 5시는 꽤나 추웠을 것이다.

> 찬 이슬을 맞고 난장을 꿇리고 나면 아침 5시, 잠이 깨어 자연적으로 눈을 뜨게 된다. — 추워서, 서울역 뒤의 야채 시장 시멘트 바닥에서 지푸라기를 깔고 자고 나면, 또 하루의 배를 채우기 위하여 일거리를 찾아 나서야 한다. 직업은 있다. 뒤밀이. 이것이 직업이다. 리어카 뒤밀이. 서울역 뒤에서 동대문시장까지 리어카를 밀고 가면 30원을 받을 수 있다. 나이 열여섯의 체구에 늦여름 새벽비를 맞으면 추우련만 춥질 않다. 동대문시장까지 오면 덥다. 때에 절은 런닝샤쓰는

몸의 열기 때문에 김이 무럭무럭 난다. 막 떠오르는 태양을 받아 땀 냄새와 몸의 때 냄새가 자신의 미간조차 찌푸리게 한다. 누렇다 못해 벌겋게 보이는 이빨은 구역질이 난다. 신발은 한짝 한짝이 다른 운동화다.[69]

아침 햇살과 수레를 미는 격한 노동으로 안팎이 뜨거워지던 소년 전태일의 몸에서 올라오는 열기와 땀 냄새가 생생하게 전해진다. 전태일의 이 장면은 한국 산업화 초기인 1964년의 일이다. 여름밤부터 새벽까지 한기를 느껴야 했던 시절의 일이다.

지구의 온도는 1880년대 산업화 이후 상승과 하강을 반복하면서 전반적으로 상승 곡선을 그리기 시작했다. 산업화 이전부터 1960년대까지는 대략 0.3도 올랐고 그 이후에 가파르게 올라 산업화 전보다 1도 이상 상승했다. 우리는 전태일이 거리에서 일하던 1960년대 이후 50여 년이 지난 지금 더 빨리, 더 많이 뜨거워진 지구의 위기를 노동의 관점에서 바라보려 한다. 인간은 지구의 위기를 가속화하며 언제까지 이렇게 살 수 있을까? 지속 가능성을 두고 볼 때, 노동과 기

69 | 조영래, 『전태일 평전』 2차 개정판, 돌베개, 2001, 70쪽.

후 정의의 문제는 생존의 교차로에서 필연적으로 만난다.

국제노동기구 ILO가 발표한 「지구온난화가 노동에 미치는 영향」 보고서에 따르면, 2030년까지 전 세계 일자리 8천만 개가 감소하고, 한국에서는 농업·건설업 등에 종사하는 '야외 노동자'를 중심으로 2만1천 명 정도가 일자리를 잃을 것이라 한다. 이 예측이 단지 일자리가 많이 사라지는 데 그치지는 않을 것이다. 기후 위기는 일할 수 있는 생존의 기반을 흔들며 성큼, 코앞으로 다가와 있다.

기후 정의 행동의 배경

산업화 이후 근대 자본주의의 열매를 맘껏 누린 식민지 경영 국가들, 소위 선진 경제 대국들은 탄소를 마음껏 배출해 현재 인류가 처한 위기의 원인을 제공했다. 이 위기의 첫 피해자들은 재난 대응 인프라가 덜 갖춰진 저개발국가들과 환태평양의 섬나라들, 해안에 인접해 사는 사람들이다. 하지만 피해는 거기에 멈출 것이 아니라서 전 세계적인 위기감 속에 기후 정의 행동이 확산되고 있다.

2018년, 스웨덴의 열여섯 살 청소년 그레타 툰베리는 탄소 배출을 멈추는 획기적 실천과 삶의 방향 전환을 촉구하며 등교를 거부하고 스웨덴 의회 앞에서 1인 시위를 시작했다.

2019년 8월 중순, 태양광으로 터빈을 돌리는 요트를 타고 보름 동안 대서양을 건너 뉴욕에 도착해 9월 23일 유엔 총회에서 연설했다. 그레타 툰베리의 행동은 '금요 결석 시위'로 세계 곳곳에 번져 한국에도 상륙했다.

산업화 이전보다 지구의 온도는 이미 1도 올랐다. 2015년 파리 기후 협약에서는 지구 평균기온 상승을 2도 아래로 유지하기로 했다. 2도를 넘으면 기후 시스템은 회복력을 잃기 때문이다. 이 경우 세계의 많은 지역이 거주할 수 없게 될 것이라 한다. 2018년 인천에서 열린 IPCC(기후변화에 관한 정부간 협의체) 제48차 총회에서는 '1.5도 온난화'가 채택됐다. 1.5도까지를 인류의 삶이 지속 가능한 한계치로 본 것이다. 지금 추세로 배출 가능한 탄소 예산은 딱 10년 남았다. 2019년 11월 6일에는 153개국 과학자 11,000여 명이 공동 성명을 발표했다. 즉시 석유 문명의 방식, 과소비를 일삼는 부유한 삶의 방식을 바꾸지 않으면 인류는 파멸적 재앙에 직면할 것이라는 내용을 담았다.[70]

따라서 '기후 위기'라는 표현마저 한가하다. 운동가, 과학자들의 긴급 타전을 들으며 나는 심상치 않은 기후의 요동을

70 | 한재각 엮음, 『1.5 그레타 툰베리와 함께』, 한티재, 2019의 내용을 전반적으로 참조하였다.

느껴 온 일들을 떠올린다. 1994년 여름 처음 겪은 열대야를 기억한다. 밤새 서울은 식지 않았고 이후 열대야는 매해 여름 겪는 일상이 되었다. 2010년대 들어서는 처음 겪어 보는 폭설, 북극보다 추운 혹한, 또는 따뜻한 겨울, 40일 넘는 여름 폭염과 열대야, 기습 호우 등을 겪어 왔다. 2015년 10월 말, 수학여행 기간 내내 뿌옇게 덮여 순환되지 않던 충남 바닷가의 미세먼지 감옥은 어떤가. 여기에다 대규모 쓰나미, 가뭄에 이은 산불, 더워진 바다와 더 높아진 해수면에서 발생하는 더 잦은 강한 태풍으로 마음 졸이는 세계 곳곳의 긴장감은 매년 고조되고 있다. 나는 이 대목을, 5개월째 이어지는 호주의 대규모 산불로 서울의 100배 면적이 타고 있고 코알라가 멸종 위기에 처했다는 소식을 들으며, 사흘째 장대비가 쏟아지는 대구의 한겨울에 쓰고 있다.

2019년 5월 영국 의회, 11월 말 유럽 의회에서는 기후 비상시국을 선언했다. 인도네시아는 자카르타의 수몰에 대비해 수도 이전을 결정하고 16개국 800여 개 지방 정부에서도 기후 비상사태를 선언했다. 등교 거부는 173개국으로 번지고 있다.

한국은 어떨까? 박정희 정권은 1973년 1월 연두 기자회견에서 중화학공업화를 선언한 이래 온갖 지원으로 철강, 비철

금속, 조선, 석유화학, 전자, 기계 공업 등 화석 연료에 기반한 에너지 집약 산업을 유치해 경제성장에 박차를 가했다. 미국, 일본, 유럽의 선진국들은 임금 문제, 환경의식의 성장으로 소위 이런 '공해 산업'을 해외로 이전하고 저임금의 한국은 이 산업들을 받아들였다. 그 당시 수출지향형 중화학공업을 육성한 배경과 맥락을 모두 부정할 순 없지만, 문제는 이런 산업이 과잉 육성·지원되었고 발전 과정에서 공해에 대한 한국 사회의 인식은 늘 성장의 그늘에 가려져 있었다는 것이다.

이러한 산업 정책의 연장선상에서 한국은 2018년 30-50 클럽의 경제 대국 반열에 세계 일곱 번째로 등극함과 동시에 온실가스 배출 7위를 기록하며 기후 위기를 유발하는 가해국 반열에도 빨리 올랐다. 2020년 벽두에는 기후 위기에 대응하는 노력을 하지 않는 최하위권 국가로 발표되어 미국과 함께 '기후 악당' 국가의 입지를 굳혔다.

하지만 민주화된 한국 정부와 주류 사회는 여전히 기존 산업구조의 경제성장 틀에 갇혀 있다. 노동권은 후퇴하고 사회의 생태적인 전환은 생명 안전과 더불어 미미한 수준에 머물러 있다. 정부의 안이한 인식과 반응 속에 먼저 각성한 시민들, 특히 어린이와 청소년들이 당사자로서 세계적인 기후 저항 행동에 동참하기 시작했다. 이런 상황에서 피해는 기후에 고스란히 노출된 계층이 먼저 감당하고 있다. 이윤과 달리 '살인 폭염' 같은 고통은 약자들에게 우선 분배된다. 주로 야외 노동자와 농민, 쪽방촌의 빈민과 건강 약자들이 열 스트레스, 온열 질환의 최전선에 노출되어 있는데, 여기서는 다시 야외 노동자의 문제에 초점을 맞춰 본다.

플랫폼 노동자의 1인 시위로부터[71]

폭염과 눈비 등 악천후에 대부분의 야외 일터는 일을 멈추거나 철수하는 게 정상이겠지만 일이 더 많아지는 사람들이 있다. 라이더들이다. 1965년 여름, 갑작스럽게 내린 비에 태일이가 비닐우산을 떼어다 팔러 다니던 것처럼, 라이더들은 악천후가 오히려 '성수기'이다. 그러나 시간당 배달 건수와 위험은 동시에 증가한다.

행정안전부에서 발송하는 폭염 대응 문자는 수시로 울리며, 외출을 자제하고 물을 마시라고 하지만 그 바람에 외출을 자제하는 사람들은 배달 음식을 주문한다. 라이더들의 노동 또한 주문 건수만큼 위험해진다. 한 시간에 2~3건이던 배

71 | 박정훈, 「플랫폼 노동과 라이더유니온」, 『2019 전태일 노동학술 토론회』 자료집 87~92쪽의 플랫폼 노동의 개념 설명, 사례 등을 전반적으로 참고하였다.

달이 몇 건씩 더 늘어나면 라이더들은 어쩔 수 없이 횡단보도를 타거나 신호를 위반하고 역주행을 한다. 독촉 전화도 동시에 급증하기 때문이다.

지구 온난화로 북극곰들이 생존의 위협을 받아 민가의 쓰레기통을 뒤지거나 안 하던 고래 사냥에 나서고, 아스팔트 위의 라이더들은 폭염 속에도 일을 해야 먹고살 수 있다. 이 폭염은 인간의 활동들이 만들어 낸 도시의 폭염이다. 라이더들은 달궈진 아스팔트의 지열, 도로의 매연과 버스의 열기, 미세먼지 사이를 질주한다. 뜨거워진 지구의 폭염 아래 직사광선은 정수리를 때리고 헬멧과 마스크로 밀봉된 얼굴과 온몸으로 느끼는 체감온도는 45도에 달한다.

2018년 7월, 오후 2시에 라이더 박정훈은 맥도날드 광화문 본사 앞에서 폭염 수당 100원을 요구하는 1인 시위에 나섰다. 그해 여름은 유독 더웠다. 폭염과 열대야가 40일 정도 계속되어 사람들이 쓰러지고 사망하는 일이 이어졌다. 동물이든 인간이든 이런 더위에는 쉬어야 하지만, 어쩔 수 없이 일을 해야 한다면 위험한 일을 하는 사람을 존중하는 뜻에서라도 폭염 수당이 지급되어야 한다며 시위에 나섰다. 하지만 맥도날드 본사는 이미 폭염 수당을 지급하고 있다는 거짓 해명과 지점장에게 책임을 넘기는 변명 끝에 수당을 신설하지 않았다. 오히려 다른 배달 대행업체에서 폭염 수당 500원을 신설하는 등 변화의 움직임이 일어나고 있다.

고용노동부에서 만든 폭염 시 옥외 작업 중지 권고 가이드라인과 개정된 산업안전법의 작업 중지권은 대부분의 라이더들에게는 해당되지 않는다. 라이더들은 대부분 플랫폼 자본주의의 새로운 노동 환경에서 일하기 때문이다. 플랫폼 노동은 근로기준법의 손아귀에 잡히지 않는다. 근로기준법상 노동자가 아니라 용역 계약을 하는 '사장님'인 배달 대행 라이더들은 거대한 시스템의 지휘를 받는다. 빅 데이터 정보망, 글로벌 금융 자본이 투자하는 본사, 배달 대행업체, 소비자 들이 휴대폰 앱을 플랫폼, 즉 정거장 삼아 촘촘하게 라이더들을 움직인다.

플랫폼 본사는 기술 혁신의 화려한 명분으로 정보를 독점하며 라이더와 소비자, 중간 업체들을 일방적으로 연결한다. 본사는 라이더들을 높은 시급과 배달료로 일정 기간 계약해 노동자처럼 출퇴근시키고 근무를 단속한다. 빅 데이터 시스템을 활용해, 본사와 대행업체에서는 그들의 동선과 배달 시간 등을 기술적으로 감독한다. 라이더는 개인사업자로 용역 계약을 하지만 실제로는 스스로 근무 형태를 결정하지 못하는 특수고용 노동자로 일하는 것이다. 하지만 근로기준법의 보호를 받기 어렵기 때문에 본사는 최초 계약을 바꿔 끝없이 건당 배달료를 변경하고 낮춘다. 늘 대기시키면서도 필요할 때만 쓰고 싶은 플랫폼 자본주의의 일방적 경영 방식이다. 플랫폼 본사의 입장에서 보자면, 1초 단위로 사람을 쓰고 버리는 유연한 고용 시스템은 이윤을 내는 핵심이다.

노동의 속도는 어떤가? 30분 배달이 유행하던 2010년을 기억한다. 대학 4학년생 피자 배달원이 마지막으로 알바하던 날 교통사고로 사망한 일이 있었다. 그는 30분 안에 배달을 못 하면 2,000원을 변상해야 했다. 그가 혼수상태로 누워 있다가 사망하기 전날, 고등학교 2학년생은 배달 나갔다가 버스에 치여 숨졌다. 10년이 지난 지금, 우리는 그 속도의 굴레에서 벗어났을까? 30분제가 대부분 폐지되면서 세상은 달라졌을까? 아니다. 근본적으로 더 빨라지고 배달 노동은 더 위험해졌다.

기후 위기 최일선의 노동자들은 여전히 목숨을 걸고 일한다. 우리는 플랫폼 시스템이 소위 '돈 잘 번다'는 라이더들을 빠른 속도로 지휘하며 '대규모로 소외'시키는 시대 변화를 목격하고 있는 중이다. 빅 데이터 기술은 라이더의 안전을 책임지지 않는다. 가치중립적인 이미지로 휴대폰 화면 속에서 소비자의 편리와 플랫폼 거대 자본의 이윤 증대에 복무

하는 동시에, 노동자의 존재를 지우며 '4차 산업혁명'의 요란한 볼륨을 높이고 있다.

2019년 12월 전국의 도로에는, 15만 명 이상으로 추정되는 라이더들이 2,000여 개 업체의 콜을 받아 월평균 4,000만 건을 배달하고 있다.[72] 이 라이더 사장님들은 구조적으로 뭉치기 어려운 조건, 빠른 속도를 요구하는 자본주의와 기술의 동맹, 그리고 악천후 속에서 콜을 잡고 곡예 운전을 하며 제 밥벌이를 하고 있다.

바보회와 삼동회처럼, 라이더유니온

평화시장 노동자들에게 사장들은 끊임없이 팀별 경쟁을 강요했다. 말 잘 듣는 미싱사 팀에게 재단사는 쉬운 일감을 던져 주었다. 여공들은 빨리 기술을 배워 미싱사가 되고 오야 미싱사가 되어 중급, 고급 기술자 대접을 받기를 바랐다. 하지만 열악한 노동 환경은 하루하루가 고통이었고, 졸라 맨 허리띠는 발육부진과 질병을 동반했다. 바보회를 하다 블랙리스트에 올라 사라졌던 사람이 돌아와 삼동친목회를 만들었다는 소식을 들었다. 삼동회를 이끈 재단사가 죽어 인력시

72 | 「배달 시장은 대박, 복지는 쪽박」, 『CBS 김현정의 뉴스쇼』, 2019. 12. 5.

장 밑에 있다는데, 사장님은 깡패가 불만을 품고 죽었다고 할 뿐, 노동조합은 여공들에게 멀고 먼 낱말이었다.

한국에 민주주의가 싹 트는 것은 쓰레기통에서 장미꽃이 피기를 바라는 것과 같다는 1950년대 초반 냉소 섞인 외신 기사가 여전히 유효한 시대였다. 평화시장에 노동조합이 생기는 것은 어려웠다. 근대화 초기의 자본주의는 발전 독재와 결합해 철저하게 바쁜 일과로, 노동자들의 성장과 딴 생각을 봉쇄했다. 플랫폼 자본주의의 라이더들은 두 바퀴에 온몸을 싣고 한 건이라도 더 뛰려고 평화시장 노동자들처럼 개별화되어 일해 왔다. 하지만 카톡방이라는 '플랫폼'에 모여 그들은 결국 노조를 만들었다. 전태일과 친구들이 다방에 모여 밤늦게 이야기하며 친목회를 만들어 단체행동에 나서고, 결국 태일의 죽음을 '플랫폼' 삼아 청계피복노동조합이 결성된 것처럼.

2019년 5월 1일 라이더유니온 출범식, 50여 명의 라이더들이 오토바이 행진을 시작했다. 폭염 수당 요구 1인 시위를 했던 박정훈이 위원장을 맡았다. 국회 앞에서 출발한 행렬은 근로복지공단, 맥도날드 본사 앞을 지나 청와대 사랑채 앞에 도착했다. 그날의 행렬은 배달할 때보다 천천히 움직였다. 라이더유니온은 서울시로부터 노조 필증을 받아 최초의 배달 플랫폼 노동조합으로 출범했다. 라이더들의 안전한 노동을 책임지지 않는 플랫폼 시스템에 맞서는 노동의 플랫폼이 비로소 생긴 것이다.

라이더유니온은 조합원들이 노동자라는 것을 증명하고 각종 불이익을 당할 때 근로기준법의 보호를 요구한다. 안전 배달료를 요구하고, 본사의 잦은 계약 변경에 항의해 교섭을 요구하며 기자회견을 하는 등 활발하고 실질적인 노동 조건 개선 활동을 하고 있다. 언젠가는 사무실에 전화 하나 두고 평화시장 노동자들의 제보를 받아 근로기준법 준수와 근로시간 단축 등 싸움에 나서 보자고 파도처럼 들떠 있던 1969년 6월의 바보회 창립총회가 떠오른다. 그리고 1970년 가을, 보다 강경한 의지로 노동조합 설립을 준비하려고 은호다방에 모인 삼동회원들의 우렁우렁 큰 목소리가 귓전에 들려오는 것만 같다.

대구 계명문화대 앞 네거리 신호가 떨어지자 오토바이 다섯 대가 곡선으로 몸을 누이며 질주한다. 최근 4년간 청년 산재 사망 사고의 절반은 배달 중에 발생하였다.[73] 그들의 위

73 | "18~24세 산재 사망 절반이 배달 중 발생, 2016년부터 올해 7월까지 1,924건 배달 중 사고 발생", 「국회의원 한정애 의원실 보도자료」(2019. 10. 1)에서.

험한 곡예 운전에 눈살을 찌푸리기 전에, 누가 주문하고 독촉하는지, 지나치게 싼 배달료가 그 속도를 높이는 건 아닌지, 건당 4,000원 이상의 안전 배달료 도입이 왜 필요한지, 일하는 사람의 입장에서 생각하는 연습이 필요하다. 그러다 보면 우리의 일상과 누군가의 노동과 생명이 촘촘히 이어져 있다는 것을 깨닫게 될 것이다.

고통의 연결자

야외에는 한 부류의 사람들이 더 있다. 대구 영남대의료원 옥상에는 13년 전 해고된 간호사 박문진이 천막을 치고 농성을 벌이고 있다. 2019년 여름에서 가을 사이 그는 태풍 다섯 개를 병원 옥상에서 견뎠다.

2019년 11월 8일, 영남대의료원 호흡기센터 앞마당에서 열린 고공농성 131일차 문화제 주제는 '전태일을 만나다'였다. 20대 청년 하수민은『전태일 평전』한 대목을 낭독했다. 태일이 대구에서 청옥에 다니던 1963년의 장면. 학교 다니는 기쁨과 가을 체육대회 날의 부푼 마음을 풍부한 목소리로 읽어 내려갔다. 성서공단노동조합에서 일하는 이주 노동자 차민다도 마이크를 잡았다. 책을 읽고 인터넷도 찾고 동료들한테도 물어 보며 발언을 준비했단다. 노예처럼 기계처럼 잠

안 오는 약을 먹어 가며 일하던 평화시장 이야기에 이주 노동자로서 공감이 되고 가슴이 아프다고 했다.

74미터 상공에서 농성 중인 간호사는 깜깜한 밤하늘에서 휴대폰 불빛을 흔들었다. 의료원 측과 창조컨설팅의 노조 파괴에 맞서다 해고당한 후 13년째 복직 투쟁을 하고 있는 고공의 '사람'은 반딧불이처럼 반짝이고, 지상의 청년은 전태일의 수기를 읽고, 스리랑카에서 온 17년차 이주 노동자는 한국의 해고 노동자를 응원한다. 전태일의 49주기를 앞둔 금요일 밤, 전태일은 굵직한 실이 되어 지금을 사는 사람들의 고통을 꿰매고 있었다.

일터에서 사람들을 모아 노동의 권리를 찾으려 싸우다 쫓겨난 사람들이 집으로 가지 못하고 계속 머물기 힘든 야외에서 외쳐 온 역사가 있다. 스스로 기후를 조절할 수 없는 타워크레인 위, 공장 굴뚝, 대형 전광판, 병원 옥상, 강남역 네거리 관제 철탑, 청와대 100미터 밖 거리와 아스팔트, 톨게이트 캐노피 위에서 비바람과 태풍, 야외의 4계절, 더위와 추위를 온몸으로 견디며 벼랑 끝에서 세상에 구원을 요청한다.

기후 위기 속에서 야외 노동자들의 생존 조건을 살펴보았다. 한국의 야외 노동자들은 열악하고 위험한 노동 환경 속에 살고 있다. 폭염 속에 에어컨 없는 간이 휴게실에서 사망한 대학 청소 노동자의 '사소하지 않은' 죽음은 한국 사회에서 사소하게 잊혀 간다. 동료들의 연이은 과로사에도, 먹고 살려면 조용히 순응하며 일해야 하는 사회. 등기를 배달하러 온 집배 노동자에게 신문 기사에서 본 파업 예고 소식을 물었더니 그는 반색을 하다가 곧 피곤한 얼굴로, 고개를 저으며 오토바이에 시동을 건다.

새 학기가 되면 어떤 교사들은 방학 때 다녀온 해외여행 사진을 수업 시간에 보여주며, 감탄하는 학생들에게 나처럼 정규직이 되어 시원한 데서 일하며 여행도 가는 꿈을 이루라 이야기한다. 아이의 손을 잡고 가던 부모가 아이에게 공부 열심히 안 하면 저 공사 현장의 노동자가 된다고 말했다는 이야기는 널리 회자되고 있다. 배달, 건설 현장 등 야외 노동은 기후 재앙으로 건너가는 시대, 불안정 노동의 최전선이자 왜곡된 노동관, 사회적 편견의 최대 피해 분야이다. 야외 노동이 쾌적한 실내 노동을 떠받치고 있다는 사실을, 그리고 기후 위기에서 비껴나 있는 안전한 일터는 세상 어디에도 따로 떨어져 존재할 수 없다는 것을 우리는, 세상의 당사자인 학생들에게 알릴 의무가 있다.

질문들

4장의 주제에 관한 질문들이다. 자신의 생각을 글로 써서 친구들과 나누고 SNS 공론장, 여러 매체에 발표해 사회 변화에 참여해 보자.

1. 공부 자신이 하고자 하는 공부는 무엇을 위한 것인가? 남이 정한 것인지, 스스로 추구하는 것인지, 좋아하는 것인지, 사회적 의미가 있는 것인지 종합적으로 점검해 본다면?

2. 이주 바쁜 삶 속에서도 달려가고 싶은 당신의 '노동 교실'이 있다면 어디이며 그 모임의 특징은 무엇인가?

3. 야외 노동과 기후 기후 정의 운동가 그레타 툰베리와 라이더 박정훈의 1인 시위는 동시대 사람들에게 각각 어떤 고민을 던졌고, 그 고민은 어떻게 연결되어 있는가?

5장

나의 좌석을 마련하여 주게

"하지만 많은 청년들을 만날수록 확신했다.
젊고 건강하고 활기차다는 선입견 아래 가장 쉽게
외면당하는 인권의 사각지대가 바로 청년의 삶이다.
인생의 가장 찬란한 때, 가장 꿈 많아야 할 시기에
우리 청년들이 포기와 체념을 먼저 배우고 있다."

변진경, 『시사인』 기자

책임 _ 삼성의 안과 밖

한국에서 산업재해는 예방되지 않는다. 값싸게 외주화되어 경제, 사회, 문화적 자본의 네트워크 바깥에서 맨몸으로 일하는 발언권 없는 사람들에게 우선 배정된다. 불안정한 비정규 노동이 겹겹으로 하청화된 현실에, 이직률이 높은 일터에서 청년들은 종이컵처럼 소모되고 버려지기를 되풀이한다.

촛불 항쟁으로 탄생한 문재인 정부의 노동 정책은 임금, 노동 환경, 노사 관계, 한국의 고질적 기업 문화 등 대부분의 측면에서 기존의 불평등을 극복하지 못하고 있다. 노동 기본권을 보장해야 하는 ILO 국제 협약 비준은 정부의 소극성과 국회 파행 속에 장기 표류 중이다. 수구 언론과 정당, 재계 등 기득권 집단의 집요한 요구는 법정 노동시간의 빗장마저 풀고 있다. 최저임금 인상률은 다시 대폭 억제되고 산입 범위는 확대되었으며, 소득 주도 성장은 청와대 브리핑의 구호로만 남았다.

학교와 기성 권력은 네가 열심히 하면 길이 열린다고 말하지만, 이건 그것과 별개의 문제이다. 청년들은 노력과 능력으로 포장된 양극화 구조 속에 우연히 살아 있다고 말한다. 그들이 산업재해로 곳곳에서 다치고 죽어도 기업은 엄하게 처벌받지 않는다. 2017년 발의된 중대 재해 기업처벌법안은 아직도 계류 중이고 28년 만에 개정된 산업안전법은 시행령으로 거의 무력화되면서 불안정한 비정규 노동에 진입하는 대다수 한국 청년들은 일터에서 군대 후임 취급을 받으며 위험을 떠안은 채 실존한다. 세상은 "산업안전법이 개정되었다"는 라디오 광고 정도만 요란하게 바뀌었을 뿐이다.

많은 청년들이 취직하고 싶어 하는 대기업 이야기를 하려고 한다. 전 국민의 '또 하나의 가족' 글로벌 대기업 삼성. 나라를 먹여 살린다는 1등 기업. 반면 노조가 필요 없을 만큼 복지제도가 좋은 비노조 경영이라고 자신들은 주장하지만, 창업자 이병철의 유훈을 받아 철저히 노동자들의 단결체인 노동조합을 저지하고, 노조가 만들어지면 집요하게 파괴해 온 무노조 지향의 노조 혐오 경영 80년의 역사. 삼성의 양면이다.

박근혜 정권의 국정 농단 파트너인 이재용 부회장이 대폭으로 줄여 잡은 수십 억 뇌물에도, 우호적인 법원 판결로 풀려나 경제를 살린다는 명분으로 버젓이 활보하는 사회의 기업. 대한민국을 '삼성 공화국'이라는 별칭으로 불리게 한 이 그룹의 안팎 사정은 이미 많이 알려져 있다. '산재 공화국' 한국의 대기업 삼성 안팎에서 일어난 숱한 죽음 속에서 기업과 사회의 '책임'과 관계를 생각해 보자.

산재 승인 7전 8기

2007년 3월, 삼성 반도체에서 일하던 22세 여성 노동자가 사망했다. 삼성에서 2년 가까이 일하다 발병한 급성 백혈병 치료를 받다가 결국 세상을 떠난 것이다. '또 하나의 가족'이라는 제목으로 영화화된 삼성 노동자 황유미의 이야기이다. 그의 죽음을 계기로 그해 말 '반도체 노동자의 건강과 인권 지킴이 반올림'이 결성된 이후 전자 산업 작업성 질환 제보자는 643명(삼성 계열사 559명), 그중 사망자는 189명(삼성 계열사 174명)이다. 제보자 가운데 154명(삼성 계열사 115명)이 산재를 신청했다. 2019년 말일까지 산재가 인정된 사람은 모두 61명, 불인정 41명, 진행 중인 사람이 48명, 취하 또는 각하가 4명이다. 황유미의 죽음은 근로복지공단의 불승인으로 행정소송 끝에 7년 만에 산재로 인정받을 수 있었다.[74]

2019년 5월, 구의역 김 군 3주기 추모 집회에 '다시는' 가

74 | 「반올림 산재 신청 및 인정 현황(2019. 12. 31)」, 「전자 산업 작업성 질환 회사별 제보(2019. 5. 13)」, '반도체 노동자의 건강과 인권 지킴이 반올림' 카페(http://cafe.caum.net/samsunglabor).

족들이 앞줄에 나란히 앉았다. 집회 대열에서 휠체어에 탄 한혜경을 보았다. 한때, '또 하나의 가족' 삼성의 직원이었던 한혜경은 2019년 4월 29일, 10년 만에 산재를 인정받았다. 열일곱 살이던 1995년, 삼성전자 기흥 LCD 모듈 공장에 입사해 가전제품 회로기판 연결 작업을 했다. 안전 교육 없이 납, 주석 등 유해 화학물질에 노출되어 일하다 6년 만에 뇌종양 판정을 받았다. 열세 시간에 걸친 수술 후유증으로 시각, 언어, 보행 1급 장애 판정을 받았다. 이후 초점은 흩어지고 눈물이 나오지 않는다.

산재 승인을 받기까지 과정은 험난했다. 10년간 근로복지공단은 뇌종양 발병 원인 연구가 부족하고 유해 물질의 위험성이 충분히 밝혀지지 않았다며 산재를 일곱 번이나 기각했다. 행정소송을 제기했지만 대법원에서까지 패소 판결을 받았다. 그 사이 삼성은 대리인을 통해 한혜경의 어머니를 여섯 번이나 찾아와, 사회단체와 손잡거나 소송하지 말라고 회유하며 10억 원을 제시했다. 황유미의 아버지한테 취했던 그 방법이다. 어머니는 오랜 세월 힘들었기에 고심 끝에 수용하려 했지만, 딸의 거부로 회유를 거절하게 된다.

이것은 7전 8기의 또 다른 사례가 될 것이다. 세월이 흘러 비슷한 인정 사례가 축적되고, 과거와 판단 기준이 달라졌으며, 새로 드러난 환경·유해 물질 연구의 진전 등으로 인해 여덟 번째 산재 신청을 공단은 결국 받아들였다. 이 과정에서 삼성 측은 영업 비밀이라며 화학물질에 대한 정보를 주지 않고 방어와 회유에 급급했지만, 더 이상 기존의 경영 태도로는 가로막을 수 없는 한계에 도달한 것이다.

결국 정치권력은 바뀌어도 경제권력은 바뀌지 않는다는 '삼성 공화국'의 삼성전자 대표이사는 황유미의 사망 11년 8개월 만인 2018년 11월에 기자회견을 열어 삼성 직업병을 인정하고 사과하기에 이른다. 병으로 고통 받는 직원, 가족들에게 진심으로 사과한다는 취지를 낭독하고 고개를 숙였다. 처음 보는 풍경이었다.

하지만 삼성의 사회적 책임 이행은 이제부터이다. 한국의 청년들은 삼성에서 일하다가 죽고 다치고 10년씩 걸려 그 일부만 산재 승인을 받고 있다. 삼성 직업병뿐 아니라, 노조 파괴로 많은 사람이 생명을, 가족을, 삶을 잃었다. 노조를 혐오하는 초법적 기업 문화에서 노동조합을 만들다 해고된 노동자 김용희는 삼성 본사 앞 관제 철탑에 올라 고공 농성을 하고 있다. 삼성 서비스 센터에서 노조 활동을 하다 갖은 압박과 일거리 배제로 스스로 생을 마감한 별이 아빠 최종범을 기억한다. 수십 년간의 범죄가 계열사 대표의 한 번의 사과로 탕감될 수 없는 이유이다.

이재용은 박근혜 정부의 국정 농단과 유착해 각종 방법으로 계열사를 장악해 경영 승계를 도모하는 과정에서 수백억 뇌물을 권력에 바쳤다. 동시에 삼성물산과 제일모직 합병 과정에서 제일모직 주식을 부풀리기 위해 그 계열사인 삼성바이오로직스 장부를 조작하고 조사 과정에서 그것을 숨긴 죄상들이 드러나고 있다. 이재용은 그 과정에서 막대한 이익을 보았고 삼성물산의 주식을 많이 가진 국민연금은 큰 손해를 보았다.

하지만 파기 환송심 재판에서 판사는 오히려 이재용을 격려하고 노고를 위로하였다. 이재용은 4대 기업 총수 자격으로 문재인 정부의 국가 행사에 늘 초대되어 경제 위기를 살리는 경영자의 이미지로 활보하고 있다. 시민들은 '노조 파괴, 뇌물 증여, 분식회계'의 죄목을 피켓에 적어 시위를 하고 있다. 결국, 이명박 전 대통령과 삼성의 뇌물 조사 과정에서 발견된 6,000여 건의 노조 와해 문건의 증거 능력을 더 이상 덮을 수 없는 지경이 되어, '노조 와해' 전략을 총괄한 삼성전자 이사회 의장과 부사장을 비롯한 7명이 법정 구속되기에 이르렀다.

삼성은 모르는 일

주간지에 실린 사진을 본다. 2018년 11월, '삼성 협력사 채용 한마당' 행사장 로비에 교복을 입은 고3 여성들이 벽에 빼곡하게 붙어 서서 원서를 작성하고 있다. 학력 차별이 심각한 한국에서 고졸, 특히 특성화고 졸업생 취업률은 가파른 하락세를 보이고 있다.[75] 낮은 취업률 속에 일자리는 대부분 비정규직이다. 좋은 일자리가 고졸 청년에게까지 돌아오지 않는 가운데 삼성의 협력사에라도 취업하고자 하는 고등학생들의 행렬은 십여 년 전을 떠오르게 한다. 나는 황유미가 세상을 떠나기 한 해 전인 2006년 성남의 상업계 고등학교에서 3학년 담임을 했다. 당시 실업계 졸업생들에게 삼성 생산직 취업문은 제법 열려 있었다.

우리 학교 많은 여학생들은 일 년 내내 삼성 취업을 준비했다. 상반기에는 삼성전자 '반도체와 LCD(현 삼성디스플레이)'에서, 하반기에는 삼성전기에서 생산직을 뽑았다. 막상 6개월을 못 버티고 그만두는 선배들을 보면서도 다들 삼성에 가고, 보내고 싶어 했다. 교사들은 못 견디고 나오는 학생들의 인내심을 탓했지 삼성의 근무 조건이나 환경을 의심하지는

75 | 변진경, 「아무도 돌보지 않는 '고졸 청년'의 삶」, 『시사인』 643호(2020. 1. 14), 32~34쪽.

않았다. 당시 월 180~200만 원까지 벌 수 있다는 홍보도 솔깃했지만(초과 근무를 풀로 채우면 그 정도였을 것이다) 삼성에 대한 학생, 학교의 신뢰와 선망이 어우러졌던 것 같다. 그리고 그때는 삼성 생산직의 산재 사례가 널리 알려지기 전이기도 했다. 좀 힘들어도 돈을 그만큼 버는 곳이 없다고 생각했지, 아프고 다치고 죽는다고는 생각하지 못했다.

담임인 나도, 우리 반 지수(가명)도 그랬다. 지수는 삼성에 꼭 들어가고 싶어 했고, 나는 반 학생이 삼성에 들어가 남들처럼 일찍 그만두지 않고 열심히 일하는 것도 괜찮겠다고 생각했다. 지수는 상반기부터 삼성반도체, LCD에 도전했지만 연거푸 낙방했다. 나는 '용모가 단정'하고 성실한 지수가 떨어지는 이유를 생각해 봤다. 함께 면접 준비를 하던 나는 지수의 어두운 표정과 어눌하고 소극적인 말투에서 그 원인을 찾았다. 나는 지수 본인에게서만 원인을 찾고 있었다. 아직 삼성전기가 남아 있었다. 2학기에 삼성전기 공문이 와서 소개를 하자, 지수는 잠시 미간을 찡그리더니 한 번 더 도전해 보겠다고 했다. 방과 후 빈 교실에 남아 모의 면접을 도왔다. 3교대가 아닌 2교대 근무에 월급도 반도체에 비해 낮았지만, 지수는 그래도 가고 싶어 했다.

표정, 어조에 자신감을 불어넣으며 수차례 면접 연습을

했고, 마지막 연습이 끝난 다음 날이었나, 지수는 오랜만에 웃는 얼굴로 교무실에 찾아와 고맙다며 큼직한 귤을 하나 쥐어 주고 나갔다. 오랜만에 보는 환한 얼굴에 이전보다 자신감도 좀 붙어 보여 나도 기분이 좋았다. 그러고는 시험을 보고 발표일까지 조용히 지냈다. 하지만 결과는 낙방이었다. 얼마 후 지수는 미금역 네거리에 있는 '뱃살방'에서 알바를 시작했다. 나는 지수 덕분에 '뱃살방'이 있다는 것을 알게 되었다.

3학년 말, 12월의 일과는 단축 수업, 현장 실습 등으로 어수선했다. 지수는 현장 실습이 아니라, 학교를 나왔다가 알바를 다니는 생활을 시작했다. 3년 개근을 바라보던 지수는 2006년 12월 21일, 1교시가 지나도 오지 않았다. 나는 고개를 갸웃하며 개근상이 깨진 것만 잠시 아까워하다가 곧 오겠지 생각했다. 현장 실습으로 많이들 나가 출결이 어수선한 교실을 잠시 접어 두고 학년말 바쁜 '행정 업무'에 코를 박고 있었다. 10시가 좀 넘은 시각, 지수 아버지한테서 전화가 왔다.

집 베란다에서 목을 맸다고 한다. 허둥대다가 동료들에게 알리고, 교실로 올라가 반 학생들에게 소식을 전했다. 말을 끝까지 못하고 교탁에 엎드렸다. 교장실에 가서 알리니, 학교장은 떨떠름한 표정으로 물었다. "이유가 뭐래? 학교 때문에 그런 것 아니지? 내가 가 봐야 되나?" 결국 그는 병원을 찾지 않았다. 반 학생들과 영안실에 찾아갔다. 지수가 어려서 집을 나간 조선족 출신 어머니와, 연락이 닿지 않는 언니의 빈자리를 느낄 수도 없이 적막한 장례식장. 깡마른 아버지가 영정을 지켰다.

3일장을 치르고 화장하는 날, 겨우 연락이 닿은 언니가 찾아와 화장터에서 한 줌의 재가 되어 나온 동생 앞에 주저앉아 목 놓아 울었다. 화물 일을 하는 지수의 아버지와 지수의 친구 둘과 함께 경기도 광주의 한 야산에 올라가 수목장을 치렀다.

같은 교무실 동료 여교사는, 지수가 삼성에 계속 떨어지고 뱃살방에서 분당의 부유층을 상대로 일하면서 느꼈을 박탈감을 이야기하였다. 나는 관청에서 저소득층 학생에게 지원한 컴퓨터 반납을 아버지한테 안내하였다. 2006년의 일이다. 삼성은 모르는 일이다. 지수의 짧은 삶과 도전, 죽음에 대해 삼성이 직접 책임지라는 것은 아니다. 하지만 '좋은 일자리' 삼성 안팎에서 벌어지는 일들로 이 시대 청년들은 아프고 다치고 죽고 일해 보지도 못한 채 좌절하고 사라진다. 삼성 경영진은 자신의 회사에서 삶을 꾸려 가는 노동자들의 기본 권리를 무시해 노조를 파괴하고, 정경 유착 과정에서 세습을 위해 국민연금을 흔들고, 산재를 외면하고 돈으로 회유해 왔다. 그 방식은 국경을 넘어 베트남 현지 공장에서도 이어지고 있다.

우리는, 법원이 과연 삼성의 각종 불법과 비리를 정의롭게 판결하는지, 삼성이 노동을 존중하는 합리적 경영으로 새 출발할 수 있는지 주목하며 사회의 근본적 변화를 갈망하고 있다.

잘못된 세상에 맞서기보다는 자기 탓을 하기에도 바쁜 세상이다. 청년들은 미세먼지로 덮인 뿌연 하늘을 보며 생계를 위한 알바와 비정규 일자리, 취업 공부, 경쟁적 스펙 활동으로 한국적 저임금의 룰 속에 '살아지고' 있다.

세상은 청년을 위한다고 말하지만 청년들에게 유망 직업과 '선택받을 수 있는' 처세술을 소개할 뿐, 여전한 경쟁 틀 속에 '공정'을 추구한다며 정시와 학종 가운데 선택하라는 경기장 내의 시야를 강요한다. 대졸, 고졸, 지역, 부모의 지위에 따라 청년층이 여러 갈래로 위계화되어 있다는 사실은 뭉뚱그려지고 청년들을 골고루 행복하게 하는 방향으로 세상은 바뀌지 않는다. 경제, 사회, 문화적 자본과 지위를 물려받지 못해 뒤에서 출발하는 청년들에게 불안정 노동의 문은 넓게 열려 있다. 더 높은 강도로, 더 많은 시간 아르바이트를 하며 허겁지겁 '흙'밥을 먹고, 공무원 시험 공부, 취업 준비를 하다 보면 가뜩이나 짙은 시야는 더 뿌예지고, 숨이 턱까지 차오른다.

지난 20년간 전체 실업률의 평균은 3.65% 정도이다. 2018~2019년 초 사이에는 4.5%를 기록하고 있는 가운데,

같은 기간 청년층(15~29세)의 실업률은 11.6%에서 8%대까지 다소 하락세를 보이고 있다. 하지만 여전히 청년층의 실업률은 전체 실업률보다 두 배 이상 높다. 통계청의 근로 형태별 취업자 통계에 따르면, 취업한 청년층(15~29세)의 임금 근로자 가운데 비정규직이 2016년 3월 32.7%에서 2017년 8월 35.4%까지 상승세를 보이고 있다. 여기에 다음 통계를 더해 의미를 생각해 보자.

2018년 1월, '전국특성화고졸업생노동조합'과 '경기 비정규직지원센터'에서 조사한 특성화고 졸업생 노동 환경 통계에 따르면 특성화고 졸업생 취업자 중 비정규직이 86.9%에 달했다. 청년층 가운데 특성화고 졸업 청년들의 비정규직 취업률이 월등히 높은 것을 알 수 있다. 단지 취업률을 높여 성과를 내려는 정부 정책과 현장 교육이 힘을 합해 불안한 일자리로 졸업생들을 꽂아 넣고 있는 것이다. 특성화고 학생들이나 청년들이 노력이 부족하거나 눈높이가 높아 공장에 가지 않는다는 말은 그저 상투적인 일부 기성세대의 편견일 뿐이다. 불안하고 위험한 저임금 일자리는 사회구조적으로 양산되고, 배치되고 있다.

졸업생들을 만나다

대다수의 청년이 사회의 소수자로 존재하는 가운데 특성화고 졸업생들은 청년층의 변방에 존재한다. 나는 첫 두 학교가 당시 '실업계, 종합고등학교'였다. 아마도 그 때문에, 잇따라 발생한 특성화고 졸업생들의 산재 사고에 더 관심을 가졌을 것이다. 나는 10여 년 전 제자들을 만나 보았다. 어떻게 사는지 궁금했다. 그들은 20대 80의 격차 사회에서 다층적인 질곡 속에 살고 있었다. 자영업자로, 비정규직 교사로, 화장품 코너 점장으로, 패스트푸드점 매니저로, 스포츠센터 강사로, 네일 아티스트로, 커피숍 점원으로, 유치원 교사로, 회사 경리로 살고 있는 제자들. 공교롭게도 많은 졸업생들이 사장의 관리 감독을 받지만 법적으로는 개인사업자의 형태로 일하고 있었다. 특수 고용 형태로 일하는 '비정규직 사장님'[76]들이었다. 그들 가운데 세 사람의 이야기를 소개한다.

그리고 내가 살고 있는 대구의 집회에서 한 특성화고 졸업생을 알게 되었다. 공업 계열 특성화고를 막 졸업해 산업

76 | 박정훈, 『이것은 왜 직업이 아니란 말인가』, 빨간소금, 2019, 195쪽. 라이더유니온 초대 위원장 박정훈은 배달 대행업에 종사하는 라이더들과 특수 고용 노동자들의 법적 지위의 모순을 이렇게 꼬집어 표현했다.

기능요원으로 공단에서 일하고 있는 20대 초반의 청년이다. 이어서 소개한다.

김내일 (여, 31세, 가명)

상업계 고등학교 E-비즈니스과를 졸업한 '김내일'은 네일 아티스트로 일한다. 네일 아트 자격증을 따서 경기도권의 여러 군데 네일숍에서 일해 왔다. 그의 증언에 따르면, 2019년을 기준으로 네일 아트 업계는 보통 하루 10시간 6일 근무에 기본급은 대부분 60~80만 원이다. 인센티브는 매출의 5~10% 이내. 점심시간은 30분~1시간. 주로 근로계약이 아닌 프리랜서(개인사업자)로 용역 계약하고서는 실제로 시급 6,000원 정도로 셈해 월급으로 받기도 한다. 경력이 짧으면 월 100만 원, 경력이 좀 쌓이면 150만 원 정도를 번다.

김내일은 자기 네일숍을 차리는 게 목표였다. 하지만 이제는 그것도 능사가 아니라는 생각이 든다. 숍이 너무 많아 경쟁이 심하기 때문이다. 자영업의 높은 비율이 방패막이가 되어 최저임금 인상폭이 꺾이게 된 상황의 일면을 네일숍의 난립에서도 확인할 수 있다. 김내일은 6세가 된 아이를 키우느라 2019년 상반기에는 성남에서, 6시간씩 주 4일 근무에 업계 관행대로 '프리' 계약을 해 기본급 없이 비율제로 나누어 처음에는 40만 원을 받았다. 점차 수입이 늘었지만 손님의 클레임과 삭막한 일터 분위기로 몇 개월 만에 그만두었다.

경기도 군포에 있는 중학교에 방과 후 수업을 나가면서 자존감이 조금 높아졌지만 학교 강의는 방학으로 끊기는 것이 아쉽다. 2019년 하반기에는 육아에 힘을 쏟고 일하는 시간을 줄였다. 판교에 있는 기술 좋은 원장님을 알게 되었다. 그 가게에 나가 한 주에 이틀, 6시간씩 일하고 기초부터 새로 배운다. 원장님은 밥을 사 주신다. 따로 돈은 받지 않다가 최근에는 소정의 금액을 챙겨 주신다. 장사가 너무 안 되어 김내일은 그것을 이해하고 다닌다. 내년에는 교육청 인력풀에 새 이력서로 다시 등록해 방과 후 강의를 나가고 싶다고 한다.

미용, 네일 아트, 애견 미용 업계는 소위 '프리 계약'이 관행으로 자리 잡았다. 업계 노동자들은 열악한 저임금 장시간 노동 속에 엄연히 사장님이다. 특수 고용 노동자들의 근로자 지위 확인 소송 여부를 주목해서 보기도 하지만, 너무 바빠 그것에 신경 쓸 여력이 없다는 게 더 현실에 가까운 이야기다.

이오늘 (남, 31세, 가명)

종고[77]를 졸업하고 경기도에 사는 이오늘을 만나 어느 식당에서 이야기를 나눈 것은 2019년 5월이었다. 그는 전태일을 잘 기억하고 있었다. 11년 전 지각과 결석이 잦았던 학교생활에서도 교실에서 함께 본 영화와 만화책『태일이』를 기억하고 있었다. 횟집에서 일했는데 사장님이 자꾸 영업 끝날 때 들어오는 손님들을 받아 버려 매번 초과 근무를 할 수밖에 없는 상황이 답답했다. 문제는 보상이 없는 잔업이었다는 것. 몇 차례 항의했으나 잠깐 조심할 뿐, 업주는 다시 손님을 받기 시작했다.

절이 싫으면 중이 떠나듯 그만두고 동네 대형 마트에 입점한 회 업체 팀장으로 혼자 매장을 담당하고 있다. '팀'장인데 혼자 일한다. 그는 본사에 매출의 25% 수수료와 물건 값을 내고 나머지를 가져가는 개인사업자이다. '하는 만큼 가져간다는 말'에 의욕적으로 시작했다. 매출의 한계는 뚜렷했다. 마트의 입지 조건을 입점 업체의 팀장이 극복할 수는 없었다. 출퇴근 시간에 융통성을 발휘할 수 있는 장점은 있었지만 결국 종일 매장에 얽매여 지내야 하고, 한 달에 두 번

77 | '종합고등학교'의 준말로, 경기도 도농 복합 지역에 많이 존재하는 학교 형태이다. 농업, 상업계 등 특성화 교과와 일반 인문계 과정을 함께 두고 있다.

마트 휴일에 쉰다.

본사에서는 매출이 높은 지점에 언젠가는 갈 수 있다는 희망을 이야기하지만 곧이들리지 않는 마음이 점점 커져 간다. 10~12월 연말 성수기에 매출이 조금 올라 그것으로 버티고 있다. 결혼은 당장에는 힘들 것 같다. 친구들과 정보를 나누면서 이직을 늘 고민하고 있지만 지금 하는 일을 놓을 수 없어 오늘도 회를 포장해 매대에 전시하고 있다.

이전국 (남, 34세, 가명)

이전국은 9년간 직업 군인 생활을 마치고 택배 일을 시작했다. 경기도에서 상업계고 시각 디자인과를 졸업한 후 고등학교 때 풍물 동아리 활동 경험을 바탕으로 지역의 국악 단체에서 활동하다가 군 입대 후 직업 군인의 길을 선택했다. 특공부대 하사관으로 숱한 훈련을 소화해 내고 갖은 삶의 곡절로 2019년 전역 신청을 해 새로운 삶을 시작했다.

경기도 광주 오포 일대에서 한 택배회사 소속으로 배송을 한다. 2019년 연말 성수기를 맞아 한 주에 1,600~2,000개의 물건을 배송하느라 걷는 거리는 매일 28~38㎞에 달한다. 군대 시절 행군으로 다진 체력이 일에 도움이 된다고 웃으며 말한다. 쌀, 절임 배추, 김장거리, 대봉감 등 농산물이 몰리는 시기라 무게가 상당하다. 수~금요일은 12시간, 가장 바쁜 화요일은 13~14시간, 월요일은 8시간, 토요일은 9~11시간가량 일하는데, 계산해 보니 주당 노동시간이 65시간을 훌쩍 넘는다. 그는 귤에 비유하자면 하우스 귤보다는 노지 귤 같은 사람이다. 스스로 말하기를, 고등학교 졸업 후 국악 단체에서 활동하고, 야전 군 생활에 이어 택배 일을 하는 지금까지 자신이 한 모든 일이 '몸뚱이로, 야외에서' 하는 일이었다고 공통점을 찾아내어 설명한다. 익살맞게 말했지만 말끝에 고단함과 비애도 느껴졌다. 기후 위기로 점점 기상 이변과 악천후가 심해지는 상황에 야외 노동자인 그의 장시간 노동을 기록해 둔다.

이학선 (남, 22세)

2019년 4월과 10월, 대구 시내에서 그를 만났다. 특성화고 3학년 때 실습 나간 칠곡 왜관 산업단지에 있는 철강 가공 설비 공장에서 졸업 이후에도 일하고 있다. 지금은 산업기능요원으로 주중에 일하고 토요일에 전문대 강의를 들으며 일과 학습을 병행하고 있다.

한때 극우 세력의 선동에 빠져 있었지만 중 3때 세월호 참사의 충격으로 세상을 달리 보게 되었다. 스스로 불만이 많은 사람이라 평하는 그는 가정 폭력과 형제의 장애 등 어려운 형편 속에 공고에 진학했다. 5월 체육대회에서 선생님들께 다 같이 절을 하자는 학생회의 제안에 반대했다가 학생회, 교사들과 갈등을 겪었다. 교외 연합 봉사 동아리에서 만난 페미니스트의 영향으로 한 번 더 생각의 울타리를 허물었다. 모임에서 공부하면서 "남성을 주눅 들게 하고 조롱하는 것은 여성이 아니라 가부장제"라고 생각하게 된다.

퇴근 후 부지런히 대구의 여러 공부 모임에 다니면서 세상을 배우고 있다. 자신이 혐오하던 민주노총 조합원이 되었고 정당에 가입했다. 민주노총이 폭력을 사용한다는 세간의 공격에 대해 그는, 누구의 폭력이든 옹호하지 않지만 경중이 있고, 노조를 파괴하고 사람을 죽음으로 내모는 구조적 폭력을 생각해 보자 한다. 유성기업 노동자들에 대한 사측의 구조적 폭력은 왜 언론에서 주목하지 않는지 반문했다.

'전국특성화고졸업생노동조합' 설립에 참여해 설립 선언문을 썼다. 대구·경북에서 유일한 조합원으로 1년쯤 지냈는데, 이제 조합원이 네 명으로 늘었다고 한다(2020년 3월 기준).

그는 시야를 넓혀 주는 칼럼을 즐겨 찾아 읽는다. 2018년 11월 서울의 국일고시원 화재로 7명이 사망한 참사에 대한 『한국일보』 칼럼이 인상 깊었다고 한다. "운 덕분에 기뻐하는 사람은 있어도 운 때문에 영원히 좌절하는 사람은 없어야 한다. … '창문 없는 방에서 외롭게 죽을 운명' 같은 건 없는 세상이어야 한다"[78]는 문장을 소개했다.

"한국 경제를 살린 것은 백혈병으로 죽어간 노동자들이다"라는 한 정치인의 발언에 감명 받았다. 자신이 공장 노동자로서 역사의 주인공이 된 느낌을 받았다. 그는 이제 기득권 정당들이 약자를 위하는 제스처를 신뢰하지 않는다. 여성과 청소년의 인권을 옹호하는 활동을 하고 싶어 한다. 그는 옳은 '말'이 아닌 옳은 '일'을 하는 사람들과 함께하고 싶다. '사장님이 허락하는 노동운동'이나 '오빠가 허락하는 페미니즘'을 배격한다.

전태일 이야기를 나누었다. 초·중·고 시절 전태일을 몰랐다고 한다. 졸업 후에 전태일에 관한 글들을 읽어 보았다. 그토록 절박할 수밖에 없었던 배경이 안타깝다며, 전태일은 '페미니스트'였다고 평가한다. 어느 정도만 하고 자기 기술로 먹고살 수 있는 길을 포기한 선택이 인상 깊었고, 비록 죽음을 택했지만 전태일은 철학자이며 행복하게 사는 방법을 알았던 거라고 말했다.

78 | 최문선, 「목숨값 4만 원」, 『한국일보』 [36.5°] 칼럼, 2018. 11. 22.

그는 젊은 게 좋다는 사람들의 말이 맞는지 잘 모르겠단다. 기계 세척이나 조립으로 하루 대부분을 일하고 나면 씻고 밥 먹고 자는 일상을 의무감으로 반복하는 자신의 일상이 젊지 않다고 느껴지기 때문이다. 하지만 이야기는 20대와의 대화에서 빠질 수 없는, 좋은 사람들을 만나 감정이 풍부해지고 사랑을 느낀 이야기로 이어진다. 그는 아무리 힘들어도, 열 일 제치고 사랑을 할 수 있는 나이를 지나고 있는 것이다. 안주 하나 놓고 세 시간 넘게 몰입해 대화할 수 있는 좋은 사람들을 소개할 때에는 목소리가 높아졌다.

어느새 그는 바보 같고 무모하며, 고분고분하지 않은 젊은 삶의 태도가 좋다고 신이 나서 역설한다. 영화 〈소공녀〉의 주인공 미소를 소개한다. 그의 주장에 따르면 미소는 물질적으로 빈곤한데 삶이 가난하지는 않다. 끝내 자기 취향을 포기하지 않기 때문이다. 영화 포스터를 인쇄해 방에 붙여 놓았다. 위로가 되었다. 저렇게 살아도 되는구나, 살 수도 있구나 생각했단다. 영화 이야기는 〈어른이 되면〉으로 이어진다. 장애를 가진 동생과 살아가는 장혜영 감독의 이야기에서 그는 '운이 좋지 않아도 절망하지 않을 수 있는' 사회를 꿈꾼다. 이야기는 〈송곳〉을 돌아 여기저기 삶의 골목을 자유롭게 돌아다닌다.

이학선은, 세상은 정해져 있고 그저 따르면 되는 듯한, 자본주의적 태도를 주입하는 학교 분위기가 싫다고 했다. '질문 없는' 교실은 답답했다. 그리고 자신의 질문을 가로막는 사람들과 다투었다. 학교와 공장과 사회에서 그는 삶을 가로막는 말들에 맞서는 말들을 하기 시작했다. 박근혜 대통령 탄핵 시국 촛불 집회가 주말마다 이어지던 2016년 말, 고등학생 이학선은 마이크를 잡고 발언했다. 그리고 스무 살이던 2018년 말, 김용균 추모 집회에서 발언한 원고를 나에게 보여주었다.

> 안녕하십니까. 소개받은 대로 저는 0000공고를 졸업하고 지금은 공장에서 산업기능요원으로 일하고 있는, 스무 살, 청년 노동자 이학선입니다. 불과 얼마 전에 있었던 일입니다. 또한 그 얼마 전에도 있었던 일입니다. 스물네 살 비정규직 청년 노동자가 컨베이어 벨트에 끼여 숨진 일입니다. 건조하게 늘어놓는 것만으로도 찢어지게 가슴 아픈 일입니다.
> 제가 2년 전 이맘 때, 딱 한일극장 앞 이 자리에서 마이크를 들었던 기억이 납니다.
> 우리는 그때, 함께 분노하고 슬퍼하며 "이게 나라냐" 하고 물었습니다. "저게 대통령이냐"고 물은 것이 아니고, "이게

나라냐"라고 물었습니다. 우리가 대통령 하나 바꾸자고 그 추운 광장에 나섰던 게 아니라, 이제는 정말, 이제는 대한민국이 나라다운 나라가 되어야 한다는 이야기였지요. 문재인 대통령도 후보 때 표어로 내거셨습니다.

"나라를 나라답게." 이 나라다운 나라는 뭘까요? 저는 그렇게 생각합니다. 시민들 가운데 누구라도, 힘없고 돈 없는 사람이라도 생지옥으로 내몰리지 않는, 누군가 운이 더 좋아 기뻐할 수는 있겠지만 꼭 운이 좋지 않더라도 영원히 절망하지 않는, 소외됨이 없는, 따뜻하고 정의로운, 그런 나라가 '나라다운 나라'겠지요. 묻지 않을 수 없습니다. 우리는 지금 나라다운 나라에 살고 있습니까?

열아홉 살 노동자가, 혼자서 스크린 도어를 수리하다 열차에 치여 숨지고 2년. 또한 그 이전부터 지금까지 수많은 죽음의 행렬이 이어지는 와중에서 국회는, 국가는 무엇을 했습니까? 김용균 씨의 죽음은 어떤 주장처럼 "안타깝지만 어쩔 수 없는 일" 따위가 아닙니다. "더 노력해서 정규직이 됐어야 하는 일"은 더더욱 아닙니다. 또한 "위험한 데서 일하던 사람이 죽었다고 그런 게 전부 국가가 책임질 일이냐"는 물음은 당연히 틀렸습니다. 쏘아붙인 말들이 설령 우리의 말문을 막았다고 하더라도, 그것은 튼튼한 논리도 합리도 공정함도 무엇도 아닙니다. 그냥 어리석은 이들의, 혹은 영악한 자들의 끔찍한 말장난이며 폭력일 뿐입니다.

그들은 모릅니다. 적어도 구의역에서 열아홉 살 하청 노동자 김 군이 죽었을 때라도, 원청의 이윤을 위해 '비용 절감', '경영 합리화'라는 이름으로 하청의 비정규직 노동자를 저임금 장시간 노동에 노출시키는 이 착취 구조를 바로잡았더라면, 족히 서른 번은 넘도록 위험하다며 반복한 문제 제기조차 '너네 일'이라며 번번이 묵살당하는 상황이 직접 고용, 정규직화로 해결되었더라면, 산재에 대해 원청에도 책임을 묻고 관리 감독을 강화하도록 하는 이른바 '위험의 외주화 방지법'이 통과됐더라면, 그래서 빨리 현장 투입하라고 닦달하는 3일짜리 형식적인 교육이 아니라 제대로 된 안전 교육을 할 수 있었더라면, 원칙대로 2인 1조로 작업했더라면, 적어도 기계를 멈춰 두고서 석탄을 치울 수 있었더라면, 결국 "경제를 위한다"는 허울에서 벗어나 힘 있는 자들의 궤변에 흔들리지 않고 국가가 나서 마땅히 지켜야 할 이들을 지켰더라면, 김용균 씨의 죽음은 막을 수 있었던 죽음이라는 것을, 그들은 모른 체하고 있습니다.

정부가 28년 만에 산업안전보건법 개정안을 내놓았습니다. 늦었지만 지금이나마 꼭 해야 하는 일이지요. 그런데 자유

한국당 이장우 의원은 '과잉 입법'이라며 "국가 경쟁력에 끼치는 영향에 대한 검토가 제대로 이뤄지지 않았다"고, "이러다가 나라가 망하게 생겼다"고 말했습니다. 또, 경총의 본부장은 위험 작업에 대한 하청을 원칙적으로 금지하자는 것을 가지고, "지금 있는 법 지키기도 어려운데 사업주 책임을 강화하면 범법자를 양산할까 우려된다"고 했습니다.

그리고 며칠 전에, 이번 사고를 책임져야 할 원청인 서부발전은 또 다시 하청 업체를 시켜 김용균 씨가 사망한 사고 현장에 물청소를 했다고 합니다. 평소에는 아무리 엉망이고 열악하고 더러워도 기계 상한다고 못 하게 했던 물청소를, 여당 대표 온다니까, 그 물청소를 시켰다고 합니다. 여전히 이런 세상입니다. 여전히, 내가 구의역 김 군이고, 태안화력발전소 김용균입니다. 우리는 나아가야 합니다.

시민들 가운데 누구라도, 힘없고 돈 없는 사람이라도 생지옥으로 내몰리지 않는, 누군가 운이 더 좋아 기뻐할 수는 있겠지만 꼭 운이 좋지 않더라도 영원히 절망하지 않는, 소외됨이 없는, 따뜻하고 정의로운, 그런 '나라다운 나라'로 나아가야 합니다.

어제가 크리스마스였지요. 예수님을 생각해 봅니다. 그 옛날 예수님이 내려오셨던 곳은 화려한 곳이 아니라 가장 누추한 마구간이었습니다. 가난하고 소외된 이들을 위해서 이 땅에 오신 예수. 성탄절을 지나며 우리가 돌아봐야 할 곳은 진정 어디일까요? 감사합니다. (2018. 12. 26)

질문들

5장의 주제에 관한 질문들이다. 자신의 생각을 글로 써서 친구들과 나누고 SNS 공론장, 여러 매체에 발표해 사회 변화에 참여해 보자.

1. 책임 삼성을 선두로 포스코, LG 등 대기업을 포함해 한국 사회 곳곳에서 '노조 와해, 파괴 전략'을 실행에 옮겨 온 기업 경영은 사람들의 생각, 사회 분위기와 노동자의 삶에 어떤 영향을 끼치는가?

2. 최전선 '행복과 사랑의 공공성'을 갖추기 위해 한국의 청년 정책, 청년을 대하는 관점과 태도는 어떻게 바뀌어야 하는가?

|이야기 연보[79]| 내 이름은 전태일

키 161cm에 나이는 스물셋. 이 글을 읽고 있는 당신의 일부이자, 세상이라는 복잡한 그물망에 걸려 발버둥 치던 물고기. 난 지금 이 순간에도, 날 모르는 당신의 아득한 기억 속에, 공장을 돌리는 힘찬 팔뚝 속에, 알바가 끝나기를 기다리는 피곤한 눈동자 속에, 노동조합 사무실 흰 벽 위 액자에, 먼지 쌓인 도서관 서가 끄트머리에 살고 있다. 난 하루 종일 돌아다닌다. 걷는 데는 자신이 있다. 일하는 사람들이 힘들게 싸우거나 외롭게 사라져 가는 곳, 함께 모여 함성을 외치는 곳에는 꼭 찾아간다. 종일 다니다가는 수많은 인파와 더불어 광장에서 집으로, 나를 기억하는 모든 사람의 땀방울 속으로 돌아가 함께 피곤한 몸과 마음을 누인다.

79 | 전태일을 1인칭으로 하는 글쓰기 아이디어는 『한겨레』 안수찬 기자가 2010년 초, '위안부' 김순악 할머니의 삶을 1인칭으로 쓴 약전 「내 이름은 김순악, 일제에 짓밟힌 소나무 한 그루」에서 얻었다. 전태일의 삶의 조각을 정리해 생생한 그의 목소리로 받아쓰기 시작했다. 이후 초고를 읽은 청년들의 제안으로 그 이야기를 연보 형식으로 고쳤다.

청계천 평화시장, 그곳은 내 마음의 고향. 나는 평화시장의 수많은 시다들의 친구. 밤새 돌아가는 미싱 소리로 가득 찬 컴컴한 공장들의 악착같이 뼛골 빼먹는 욕심을 막아 보려고 벽의 크기도 모른 채 온 어깨를 던졌지. 오늘은 내가 살아 있을 적 이야기를 당신에게 들려주려고 한다. 내 이야기는 어쩌면 50~60년 전의 평범한 사연이다. 당시를 살았던 가난한 사람들 전체의 일부일 수 있다. 다만, 내 이야기에 담긴 그 시대의 가난이, 어쩌면 당신이 지금 느끼는 고통에 닿을 수 있지 않을까, 앙상한 가지에서 이파리를 밀어 내는 느낌으로 손 내밀어 본다. 아, 내 짧은 인생 이야기를 읽으려고 자세를 고치는 당신에게 고맙다는 인사를 드리는 게 순서겠다. 꾸벅.

1948년 대구, 그리고 부산

나는 해방된 나라의 남쪽 대구에서 1948년 음력 8월 26일에, 가난한 봉제 노동자의 집에서 맏이로 태어났다. 두 돌 무렵인 1950년 5월, 봉제 공장 일이 잘 안 되자 아버지는 술을 많이 드셨다. 빚쟁이한테 쫓겨 우리 가족은 부산으로 갔다. 전쟁 소식이 들려왔다. 어머니 뱃속에는 남동생 태삼이가 들어 있었고, 삼 년 후에 첫 여동생 순옥이가 태어났다. 아버지는 미군 부대에서 튼튼하고 질긴 군복 천을 떼어 와 염색해서 옷을 만들어 팔아 살림이 제법 폈단다. 범일동의 행복한 시절이었다. 그런데 염색 공장에 맡겨 둔 원단이 여름 장마로 상해 큰 손해를 보았단다. 우리 집은 다시 모든 것을 잃었다.

1954년(7세) 여름, 서울

우리 가족은 무작정 상경했다. 피난민과 전쟁고아, 거지, 일자리를 구하는 사람들로 서울은 붐볐고, 청계천 주변과 산비탈에는 판잣집들이 어깨동무를 하고 있었다. 우리는 주로 고아들이 밤이슬을 피하는 서울역 근처 만리동 염천교 다리 밑이나, 남의 집 처마 밑에서 지냈다. 거적으로 바닥의 한기를 겨우 막았다.

배고프고 힘들었다. 어머니는 집집마다 동냥을 다니시고, 아버지는 일 구하러 나가 며칠씩 오지 않으셨다. 시장마다 다니며 날품을 팔아 얼마간 돈이 모이면 오셨던 거라는데, 어머니한테 당분간만 고생하라는 말을 남기고 다시 나서시던 뒷모습만 기억난다. 어머니는 그 돈을 밑천 삼아 중앙시장, 남대문 육교, 중부시장, 미아리시장까지 다니며 팥죽을 파셨다. 이후 2년 동안 우리는 지붕 없이 살았다.

1956년(9세)

돈을 모아 남산 육교 밑 개천가 천막집에 들었다. 콜타르를 으깨어 바른 천으로 두른 집이었는데 천장에 뚫린 구멍으로 하늘이 보였다. 그 집마저 아버지가 진 빚으로 날아가고 일대가 철거되어 우리는 미아리 공동묘지 근처에서 8개월을 살았다. 미아리에서는 강도를 당해 다시 도동으로 옮겨 살았다.

1956년에 남대문초등공민학교에 편입해 다녔다. 3년제였는데 한글과 산수 등 기초를 가르쳐 주었다. 도동에서 살 때 중고 재봉틀을 들여 아버지는 집에서 제품 일을 시작하셨다. 솜씨가 좋다고 소문이 나 일이 잘 풀리자 아버지는 이듬해 남대문시장 안에 있던 대도백화점 2층에 점포를 얻고 재봉틀과 일꾼까지 들이셨다.

1960년(13세)

공민학교에서 유일하게 남대문국민학교 편입 시험에 합격하였다. 4학년이다. 가슴이 뛰고 설레었다. 학교가 파하면 어머니한테 그날 배운 것, 친구들과 나눈 얘기 보따리를 신나게 풀어 놓았다. 하루 종일 돌아다니며 장사를 하고 온 어머니는 환한 얼굴 뒤로 피곤을 감추지도 못한 채 내 이야기에 귀를 기울이곤 하셨다. 어머니 눈에 나는 수다스러운 참새처럼 보였을 것이다. 막내 순덕이가 4월에 태어났다. 하지만 집안 분위기는 안 좋았다. 아버지가 사기를 당하셨다. 천은 외상으로 들이고, 빚을 내어 재봉틀을 늘리고 사람을 써서 고등학교에 납품한 체육복 수천 벌의 대금을 받으러 가 보니, 소개업자가 중간에 돈을 받아 사라졌다. 4·19 혁명 전후 어수선한 시국이었다.

나는 열두 살에 가장 노릇을 하게 되었다. 아버지는 밥 대신 술만 드셨고, 어머니는 충격에 쓰러지셨다. 한동안 학교 끝나고 신문을 팔았는데 결국 학교를 접어야 했다. 우리 가족은 집과 재봉틀을 내놓고 거리로 나앉았다.

그해 5월쯤으로 기억한다. 이태원 산마루턱 판잣집에 살다가 방세가 밀려 이듬해 1월, 용두동 개천가 판자촌으로 옮겼다. 두 집 지붕 사이에 나무 막대기로 기둥을 세우고 그 위에 헌 장판을 얹어 비를 피하는, '집 사이 공간'이 새로 살게 된 집이었다. 염천교 밑에서 지내던 시절로 되돌아간 거다. 밤에 식구들과 나란히 누우면 개울물 소리에 잠이 오지 않았다. 몸져누웠던 어머니는 시간이 한참 지나서야 겨우 기운을 차리셨다.

나는 태삼이와 행상에 나섰다. 조그만 씨레이션 박스에 위탁

판매소에서 받아온 솔, 조리, 방 빗자루, 석쇠, 삼발이를 담아 가지고 목 놓아 소리 지르며 팔고 다녔다. 밤이면 동대문상고 옆 동광교회 야간학교에서 틈틈이 공부도 했지만 꾸준할 수는 없었다. 삼발이는 구조가 간단해 동대문 시장에서 재료를 사다가 논바닥에 쌓아 놓고 직접 만들었다. 그런데 아무리 팔고 다녀도 벌이가 시원치 않았다. 월말 대금을 치르기 전에 식구들 끼니에 먼저 쓰다 보니 미수금이 점점 늘어 갚기 힘든 상황이 되어 버렸다.

1961년(14세), 가출

군사 쿠데타로 세상에 군홧발 소리가 들려왔다. 월말 계산일을 하루 앞둔 날, 밀린 대금을 치를 수 없었다. 현실에서 도망치고 싶었다. 팔던 물건을 동대문시장 손수레 보관소에 맡기고 무작정 남쪽으로 걸었다. 영등포를 지나 수원역에 도착했다. 내가 유일하게 할 수 있는 것은 하염없이 걷는 것뿐. 검표원의 눈을 피해 기차에 몰래 타고 대구 큰집에 가서 며칠을 묵었다. 가출했다고는 안 했다. 서울로 돌아와 남대문시장 근처를 떠돌며 일을 했다. 돈을 벌어서 집에 가야 모든 일을 해결할 수 있을 것 같았다. 신문팔이를 했지만 밤에 노숙할 때 순경한테 잡히지 않으려면 구두통을 메는 게 유리했다. 서울 거리에서 1년을 버텼다. 잠자리, 끼니, 순경과 구역 아이들 등쌀에 지쳐 갔다.

1962년(15세) 여름, 부산행

행복한 어린 시절의 기억이 남아 있는 부산으로 갔다. 도착한 첫날에 구역 애들한테 맞고 구두통을 빼앗겼다. 호된 신고식이었다. 씻지 못해 땀에 전 몸을 벅벅 긁으며 영도 바닷가를 찾아갔다. 허기진 몸으로 바닷가에 도착해서 물에 뜬 양배추 속고갱이를 향해 몸을 던진 것까지 기억난다. 한 아저씨가 발견해 건져 주었단다. 눈을 떴을 때, 내 앞에는 지폐 석 장과 동전, 그리고 양배추 고갱이와 젖은 옷이 놓여 있었다. 서울로 돌아가야겠다고 생각했다.

부산진역 근처 토관에서 웅크린 채 밤을 새고 새벽 기차에 몰래 올랐다. 검표원이 지날 때 의자 밑에 몸을 숨겼는데, 위에 앉은 할머니가 치마폭으로 가려 주셨다. 눈시울이 뜨거워졌다. 지저분한 의자 밑에서 잠이 들었다 깨니 서울행인 줄 알았던 기차는 웬걸, 영천역이 종점인 기차였다. 자포자기하는 마음으로 대합실 긴 의자에 누워 잠을 잤다. 눈을 떠 보니 건너편 의자에 앉았던 젊은 애기 엄마가 보채는 아이를 달래며 일어섰다. 의자 위에 먹다 만 사과가 놓여 있었다. 나는 달려가 사과를 덥석 쥐고는 허겁지겁 먹었다.

의자 밑에 100원짜리 지폐 다발이 떨어져 있었다. 생각할 겨를도 없이 돈다발을 움켜쥐었다. 오후 두 시쯤이었을 거다. 미풍에도 뜨거운 여름 오후, 매미 소리를 들으며 손님 없는 역전 식당으로 달려갔다. 떡 두 접시를 시켜 입 안에 밀어 넣었다. 돈 주인이 애기 엄마일 거라는 생각이 뒤늦게 밀려왔지만 그녀는 온 데 간 데 없었다.

표를 사서 기차를 타고 대구역에 내렸다. 큰집에 가기는 두려워 왜관 외할머니한테 갔다. 반갑게 쓰다듬어 주시는 할머니한테 뜻밖의 소식을 들었다. 식구들이 모두 대구에 살고 있다는 것이다. 왠지 두려움이 사라졌다. 용기를 내어 찾아가니 큰집, 작은집 식구까지 모두 나를 환영해 주었다. 그렇게 무섭던 아버지도 눈물을 흘리며 내 머리를 쓰다듬어 주셨다. 고달프고 힘겨운 가출을 끝내고 몸과 마음을 편하게 방바닥에 부려놓았다.

1963년(16세) 대구, 청옥

그해 봄, 아버지는 작은집의 도움으로 재봉틀을 다시 들여놓고 제품 일을 시작하셨다. 술도 끊고 착실한 가장으로 돌아오셨다. 어느 날 큰집에 다녀온 어머니가 큰 선물을 주셨다.

다시 학교에 다닐 수 있다는 것이었다. 명덕국민학교 건물을 저녁에 쓰는 청옥고등공민학교는, 형편이 어려워 중학교에 못 간 청소년들이 다니는 야간 중학 과정이었다. 개학하고 두 달이나 지났지만, 나는 부푼 가슴을 안고 5월 푸른 하늘을 보며 청옥고등공민학교에 입학했다. 국민학교 4학년을 다니다 그만둔 나는 야간이지만 다시 배울 수 있다는 사실에 심장이 마구 뛰었다. 수업 시간 50분이 어떻게 지나가는지 모르게 몰입이 되었고, 하루하루가 온전한 내 삶이었다.

고등공민학교 연합 체육대회가 경북대 사범대학 운동장에서 열리던 날, 가을 하늘은 맑고 구름 한 점 없이 깊었다. 점심시간에 식당에서 남녀 선수들과 같이 즐거운 대화를 나눌 때 문득 내가 아직도 서울에서 방황하고 있었으면 어땠을까 생각하니 가슴이 뭉클해졌다. 어떻게든지 공부를 끝까지 해서 지금도 서울에서 고생하고 있을 친구들을 도와야 한다고 생각했다. 그리고 거리에서 허기진 배를 움켜쥔 채 5원짜리 동정을 받으려고 양심까지도 다 보여야 하는, 언제든지 밑지는 생명을 연장하려고 애쓰는 불쌍한 사람들을 위해 일하리라고 막연하게 생각했다.

그늘과 그늘로만 옮겨 살아온 나는 그날 한없이 행복하고 마음이 벅찼다. 이렇게 몸과 마음이 기쁨으로 충만한 적이 언제였나. 사람들이 다정스럽고 사랑스럽게 느껴졌다. 사는 게 참 소중하고 내일이 또 펼쳐지리라는 것, 그리고 내가 인간이라는 사실이 고맙고 또 고마웠다. 하지만 그 시간은 짧게 끝나고 말았다.

1963년 그해 겨울부터 나는 학교에 못 나가고 일만 했다. 구름에 가려 갑자기 세상이 어두워지듯, 청옥의 행복한 시간은 오래 못 갔다. 아버지는 공부는 나중에 하고 일을 도우라 하셨다. 하지만 나는 지금 그만두면 다시는 공부할 수 없을 것 같아 애가 탔다. 고학을 결심하고 태삼이와 집을 나와 밤기차를 탔다. 새벽 5시에 도착한 용산역 광장에는 추위와 불안이 내려앉아 있었다. 허름한 우동집에서 아침을 먹고 챙겨온 모직 잠바 여덟 벌을 헐값에 팔아 받은 5,600원으로 각목, 사과 궤짝을 사서 파고다공원 뒤 낙원시장 앞 손수레 보관소 담벼락에 집을 짓고 하루를 잤다. 하지만 야경꾼의 단속으로 더는 머물 수 없었다. 다음날 밤 태삼이가 종일 팔고 남은 신문을 마저 팔러 간 서울역에 함박눈이 내렸다. 부모 손을 잡고 역사를 빠져나오는 아이들의 모습을 본 태삼이가 주저앉았다. 고학은 포기할 수밖에 없었다. 나흘 만에 대구에 돌아와 아버지의 매질과 폭음에 시달렸다.

1964년(17세), 흩어지는 가족

재봉 일이 안 되니 방세가 밀려 대구 내당동 맹아학교 부근 흙집으로 이사를 했다. 단칸 냉방이었다. 어머니는 서문시장 동산병원 옆 헌옷 노점가를 배회하며 옷을 대신 팔아 주고 일이십 원씩을 받아, 하루 칠팔십 원, 때 묻은 지폐를 벌어 오셨다. 부족했다.

1964년 2월, 진눈깨비가 내리는 설날 아침에 어머니는 식모살이를 하러 서울로 떠나셨다. 순덕이는 눈만 뜨면 엄마를 찾았다. 보름 후, 작은집에서 정월 대보름 잡곡밥을 얻어 먹고 작은아버지 시계를 훔쳐 100원에 팔아 수중에 600원을 쥐었다. 나는 순덕이를 업고 서울로 갔다. 어머니는 찾기 힘들었지만, 밤은 어김없이 찾아왔다. 남대문시장 과일 도매상 옆 땅콩 가게 굴뚝에 아직 남아 있는 온기에 기대어 잠을 잤다. 아니 밤을 샜다. 시장 경비원의 독촉에 쫓겨 일어났다. 팥죽에서 눈을 못 떼는 순덕이를 보고 꽃장수 아주머니들이 60원을 모아 주셨다. 순덕이한테 팥죽을 먹이고 남은 돈으로 신문을 사서 팔았다. 순덕이가 아팠다. 약값을 썼다. 식비만 받고 잠을 재워 주는 신문팔이 합숙소를 소개받아 순덕이를 재우고 신문을 팔았다. 잘 안 팔렸다. 280원의 미수금을 남긴 채 찬바람이 살을 베는 거리로 나왔다. 길거리에 동생을 버려두면 보호소에 갈 수 있을 것 같아 서대문 적십자병원 앞에 순덕이를 두었다. 한참을 걸어가는데 가슴이 쿵쾅거리고 뒤에서 순덕이 울음소리가 잡아끄는 것 같아 뛰어 돌아가니, 순덕이는 사람들에게 둘러싸여 코가 빨개지도록 울고 있었다.

다시 숙소는 땅콩 화롯가. 젊은 신사 한 분이 나를 깨워 백 원짜리 새 지폐 한 장을 주며 시청 사회과를 소개해 주셨다. 10원짜리 밀가루 수제비를 한 그릇씩 사 먹었다. 시청 사회과 분실로 찾아가니 미아보호소로 가는 시청 차가 있다고 알려주었다. 나는 입고 있던 학생복 상의를 헐값에 팔아 순덕이한테 30원짜리 백반 한 상을 사 먹였다. 시청 사회과 분실 앞에서 차를 태워 보내며 저녁까지 엄마를 찾아보고 가겠다고 약속을 하였다. 지키지 못할 약속이었다.

순덕이를 태운 차가 출발하고 나서야 한기가 몰려왔다. 얇은 속옷만 입고 있었던 것이다. 대도상가 한 담뱃가게에 들어가 무작정 도움을 청했다. 아주머니가 200원을 주셨다. 70원짜리 윗도리를 사 입고 100원짜리 구두통을 장만했다. 그러고도 돈이 남아 우동 한 그릇을 사 먹고, 간만에 무허가 하숙집에 들었다.

그런데 순덕이를 생각하면 먹어도 먹은 것 같지 않고, 누워도 잠이 오지 않았다. 괴로움을 잊기 위해 닥치는 대로 일했다. 동생을 데려오려면 돈을 빨리 벌어야 했다. 낮엔 구두를 닦고 저녁에는 신문을 팔았으며, 한밤중에는 땅에 떨어진 담배꽁초를 주워 모아 새 담배로 말아 팔았다.

하루는 남대문시장 어느 과일집 앞에서 구두를 닦다가 다른 두 거지 아이들과 함께 깡통을 차며 지나가는 태삼이를 봤다. 태삼이를 불렀다. 태삼이의 눈동자가 커졌다. 부둥켜안았다. 그때는 거지가 부끄러울 게 없었다. 숫자도 많았지만 거지와 거지 아닌 게 그리 멀지도 않았다. 우리는 나란히 구두통을 메고 서울 거리를 헤맸다. 우리는 상률 어머니 소개로 남산동 50번지 무허가 하숙집에서 심부름을 해 주며 살게 되었다. 태삼이는 물동이를 지게로 져 나르고 나는 구두를 닦으러 다녔다.

봄 김칫거리를 파는 때쯤, 상률이 어머니를 통해 어머니 소식을 알게 되었다. 동대문 천일백화점 도원식당에 가서 어머니를 만난 순간을 기억한다. 몇 달 전보다 퍽 늙어 보이는 어머니는 행주치마로 눈물을 닦으셨다. 당장 같이 살 수는 없었다. 돈을 모을 때까지는 헤어져 지내야 했다. 그래도 만난 것이 어딘가.

어머니는 하혈이 심했단다. 병원비가 빚이 되어 식당 일은 빚 갚는 일이 되었다. 하지만 몸은 더 안 좋아졌다. 일하던 식당 동료들의 도움으로 1만 원을 받고 그만두셨다. 그 돈은 치료비로 금방 사라졌다. 나는 남산동 하숙집을 나와 상률이네 집으로 와서 어머니와 함께 지내게 되었다. 어머니 건강이 회복되고부터 우리는 마루 밑에 들어가 가마니를 깔고 자기도 했다. 좁은 방에 신세 지는 게 미안해서였다. 상률이 엄마가 극구 말렸지만 우리는 밤 깊어서야 조용히 들어와 마루 밑으로 기어들곤 했다. 추운 밤, 어머니는 치마를 벗어 나를 덮어 주시고, 나는 상의를 벗어 어머니를 덮어 드렸다.

상률이네에 오래 있기가 미안했다. 어머니는 머리채를 잘라 팔아 돈 몇 백 원을 장만해 서울역 뒤 중앙시장 채소전에 자리를 잡고 지내셨다. 채소를 옮길 때 떨어지는 우거지를 주워 파는 일을 하셨다. 시장 구석에 사는 거지 아이가 쉰밥을 먹다 체한 것을 바늘로 따 준 후로 아이들이 인정 많은 아줌마라 부르다 나중에는 엄마라고 불렀다. 봄부터 여름이 다 갈 때까지 어머니는 머리에 보자기를 쓰고 계셨다.

계절은 바뀌어 나는 여름에는 아이스크림을, 비 오면 우산을 팔았다. 늦여름에는 서울역 뒤에서 동대문시장까지 손수레를 밀어주고 30원을 받았다. 온몸에서 무럭무럭 김이 올라왔다.

거리에서 일하는 것으로는 불안정했다. 기술을 배워 앞날을 대비해야 했다. 구두를 닦으며 다니다가 맞춤집 시다 모집 광고를 본 다음날, 오랜만에 깨끗이 씻고 면접을 보러 갔다. 키 작은 이북 사람이 하는 학생복 맞춤집 삼일사였다. 일하기로 했다. 월급은 1,500원. 일당 50원이었다. 하루 하숙비가 120원이라, 일해도 밑지는 월급이었다. 모자란 것은 새벽에 여관 손님들 구두를 닦고, 밤에 껌과 휴지를 팔아 보충했다. 기술을 배우고 모여 살려면 이 정도 고생은 어쩔 수 없었다.

어머니와 나는 때때로 만나 각기 힘닿는 만큼 열심히 살자 다짐했다. 나는 어머니를 만날 때마다 하루 수제비 세 그릇씩은 잡수시라고 당부했다. 수수떡이라도 있으면 챙겨드렸다. 어머니는 남산동 비탈길에서 물지게 지며 눈칫밥 먹는 태삼이를 안쓰러워하셨다. 셋이 우선 모여 살려면 한가하게 쉴 짬이 없었다.

그해 가을 어머니와 모은 돈을 합치니 2,500원이 되어 천막을 샀다. 남산 중턱에 짓다 만 아파트 건물 뼈대 옥상에 천막집을 지었다. 여기저기 합판으로 칸을 막고 사람들이 살았다. 오래지 않아 새벽에 관리인들에게 철거되었다. 우리는 돈을 좀 더 모아 김장철이 될 무렵 남산동 50번지에 사글세로 판잣집을 얻었다. 어머니, 태삼이랑 함께 살게 되었다. 어머니의 채소 장사가 자리를 잡게 된 후로는 다른 알바를 하지 않아도 되었다. 열심히 기술만 배우면 되는 편안한 생활을 하게 된 것만으로도 기뻤다. 재봉 일에 익숙한 나는 한 달 후 미싱 보조로 승진해 월급도 3,000원을 받게 되었다. 함께 평화시장에 다니는 태삼이 수입과 합치면 월 4,000원 정도가 되었다. 물론 살림은 늘 빠듯했다.
이즈음 순옥이와 아버지도 서울에 올라와 있었다. 따로 일하며 어머니를 가끔 만나던 그 여름, 중부시장에 수제비를 먹으러 갔다가 우연히 순옥이를 만났다. 내가 먼저 알아보고 부르자 화들짝 놀란 순옥이를 꼭 안아 주었다. 중부시장에서 재단 일을 하던 아버지를 만났다. 어머니는 함께 사는 것을 처음에는 반대했지만, 다시는 술을 안 먹겠다는 아버지의 간곡한 부탁으로, 나중에 판잣집을 얻은 이후 함께 살게 된다. 물론 그 후에도 술을 많이 드셨지만…

1965년(18세), 모이는 가족

해가 바뀌고 집을 얻은 지 두 달쯤 후에 행방을 수소문해 천호동 보육원에 가서 순덕이를 데려왔다. 순덕이는 한동안 새벽 일찍 세수하고 거울 앞에서 머리를 빗고는 웃지도 않고 말없이 앉아 있곤 했다. 왜 그러느냐 물으면, 그렇게 하지 않으면 선생님께 야단맞는다고 했다. 어머니는 가슴을 치셨다. 우리는 이렇게 흩어진 지 1년 남짓 지나 모여 살게 되었다.

1965년 8월, 비 오던 날의 일이 두고두고 기억에 난다. 비 오는 날이면 우산을 떼어다 팔았다. 억센 빗줄기 속에 국립극장 앞 당구장 3층에서 '우산'을 외치는 소리에 한걸음에 올라갔다. 여자는 35원 가격이 비싸다부터 시작해 헌 우산 아니냐며 트집 잡더니 금방 받은 물건이며 35원도 본전치기라는 내 말에 "변명은 말아, 너희들이 그런 지저분한 변명을 하니까 밤낮 그 모양 그 꼴이야, 이 거지 같은 자식아"라고 했다. "그래요, 나는 태어날 때부터 거지예요. 댁에는 태어날 때부터 그렇게 도도한 집안에서 태어났고요. 내내 도도하십시오" 하고 몇 년 후 일기에 그날 일을 떠올리며 썼다. 모욕을 느낄 때마다 떠오르는 기억이다.

1966년(19세)

1월, 우리 동네 남산동 50번지 판자촌에 큰 불이 나, 집 수백 채가 타 버렸다. 사람이 많이 죽었다. 판자촌을 없애려고 일부러 불을 냈다는 소문이 돌았다. 우리 집도 힘겹게 모은 살림을 몽땅 잃었다. 어머니는 충격을 받아 시력을 잃었다가 한참 만에 회복하셨다. 동네 사람들은 뿔뿔이 흩어졌다. 우리는 여러 이웃들과 함께 도봉동을 거쳐 쌍문동까지 옮겼다. 208번지는 공동묘지였다. 무덤 옆에 천막을 쳤는데 무섭기보다 추웠다. 이웃들과는 함께 고생을 해서 그런지 끈끈했다. 사람들은 시멘트 블록으로 벽을 쌓고 슬레이트나 루핑으로 지붕을 올려 집을 지었다.

그해 가을, 추석 대목을 앞두고 아이들 막바지를 만드는 통일사에 미싱사로 취직했다. 중급 기술자가 된 거다. 월급은 7000원. 일이 밀려 아침 8시부터 밤 11시까지 작업을 했는데, 그래도 물건이 달리면 업주는 작업을 연장했다. 고되고 힘들었다. 억울한 건, 너무 작업 시간이 길고 힘에 겨운 야간작업을 시키는 거였다. 재단사 말을 거역할 수 없어 억지로 야근을 하고 나면, 다음날은 평일보다 작업량이 형편없이 떨어지지만, 약자인 우리는 부르는 물량에 따라 기계처럼 일을 할 뿐.

직공들은 바지 만드는 양에 따라 월급을 받았다. 그런데 처음에 옷 한 벌당 얼마를 준다는 공임 계약을 안 하고, 대목일이 끝나고 업주가 마음대로 정해 주었다. 조금 나은 업주라도 재단사와 타협해 결정했기 때문에 미싱사와 시다들은 입을 뗄 수조차 없었다. 그러니 바쁘게 옷을 많이 만들어도 겨우 평균보다 조금 나은 월급을 받는 게 허탈했다. 이것이

미싱사들의 큰 불만이었다.

나는 재단사가 되어 공임을 정할 때 동료들 편에 서리라 결심했다. 재단사는 주로 남자였다. 입사, 해고 문제까지 관리하고 동료들의 유일한 의견 전달 창구이기도 하였다. 업주에게도 노동자들에게도 힘이 대단했다. 물론 동료들보다는 자연히 업주 쪽에서 처신하는 자리였지만, 나는 재단사의 힘을 좋은 일에 쓸 수 있다고 생각했다.

10월, 추석이 끝나고 자리 이동이 많은 그때 나는 '재단 보조' 자리를 알아보러 다녔다. 재단사가 되려면 재단 보조부터 새로 일을 배워야 했기 때문이다. 자연히 미싱사로서 받는 7,000원의 수입을 포기해야 했다. 재단 보조로 옮기면 수입이 절반 아래로 줄어든다. 집안이 어려웠지만 나는 마음먹은 바가 있었다. 마침 재단 보조를 구하는 데가 있어, 체격이 작고 안경 낀 50대 사장님과 면접을 보았다. 다음날부터 평화시장 나 244호 한미사로 출근하였다. 미싱 여덟 대를 둔 잠바집이었다.

무질서한 환경부터 정리하였다. 시다들이 이층에 부속을 가지러 오면 헤매지 않게 공간을 정리하고 주머니, 후다, 싱 같은 부속 재료를 풍부하게 잘라 두었다. 시다들은 나를 따르며 내게 이런저런 부탁도 했다. 자연히 챙길 게 많아졌다. 막내 순덕이처럼 어린 애들이었는데 점심을 거르는 경우가 많았다. 나는 버스비와 용돈으로 챙겨 나온 30원으로 풀빵을 30개 사서 대여섯 명과 나누어 먹곤 하였다. 그러면 시다들은 한두 시간 정도는 힘을 내서 일을 했다. 그런 날엔 청계천 6가부터 도봉산 집까지 두세 시간을 걸어 퇴근했다. 근처에서 자취를 잠시 한 것을 빼면 3, 4년은 계속 그랬다.

1967년(20세) 2월, 생활고와 짧은 사랑, 그리고 재단사

설을 10여 일 앞두고 대목이 끝났다. 일하다 친해진 홍선이 형과 자취를 했다. 출퇴근 거리가 너무 멀었기 때문이다. 명절을 맞아 모두 집으로들 갔지만 나는 갈 수 없었다. 명절인데도 집에 들여놓을 돈이 한 푼 없었기 때문이다. 미싱사 때엔 7,000~8,000원씩 받았는데 재단 보조인 그때는 4,000원밖에 못 받았다. 방세가 많이 들진 않지만 연탄값, 수도, 전기세까지 반반 나눠 내면 한번 놀러를 안 가도 식비가 모자랐다.

사장님은 사모와 지방에 수금을 가면서 처제와 나에게 가게를 맡겼다. 집에 못 가는 김에 가게를 맡았다. 처제는 나보다 세 살 많은 금희 씨. 이모라고 부르다 누나라고 불렀다. 같이 가게를 볼 때 가슴이 뛰었다. 가게 일을 더 열심히 했다. 조금이라도 더 함께 있고 싶었다. 마음은 내 맘대로 되질 않아

무럭무럭 자라났다. 청옥 시절 좋아하던 예옥이 생각도 났다. 가게에 함께 있으면 마음이 붕 뜨고 심장은 마구 뛰었다. 밤마다 김소월 시를 뒤적거려 일기장에 옮겨 쓰며 마음을 달랬다.

석 자인 내 코를 거듭 되새기며 피어나는 사랑의 감정을 끊어 버렸다. 쉽지 않았다. 날마다, 마음이 아팠다. 사치라고, 현실에 충실하라고 주문을 걸었다. 그 사이 내 주머니는 비어 갔고, 끼니를 챙기는 일보다 거르는 일이 더 많아졌다. 살아야 했다.

1967년 2월 14일이었다. 주머니에 돈 없이 3일이 흘렀다. 수금을 다녀온 사모한테 700원을 부탁했는데 200원을 준단다. 허탈했다. 내가 공장과 가게를 오가며 애쓰는 것을 조금이라도 알아준다면 그렇게 못할 텐데. 매일 공장에 두세 번 나가 청소를 하고 가게를 며칠씩 보았는데, 야속했다. 당시 3일 동안 난 밥을 겨우 네 끼 먹었다. 그래도 배고픈 티 안 내려고 점심을 먹었다고 빼는 것 보면 참 내 자존심도 대단하다. 하지만 사장 부부의 고집은 더 대단했다.

3일 더 기다리다 결국 아끼던 맘보바지와 곤로를 헐값에 팔았다. 가게 청소를 하고 퇴근할 때 자존심을 누르고 사모한테 500원을 더 부탁했다. 사모는 돈 주면 그만두는 거 아니냐며 거절했다. 미도파 미우만 극장에 가서 영화를 봐 버렸다. 다음날 아침을 먹고 150원짜리 책을 한 권 샀다. 통신 강의록 중학 1권. 희미해지는 배움의 정신을, 내 마음 한 곳에 심한 타격을 주어 다시 똑똑하게 단단히 붙들어 맸다. 남은 15원으로 10원짜리 노트를 사고 5원은 전화비. 그리고 3일간 금식을 결심했다. 공부를 포기할 순 없다. 마음 한구석 사그라드는 공부 불씨에 바람을 후후 불어 댔다. 1년하고 10일 후에 있을 대입을 준비하자고 마음먹었다. 재단을 하고 하루 저녁 2시간씩만 공부하면 내년 대입을 볼 수 있겠지 생각하는데, 나도 모르게 입술이 타고 눈물이 나서 그저 실컷 울었다.

1967년 2월 24일부터 재단사 일을 시작했다. 일하던 재단사가 다른 곳으로 옮긴 것이다. 청구한 돈 500원도 받았다. 그 날만큼은, 이 집을 위해 뭐든 할 수 있다는 마음이 생겼다. 군입대 전에 돈 모아 집도 한 채 장만하리라는 포부도 생겼다. 이틀 후 아침부터 공장을 정리했다. 질식할 것 같은 먼지 속에 하루를 일했지만 놀러 다니는 것보다 훨씬 좋았다. 미싱사들이 출근할 3월 첫 날이 기다려졌다.

하지만 재단사 생활은 힘들었다. 하루하루가 못 견딜 만큼 괴로웠다. 몸도 고됐지만 정신적 고통이 더욱 심하였다. 다른 집 같으면 재단사, 보조, 시아게 3명이 할 일을 나 혼자 했다. 게다가 뭔가 바꿔 보려 했지만 한계가 있었다. 아픈 시다들에게 돈을 털어 약을 사 주거나, 일을 대신하거나 달래는 것뿐. 괴로웠다. 밤늦게 돌아와 어머니에게 시다들의 딱한 사정을 이야기하는 것밖에 할 수 있는 일이 없었다.

그러던 어느 날 한 미싱사가 일을 하다 재봉틀 위에 피를 토했다. 급히 돈을 걷어 병원에 데려가니 폐병 3기란다. 그런데 그 미싱사는 해고를 당했다. 난 큰 충격을 받았다. 그동안 번 돈보다 더 많은 돈을 써도 고치기 어려운 병만 얻고 쫓겨난 것이다. 그동안의 고생은 뭐란 말인가. 왜 언제나 우리는 밑지는 생명인가.

아버지에게 우연히 근로기준법 이야기를 들었다. 어쩔 수 없다는 생각에 속만 태웠는데, 일하는 사람을 위한 법이 있다는 자체가 충격이었고 반가웠다. 저녁 먹을 생각도 않고 노동운동에 관해 물어 보았다. 아버지는 굳은 표정으로 대답을 잘 안 하시다가, 며칠 후 입을 여셨다. 아버지는 기술이나 배우고 서른 넘으면 마음대로 해 보라 하셨고, 나는 이 다음에 혹 필요할까 싶어 알아 두려는 거라고 대답했다.

이 무렵 첫 해고를 당했다. 피곤해 하는 시다들을 조금 일찍 보내고 밤늦게 혼자 정리하는 날이 많아졌다. 하루는 혼자 청소하는데 사장이 왔다. 사장은 시다들 버릇 나빠진다고 화를 냈다. 다음날도 똑같이 하다가 들켰다. 며칠 전 철야 근무 후로 하도 피곤해 해서 보냈다 말하고, 그만큼 내가 하면 되지 않느냐고 말했다. 따지는 듯이 들렸나 보다. 내일부터 나오지 말라 했다. 사장은 말 잘 듣는 재단사를 원했던 거다. 다른 공장에 취직했다.

내 생활은 달라졌다. 낮이면 재단사들을 찾아다니고, 퇴근 후에는 근로기준법 책을 공부했다. 순덕이보다 작은 애들이 하루 열네 시간 넘게 일하는데, 고사리 같은 손으로 먼지구덩이 속에서 굶으며 애쓰는 걸 보면 인간이 이렇게 살아야 하나, 생각이 들었다. 오며가며 알게 된 재단사 김영문과 친해졌다. 공장 일이 워낙 바빠 공중화장실에서 만나면 이야기를 나누곤 했다.

1968년(21세)

영문이와 간이식당에서 30원짜리 우동도 먹고, 서울 음대가 보이는 복도에 서서 틈틈이 근로기준법 이야기를 나눴다. 일주일에 한 번씩 쉬게 되어 있고, 아이들은 야간작업 시켜서는 안 되고, 야간하면 수당을 더 주게 되어 있다고 설명했다.

나는 여러 번 해고를 당했다. 그해 겨울, 새 일자리를 찾던 중에 나는 영문이를 만나 재단사 모임을 만들자고 제안했다.

법조문 몇 개라도 지키도록 만들고 정 말을 안 들으면 3만 근로자가 일제히 파업, 데모하면 업주들이 배겨 낼 수 있겠느냐는 생각이었다. 사나흘 만에 10명 남짓 모였다. 동화시장 아래 은하수 다방에서 처음 모였고 찻값은 내가 냈다. 그 얼마 전 구로동 맞춤집에서 일하고 번 돈이 매번 찻값에 들어갔지만, 난 신이 났다.

1969년(22세)

6월 중순에 아버지가 돌아가셨다. 고혈압을 지병으로 앓았지만 죽음은 갑자기 찾아와서 임종은 어머니만 지켰다. 나는 얼마 전부터, 아버지를 위로하려고 애썼다. 돈을 벌게 되면서 아버지에게 다달이 5백 원, 천 원씩을 드리며 막소주를 안주 없이 드시면 해로우니 돼지껍데기 삶은 거라도 사서 자시라고 했다. 아버지는 베개 속에서 꼬깃꼬깃 접어서 뭉친 5백 원짜리 지폐 대여섯 장을 꺼내셨다고 한다. 한동안은 술을 드셨는데, 죄스러워 술을 끊고 모아 두셨단다.

6월 말 덕수중 근처 중국집에서 바보회 창립 총회를 열었다. 밤에는 집으로 자리를 옮겨 새벽까지 계획을 논의했다. 근로기준법에 명시된 하루 8시간 노동, 주 1일 휴일 보장을 촉구하고, 노동자들의 애로사항을 상담하고 현장을 감시하며, 노동 실태를 조사하고 모범 업체를 설립하자고 제안했다. 모범 업체 설립은 장기 과제로 두고 나머지 세 가지 일을 우선 추진하기로 뜻을 모았다. 그간 몇 차례 모임의 힘인지 회원들도 점차 호응하기 시작했다. 우리가 하려는 일이 쉽지 않은 줄 모두 충분히 느끼고 있었지만, 나에게 이 일은 안 할 수 없는 일이었고 할 수 있는 데까지 해 보자는 의지로 가슴은 부풀었다.

어머니께 부탁해 백방으로 돈을 빌려 근로기준법 해설서를 샀다. 무려 2,700원이었다. 하룻밤을 새워 한 장밖에 못 봐도 책을 놓지 않았다. 어두운 작업장에서, 흔들리는 버스에서, 골방에서, 틈만 나면 책을 보았다. 여름밤이면 온몸에 모기약을 뿌리고 잠과 모기를 쫓으며 밤새도록, 겨울이면 몇 달씩 불 꺼진 냉돌방에서 구멍 뚫린 나일론 이불을 둘러쓰고 손을 불어 가며 새까매진 책장을 넘겼다. 시시때때로 친구들을 데려와 밤새 이야기를 나눴다. 바보회장 명함을 박아 돌리고, 근로조건 개선을 역설하고 다녔다.

여름에 또 해고를 당했다. 소문이 났는지 다른 곳에 취직이 되지 않았다. 분위기가 이번에는 달랐다. 블랙리스트에 오른 것이다. 구로, 남대문, 동대문 등에서 임시로 일했다. 일이 없을 때에는 평화시장 곳곳을 다니며 노동자를 만나거나 작업장 실태를 조사했다.

바짓집에서 5일 일해 번 돈으로 설문지 300매를 인쇄했다. 업주들 눈 피해 하느라고 했지만 빼앗기거나 찢기는 일이 생겨 다 돌릴 수 없었다. 그나마 돌린 100매 중 제대로 걷힌 건 불과 30매 정도였는데 사장들은 난리가 나고, 바보회 회원들은 감시를 더 심하게 당하게 되었다.

그래도 설문 내용을 정리해 시청을 찾아갔다. 시청 근로감독관은 사람을 쳐다보지도 않고 말을 자르더니 서류를 두고 가라고 했다. 소식은 없었다. 나는 노동청에 가서 진정했다. 실태 조사를 한 번 나왔으나 이후 소식이 없었다. 무슨 일인가 싶었다. 온몸에 힘이 죽 빠져나갔다.

나는 평화시장에 더 발을 붙이기 힘들게 되었다. 몇 달 동안 집에 돈을 거의 못 가져갔다. 더 괴로운 일은 바보회원들의 군 입대와 무관심이었다. 총회 후 가끔 너댓 명이 모이거나, 혼자 기다리다 온 적도 있었다. 바보회는 사실상 공중분해되었다. 평화시장에는 발붙일 곳이 없었고 믿었던 관청은 내가 생각했던 그런 곳이 아니었다. 모두 한편이 된 듯한 현실의 조롱과 냉소가 잔혹하고 괴로웠다.

가을, 여기저기 공사판에서 막노동을 했다. 어머니한테는 시장에 나가는 시늉을 했지만 어느 순간 어머니도 알고 계신

눈치였다. 공사판에서 한 달 꼬박 일해 오랜만에 집에 1만 원을 가져다줄 수 있었다. 노트에 글을 쓰기 시작했다. 일터를 찾아 떠돌아다녔지만 밤중에 집에 오면 틀어박혀 밤새 글을 쓰거나 멍하니 앉아 있었다.

겨울이 왔다. 외롭고 두려웠다. 평화시장에서 보낸 몇 년의 일들을, 당연한 듯, 힘든 게 아닌 듯, 아무렇지 않은 듯 지나갈 수는 없었다. 불안과 마주선 다짐이 매일 밤 일어섰다 쓰러졌다 반복되었다.

그해 마지막 밤에, 인간의 문제를 외면하지 않겠다고, 새해에는 반드시 싸우겠노라고 노트에 썼다. 경제성장의 공을 산업 역군에게 돌린다는 정부의 거짓말, 노동자들을 밑거름으로 점점 살쪄 가는 기업주들, 빵과 시간과 자유가 턱없이 모자란 노동자들의 일상, 살아 있는 것 자체가 환멸인 세상, 가치가 동등한 인간들이 물질적 가치로 전락하는 풍조와 투쟁하겠노라고. 현시점에서 인간 전태일이가 갈 수 있는 길을 매일매일 점검해 보았다. 이상은 용암처럼 부글거리고, 인간답게 살아 보려고 발버둥 치지만, 나는 인생의 출발점에서 걷는 에너지가 모자라 애태웠다.

세상 모든 출구는 가로막혀 있었다. 출구마다 열어젖히면 벽이었다. 그런데 단 하나의 출구가 자꾸만 떠올랐다. 그 출구를 생각하면서 어느 순간 나는 두려움과 싸웠다. 결국 마지막에는 그 문을 열어야 한다는 생각이 들었다.

1970년(23세)

봄에는 일숫돈, 달러이자 등 빚이 쌓여 원금과 이자를 합해 10만 원까지 불었다. 게다가 철거까지 극성이었다. 공동묘지까지 쫓겨 간 판잣집들을 무너뜨리려고 철거반들이 줄기차게 드나들었다. 천막을 치고 살다가 땅을 파고 블록을 쌓아 움막을 짓고 사니 곧바로 무허가 집이 되어 버렸다. 밀려나고 밀려난 곳에 텐트는 되고 벽돌은 안 된단 말인가. 그 봄에 족히 일곱 번은 철거를 당했다. 낮에 집이 헐리면 나는 어머니와 밤에 다시 벽돌을 쌓아 집을 지었다. 일곱 번을 다시 지었다. 그때마다 안방을 넓혔다.

5월 초순에 삼각산 임마누엘 수도원 공사장 잡역부로 올라갔다. 어머니를 통해 미리 부탁해 둔 자리였다. 함께 가겠다는 태삼이를 말리고 짐을 꾸려 혼자 갔다. 집에는 한동안 내려오지 않았다. 몸과 마음을 일에 몰두시켜 힘들게 하고 싶었다. 정신이 차차 맑아지며 생각은 또렷해졌다. 어느 날 어머니는 옷가지와 먹을거리를 싸서 올라오셨다. 덥수룩한 내 머리를 보고는 500원을 주며 이발을 하라 하셨지만, 나는 태삼이 신발 사 신기라고 받지 않았다. 8월 초순에 집에 한번 내려가 5,000원을 어머니께 드렸다. 방에 장판을 까는 데 쓰시라고 당부를 드렸다. 세를 놓든, 내 친구들이 앞으로 모이든, 장판이 필요할 것이었다.

8월 9일, 둘째 토요일. 비로소 내 마음에 결단을 내린 날. 평화시장으로 돌아가겠다고 마음먹었다. 가서, 한 번 더 그 높고 겹겹이 쌓인 벽에 문이 있나 찾아보려 한다. 문이 없으면 문을 내야 한다. 나를 다 바쳐 온 어깨를 부딪쳐 벽에 문을 내겠다고 완전에 가까운 결심을 하였다. 심호흡.

9월, 다시 평화시장엘 나갔다. 구름다리 아래 인간 시장에서 만난 종인, 승철이와 동양방송국엘 가 〈시민의 소리〉 담당자를 만나 평화시장의 사연을 말했다. 통계가 부족해 방송이 곤란하다는 이야기에 도로 나와 5분 거리의 시청 사회과를 찾아갔다. 한 시간은 기다려야 해서 나만 남았다. 뒤늦게 만난 사회과 직원은 노동청으로 가라고 했다. 노동청엘 갔다가 나오는 길에 출입기자들 만나 설명하니 호의적 반응을 보였다. 설문 조사를 많이 받고 여러 사람이 공동 서명까지 하면 좋겠다는 조언을 얻었다. 힘이 난다. 왕성사에 재단사로 취직했다. 사람들은 나더러 감옥에 다녀왔다고 수군거렸지만 블랙리스트는 느슨해져 취직이 되었다. 재봉 일 5년차 재단사 월급 23,000원.

9월 16일 은호다방에 모여 바보회를 계승한 삼동친목회를 결성했다. 재단사 12명이 모였다. 우리는 비인간적인 노동 현실을 폭로하고 맞서 싸우자고 다짐했다. 그날의 쟁쟁한 목소리와 열기를 나는 아직도 가슴에 품고 있다. 마담과 종업원들은 우리 이야기의 진지함을 느꼈는지 늦은 시간까지 싫은 소리도 않고 기다려 주었다.

왕성사에서는 보름 만에 해고되었다. 11시 20분까지 일하고 퇴근하다 버스를 놓쳐 경찰서에서 하룻밤 지내고 아침 거르고 출근했더니 몸이 아파, 점심에 재단 보조에게 말하고 퇴근했는데 무단 조퇴라며 다음날 해고했다. 못 받은 돈은 일주일 후 삼동회원들과 함께 찾아가 5,000원을 받아내 모임 찻값과 현수막 제작에 썼다.

보다 치밀하게 설문 조사를 실시했다. 1년 전 100장을 뿌려 30장밖에 걷지 못한 뼈아픈 실패를 교훈 삼아 더 철저하게 설문지를 돌렸다. 뿌리지도 못하고 남겨 두었던 200장을 돌려 이번에는 126장을 회수하였다. 126장을 분석해 체계적으로 진정서를 작성하였다. 대학 노트 15장 분량으로 정리했다. 손가락이 아픈 줄도 몰랐다.

10월 6일, 「평화시장 피복제품상 종업원 근로 개선 진정서」

를 삼동회원을 비롯해 94명의 서명을 받아 노동청에 제출했다. 진정서에는 노동자 수, 직책별 숫자, 작업 시간, 급료, 건강 상태, 작업장의 위치와 넓이, 조명 환경, 다락방, 환기장치 실태, 상수도, 변소 시설에 이르기까지 방대한 내용을 담았다.

10월 7일을 잊을 수 없다. 『경향신문』 석간에 「골방서 하루 16시간 노동」이라는 제목으로 우리 이야기가 실렸다. 종인이의 시계를 신문사에 담보로 맡기고 300부를 사서 팔았다. 신문값은 1부에 20원. 영화를 홍보하는 인간 간판처럼 몸에 '평화시장 기사 특보'라 써 붙이고 다니며 팔았다. 어린 시다들한테는 무료로 주기도 했다. 축제 분위기였다. 100~200원 내는 사람도 있고, 천 원을 내고 간 이도 한 명 있었다. 여기저기 웅성웅성, 평화시장이 들썩였다. 우리 일이 신문에 다 나다니, 다들 신기하다고 난리다. 이후 며칠 동안 비좁은 먼지구덩이 속 화제는 모두 신문 기사였다. 마주치는 많은 노동자들이 인사를 건네며 힘을 모아 싸울 것을 다짐했다.

10월 8일, 우리는 평화시장 주식회사 사무실에 사업주들과 마주보고 앉아 요구서를 제출했다. 하루 11시간 작업, 매주 일요일 휴무, 작업 시간 어기면 고발, 정기 건강검진은 연 2회, 시다 월급 6,000원으로 두 배 인상, 삼동회 총회는 세 번째 일요일 오전에 실시하니 이날 일 시키지 않기, 임시총회 언제든 소집 보장하기, 열악한 근로조건 개선하기(다락방 철폐, 환풍기 설치, 조명 개선, 생리휴가 보장, 노조 결성 지원을 묶어). 그들은 굳게 다문 입으로 요구서를 읽었다. 사업주들은 환풍기 설치와 조명 교체는 "힘써 보겠다"고 했다. 나머지는 다 들어주기 어렵다고 고개를 가로저었다. 이유를 묻자, "국가 형편상 그렇다"고 했다.

노동청이 움직였다. 평화시장 실태를 조사하고 법 위반 업체를 고발 조치했다. 노동청 근로감독관이 우리를 찾아와 '모범 청년'으로 노동절에 표창하겠다며 회유하려 들었다. 10월 중순, 근로기준국장이 와서 모든 요구를 일주일 안에 들어주겠다고 약속하며, 우리더러 취직을 하라고 했다. 우리가 깡패처럼 몰려다닌다고 평이 안 좋으니 취직을 하면 좋겠다는 것이다. 일리가 있어 우리는 저마다 취직을 했다. 나는 삼미사에 재단 보조로 들어갔다. 하지만 감감 무소식이었다. 찾아가 따졌다. 그는, 노력해 봤는데 현실적으로 근로조건 개선이 불가능하다고 했다.

10월 20일, 국정감사에 맞춰 노동청 앞 시위를 결의했다. 근로감독관이 찾아와 요구 조건을 다 들어주겠다며 읍소했다. 여러 번 속았기에 거듭 확약을 받고 시위를 보류했다. 국정

감사 끝나고 찾아가니 근로감독관의 태도는 돌변해 있었다. 우리 요구는 애초에 도저히 실현 불가능한 것이었다며 그만 포기하란다. 개인적으로 가정적으로 애로 사항이 있으면 얼마든 도와줄 테니 노동운동은 그만하고 손 떼라고 했다.

10월 24일 오후 1시, 국민은행 앞 시위를 다시 결의했다. 구호를 "일요일은 쉬게 하라", "근로기준법을 준수하라", "16시간 작업에 일당 백 원이 웬말이냐!"로 정했다.

우리는 속고도 또 속았다. 오 형사는 10월 7일 이후 파견된 정보계 형사로 삼동회 주변에 접근해 정보를 수집했다. 순진한 우리는 경찰이 업주, 노동청과 한통속임을 꿰뚫지 못하고 있었다. 시위 계획을 철저히 비밀로 하면서도 삼동회를 이해해 주는 오 형사한테는 협조를 구하기까지 했으니 말이다.

10월 24일 당일, 예상 외로 경비가 삼엄했다. 알고 보니 형사들도 쫙 깔렸고, 기업주들이 문 닫고 노동자들을 점심시간에도 내보내지 않은 곳이 많았다. 2층 경비실에서 오 형사가 부르는 소리가 들렸다. 오 형사와 업주들은 유들유들 웃으며 시간을 끌었다. 너희들 마음대로 해 보라며 협박과 조롱을 섞어 던졌다.

격분해 2층으로 뛰어올라갔다. 회원들이 뒤따라 올라왔다. 그들은 당황하며 11월 7일까지 선처하겠다고 또 약속했다.

약속은 어김없이 무산되었다. 11월 13일을 꼽았다. 이번만은 어떤 희생을 치러도 결코 물러서지 말고 싸우자며 구호를 다시 한 번 정리했다. 근로기준법 책을 태우는 화형식을 제안했다. 나무상자를 구해 내가 단상에 올라 발언하고 구호를 외치면 친구들이 복창하면서 바로 데모로 가기로 했다. 진정과 호소는 끝없이 조롱당하고 배반당했으니 이제는 투쟁이 남았다. 화형식을 위해 나는 휘발유통 하나를 준비하겠다고 말해 두었다.

11월 12일 새벽

집 방바닥은 온기가 사라진 지 오래였다. 짧게 자른 머리를 여러 번 빗어 가다듬고 구두를 준비해 두었다. 바지를 다려 입었다. 아끼던 바바리코트도 꺼냈다. 식구들과 둘러앉아 아침밥을 먹었다. 평소보다 정성스레 기도했다. 낌새가 이상했는지 어머니는 어디 이민이라도 가느냐며 의아해 하셨다. 철이 들어 그런다고 둘러댔다. 근로기준법 책을 아무리 찾아도 보이지 않았다. 어머니는 모르겠다고, 내다버렸다고, 제발 그만하라고 애원하다가 결국 솥단지에 숨겨둔 것을 꺼내어 주셨다. 학교에 낼 돈이 밀렸다는 순옥이 말에 가슴이 무거워졌다. 순덕이 머리를 쓰다듬고는 집을 나섰다. 친구들과 밤새 현수막을 만들고 내일을 준비하였다.

11월 13일

하늘도 삼엄하다. 회색 구름에 바람도 세게 불었다. 경비들과 경찰이 겹겹이 진을 치고 있다. 오후 1시가 되자 삽시간에 500명이 국민은행 앞길, 구름다리 아래 웅성거린다. 우리는 3층 어두운 복도 한구석에 모여 있다. 나는 친구들과 품속에 현수막을 품고 시장으로 내려간다. 1시 반. 현수막을 펼치고 구호를 외치자 곧 달려온 형사들과 힘을 겨룬다. 형사들은 현수막을 죽 찢어 버린다. 우리는 다시 올라와 씩씩댄다. 나는 친구들에게 먼저 내려가 담뱃가게 옆에 기다리라고 말한다. 화형식을 위해 준비해 둔 휘발유를 몸에 붓는다. 10분 후에 내려간다. 영문이가 보인다. 영문이를 부르고 나는 가게 앞에서 성큼성큼 걸어가다가 몸에 불을 붙인다. 책이 닳도록 읽은 내 몸은 전부가 책이다. 책과 한 몸이 되어 불길에 휩싸인다. 구호를 외치는데 입속으로 불길이 훅 들어온다.

우리는 기계가 아니다. 일요일은 쉬게 하라!

근로기준법을 준수하라!

노동자 혹사 말라!

넘어졌다가 다시 일어나 외치며 무작정 뛰어간다. 들리는지 모르겠다. 정신이 희미해진다.

어느 순간 목이 탈 듯이 말라 눈을 떠 보니 친구들, 그리고 어머니의 목소리가 들린다. 온몸이 뜨거워 견디기 어렵다. 어머니가 적셔 입에 대 주는 수건을 느낀다. 까마득 잠들었다가 다시 깬다. 몇 번이나 깜박이는 의식을 붙들다가 더 이상 버틸 힘이 없다. 손을 살며시 내려놓는다. 고개에 힘을 주어 숨길을 틀어막고 자세를 바꾸며 단 하나 내 힘으로 열 수 있었던 출구의 문을 비틀어 열고는 쾅 닫았다. 문소리가 아득하게 귓가에 울렸다. 오래도록. 미처 말하기 힘들 것 같아, 내가 최고로 행복했던, 청옥 시절의 친구들한테 편지를 써 두었다.

사랑하는 친우여, 받아 읽어 주게.

친우여, 나를 아는 모든 나여.

나를 모르는 모든 나여.

부탁이 있네. 나를, 지금 이 순간의 나를 영원히 잊지 말아 주게.

그리고 바라네. 그대들 소중한 추억의 서재에 간직하여 주게.

뇌성 번개가 이 작은 육신을 태우고 꺾어 버린다고 해도,

하늘이 나에게만 꺼져 내려온다 해도,

그대 소중한 추억에 간직된 나는 조금도 두렵지 않을 걸세.

그리고 만약 또 두려움이 남는다면 나는 나를 영원히 버릴 걸세.

그대들이 아는, 그대 영역의 일부인 나.

그대들의 앉은 좌석에 보이지 않게 참석했네.

미안하네. 용서하게. 테이블 중간에 나의 좌석을 마련하여 주게.

원섭이와 재철이 중간이면 더욱 좋겠네.

좌석을 마련했으면 내 말을 들어 주게.

그대들이 아는, 그대들의 전체의 일부인 나.

힘에 겨워 힘에 겨워 굴리다 다 못 굴린,

그리고 또 굴려야 할 덩이를 나의 나인 그대들에게 맡긴 채

잠시 다니러 간다네. 잠시 쉬러 간다네.

어쩌면 반지의 무게와 총칼의 질타에 구애되지 않을지도 모르는, 않기를 바라는

이 순간 이후의 세계에서,

내 생애 다 못 굴린 덩이를, 덩이를,

목적지까지 굴리려 하네.

이 순간 이후의 세계에서 또 다시 추방당한다 하더라도

굴리는 데, 굴리는 데, 도울 수만 있다면,

이룰 수만 있다면…….

|에필로그| 사랑의 공공성

1.

전태일은 '일'과 '사람'을 대하는 전혀 다른 시야를 열어 주었다. 평화시장에서 일하는 사람의 고통이 '보이도록' 했다.

초등학생인 아이들이 어느 날 학교 만들기 시간에 쓰고 남은 인형 눈깔을 여러 개 가져왔다. 책상에서 글을 쓰던 어느 날, 고개를 들어 벽을 보니 아무것도 붙어 있지 않아 삭막했다. 나는 무심코 손 닿을 만한 거리에 뒹굴던 인형 눈깔 두 개를 벽에 붙여 보았다. 그 순간 벽은 커다란 얼굴로 바뀌었다.

그렇게 전태일이 내게 '다른 시야'를 열어 준 이야기 몇 개로 이 책을 마무리할 때가 왔다.

2

나는 이 책의 첫 글을 제주도에서 쓰기 시작했다. 교사 생활 십 수 년 만에 방전되어 제주 서귀포에서 한 해 살던 끝이었다. 제주도는 제주도대로 아팠다. 육지인들의 탐욕이 분탕질한 제주는 땅값, 집값, 물가가 올라 토박이들에게 피해가 고스란히 돌아가고 있었다. 미세먼지는 또 어찌나 잦던지. 용천수의 고갈, 쓰레기 문제, 교통 체증의 생활고에 제2공항 건설이라는 거대한 파도가 밀려오고 있었다.

아픈 제주의 남쪽 끝 해안도로에서 자전거를 타다가 굴러 어깨를 다쳤다. 수술을 하고 반 년간은 재활을 했다. 그 재활 끝에 전태일 글쓰기 제안을 받았다. 부상을 추스를 기회라고 생각해 받아들였다. 나는 전태일을 새롭게 읽고 쓰기 시작했다. 글과 생각이 나아가지 않아 답답할 때에는 서귀포 중산간 마을의 돌담길을 하염없이 걸었다. 전태일이 걷기의 달인인 것처럼, 나도 걷다 보면 생각이 정리되고 글 제목이나 아이디어가 문득 떠올랐다.

대구로 돌아오기 전에 4·3 평화공원에서 현장 실습생 이민호의 아버지와 인터뷰를 네 시간 넘게 하였다. 그 인터뷰를 시작으로 대구, 서울 곳곳 길 위의 글쓰기가 시작되었다. 봄에는 현장 실습생 유가족 간담회에 가서 김동준, 김동균의

제주학생문화원에 서 있는
고 이민호 추모 조형물

부모님을 만나고 5월에는 비정규 노동자의 쉼터 '꿀잠'에서 청년 김용균의 어머니를 만났다. 마석 모란공원엘 다녀오고 여러 행사에서 전태일의 동생들, 친구들과 만나고 통화했다. 경기도에서 가르친 제자들도 여럿 만나고 대구에서 일하는 청년 노동자를 만났다. 성서공단노동조합 사무실에 나가 이주 노동자들과 함께 거리 홍보를 하였다. 그 사이사이 책을 읽고 글을 썼다.

그리고 다시 찾은 제주. 2019년 11월 19일, 현장 실습생 이민호의 2주기 행사에 참여해 '다시는' 가족들을 만났다. 그날은 몹시 추웠는데, 이민호의 추모 조형물 제막식이 학생문화원 앞뜰에서 열렸다. 사람들은 오른손을 내밀고 무표정하게 정면을 응시하는 그와 돌아가며 악수를 하고, 그의 어머니는 돌아와 우뚝 선 아들을 안고 이름을 부르며 한참을 울었다.

제주에서 글을 시작해 다시 찾은 제주의 한 게스트하우스 휴게실에서 막바지 작업을 했다. 태일은 살아서 제주도에 가 보지 못했다. 그가 닿은 곳은 가장 먼 곳이 부산 영도 바닷가였다. 대신 그가 만든 옷들은 날개 돋친 듯 전국으로 팔려 제주까지 도착했을 것이다. 『전태일 평전』은 제주 곳곳 도서관에 꽂혀 있다. 그리고 전태일의 수기는 서귀포 삼매봉 도서관에 한 권 있어 겨우 구해 볼 수 있었다.

3.

제주 서귀포에서 내 아이들은 초등학교 1학년을 다녔다. 가을 체육대회에서 나는 잊을 수 없는 장면을 보았다. 서귀포의 가을날은 육지에서 볼 수 없는 투명함을 뽐냈다. 맑은 하늘은 더할 나위 없이 높고 잔디밭은 부드럽고 학교는 알록달록했지만, 중요한 것은 사람들이었다. 선생님들은 넉넉하게 아이들을 품어 주었다. 바쁜 듯한데도 아이들의 삶에 집중하는 노력이 늘 느껴졌다.

체육대회는 즐겁고 다양한 놀이로 진행되었다. 본부는 특별히 점수를 집계하지 않았다. 아이들은 명확한 숫자 없이 종목별로 제가 몇 등 했다고 까불다가 까먹고는 다음 종목에서 신나게 놀았다. 그래도 이어달리기에서는 등수를 가리지 싶었다. 동백 팀과 용두 팀이 결국 자웅을 가리고 상품을 받아야 하지 않겠는가.

기대는 출발부터 어긋났다. 마을 토박이 3학년 사랑이(가명)는 성장이 늦은 아이였다. 도시에서라면 날카로운 분위기에서 학습 분위기 망친다며, 우리 애 공부는 어떻게! 라는 소리가 극성이었을 텐데, 이 작은 시골 학교에서는 그 정도가 약했다. 육지에서 이주해 온 가정에서 그런 민원이 간혹 있었지만 학교는 돌하르방처럼 너그럽게 그 요구까지도 듣고는, 사랑이를 돌보는 일들을 더 열심히 했다.

고학년 여학생 첫 주자들이 나란히 출발선에 섰다. 다른 학교와 달리 이 학교는 대표 선수를 뽑지 않고 모두 달리는 것을 원칙으로 삼았다. 60명 정도 되는 규모라 가능했을 것이다. 긴장된 출발 신호가 울리고 학생들이 달린다. 그런데 동백과 용두 팀 첫 주자들 말고 가운데 한 명이 더 있다. 사랑이였다. 셋은 서로 손을 잡고 첫 구간을 달렸다. 싱글벙글 웃고 있었다. 다들 따라 웃었다. 두 번째 주자부터 맘껏 실력을 뽐내며 엎치락뒤치락, 앞서거니 뒤서거니 하며 많은 주자들이 한참을 뛰었다.

그런데도 손에 땀을 쥐었다. 선수가 많아 변수가 많았기 때문이지만 무엇보다 이어달리기의 묘미가 극대화되는 순수한 집중력이 압권이었다. 결국 동백인지 용두인지 누가 먼저 들어오긴 했는데, 크게 중요하게 받아들이지 않는 분위기가 되어 버렸다. 그저 즐거움만이 남았다. 나는 우리가 앞으로도 이렇게 살면 어떨까, 두고두고 생각했다.

4.

내게, 많은 사람들에게 다른 시야를 열어 준 세월호 이야기로 마무리하겠다. 세월호 가족 극단 '노란리본'의 세 번째 연극 〈장기자랑〉에서 〈개똥벌레〉라는 흘러간 노래를 불러 별명이 '똥아영'이 된 한아영은 친구들과 수학여행 장기자랑을 함께 준비하게 되었다. 고된 연습 중에 백희가 가게에서 가져온 맥주로 연습 뒤풀이를 하는 장면이 있다. 십대 여성들이 돌아가며 좋아하는 사람 이야기를 나눈다. "넌 누구 좋아하는 사람 없냐"는 백희의 질문에 똥아영은 '비밀'이라며 수줍어하다가 이렇게 대답한다.

"흠 흠, 그런데 내가 생각했을 때 사랑은, 전혀 다른 시야를 열어 주는 것 같아. 지금까지 몰랐던 거 말이야. 이건 그냥 내 생각." 일동 "오올~!"

연극은 학생들이 제주에 내려 즐겁게 수학여행을 다녀오는 장면으로 마무리된다. 제주시 봉개동에 2019년 말, '세월호 제주 기억관'이 생겼다. 단원고 학생들은 사진 속의 명랑한 모습으로 세월호 참사 5년 반이 지나서야 편백과 소나무로 지은 제주의 한 숙소에 짐을 풀었다.

아영이가 말한 '사랑' 덕분에 많은 사람들과 함께 나 또한 세월호 이전과 이후 세상을 달리 보게 되었다. 한국 사회를 바라보는 시선을 더 근본적인 지점으로 돌렸다는 뜻이다. 그런데도 세월호 참사는 동맥경화 걸린 엘리트 권력 투쟁의 사회에서 끊임없이 농락당하며 진실 규명의 첫 단추조차 제대로 꿰지 못하고 기대감의 정치적 부침을 거듭하고만 있다.

5.

전태일의 짧은 생애에서 우리는 결국 '사랑'을 찾아 손바닥 위에 올려 두었다. 전태일은 외면할 수 없는 '사랑' 때문에, 사람들의 아픔을 돌보지 않고 달려가는 빠른 기차를 멈추려고 레일 위에 올라섰다. 그의 죽음으로 사람들은 잠시나마 평화시장의 가혹한 삶과 노동조건을 들여다보았다. 이후로도 젊은 사람들이 일하다 다치고 죽어 나갈 때, 사람들은 그의 사랑과 인간 선언을 기억하곤 하였다. 그렇게 50년이 흘렀다.

사랑은 잠시 멈춰서, 달려가는 방향 말고 주위를, 뒤를 돌아보자고 한다. 그리고 제주의 이어달리기처럼, 천천히 손잡고 출발하자고 한다. 전태일은 거리의 품팔이, 평화시장 재단사, 바보회 회장, 노동운동가, 청년사업가 등 여러 명함으로 지난 50년 살아왔다. 그 모든 명함을 모아 전태일은 무엇보다 '가장 인간다운 인간'으로 '일하는 사람들의 벗'이 되어 오늘도 우리 곁에서 '사랑'의 실천 방법을 일깨워 준다. 경직된 권력은 전태일의 친구들이 모이기만 하면 불법으로 몰아 억눌렀지만, 힘을 모은 사랑은 세상 구석구석을 바라보는 것을 포기하지 않고 그늘의 지도를 버리지 않았다.

지도를 보며 함께 다닌 당신과 나, 그리고 전태일이 말하는 것은 '사랑의 공공성'이다. 사회가 함께 해결해야 할 일과 집, 돈, 밥, 의료와 교육을 개인과 가족이 감당하며 평생을 탕진하는 일 없는 '사회적 사랑의 그물망'을 만들자는 것이다. 지금의 청년, 시민들이 맘껏 꿈을 실현하고 소박한 삶들이 공존할 수 있는 사회를 만들 수 있도록 불평등한 경기장을 무너뜨리고 평화로운 마을과 그 마을들을 잇는 오솔길을 만들자는 말과 생각의 근거를 길게 썼다. 일과 행복과 사랑의 공공성으로 가는 새 길의 밑그림은, 이제 함께 그리자.

|주요 참고 자료|

단행본

[전태일의 삶과 시대]

전태일, 『내 죽음을 헛되이 말라』, 돌베개, 1995(초판 2쇄).

조영래, 『전태일 평전』, 돌베개, 1991(개정판), 2001(2차 개정판).

조영래, 『전태일 평전』, 아름다운전태일, 2009(신판).

신순애, 『열세 살 여공의 삶 : 한 여성 노동자의 자기 역사 쓰기』, 한겨레출판, 2014.

전순옥, 『끝나지 않은 시다의 노래』, 한겨레신문사, 2004.

안재성, 『청계, 내 청춘』, 돌베개, 2007.

민종덕, 『노동자의 어머니, 이소선 평전』, 돌베개, 2016.

오도엽, 『지겹도록 고마운 사람들아』, 후마니타스, 2009.

박태옥 글, 최호철 그림, 『태일이 1~5권』, 돌베개, 2007.

조희연, 『박정희와 개발독재시대』, 역사비평사, 2007.

박섭 외, 『박정희의 맨얼굴』, 유종일 엮음, 시사인북, 2011.

조세희 소설집 『난장이가 쏘아올린 작은 공』, 이성과힘, 2000(초판).

[현재의 삶과 시대]

희정, 『노동자, 쓰러지다』, 오월의봄, 2014.

한형식, 『마르크스 철학 연습』, 오월의봄, 2019.

하종강, 『우리가 몰랐던 노동 이야기』, 나무야, 2018.

하승수, 『배를 돌려라 : 대한민국 대전환』, 한티재, 2019.
이철승, 『불평등의 세대』, 문학과지성사, 2019.
이정우, 『약자를 위한 경제학』, 개마고원, 2014.
이란주, 『아빠, 제발 잡히지 마』, 삶창, 2009.
이란주, 『나의 미누 삼촌』, 우리학교, 2019.
은유, 『알지 못하는 아이의 죽음』, 돌베개, 2019.
신정임·정윤영·최규화, 『달빛 노동 찾기』, 오월의봄, 2019.
변진경, 『청년 흙밥 보고서』, 들녘, 2018.
박정훈, 『이것은 왜 직업이 아니란 말인가』, 빨간소금, 2019.
대구민예총, 『아무도 모른다 : 2018 지금 대구 청년 생태 보고서』, 더폴락, 2019.
김지혜, 『선량한 차별주의자』, 창비, 2019.
권문석·박정훈, 『알바들의 유쾌한 반란』, 박종철출판사, 2014.
고영직, 『인문적 인간』, 삶창, 2019.

자료집

『2019 전태일 노동학술 토론회 ― 나와 같은 전태일, 나와 다른 전태일』, 2019. 11.
대구교육누리, 『대구에서 전태일을 기억하기』, 대구문화재단, 2019.
김용균 특조위, 「고 김용균 사망사고 진상조사결과 종합보고서」, 2019. 9.
김용균 대책위 백서발간팀, 『김용균이라는 빛 1,2』, 2019.
국제노동기구(ILO), 『일의 미래를 위한 노동안전보건 ― 100년의 경험을 기반으로』, 2019. 4.
노동건강연대, 『유가족과 함께하는 기업처벌법 이야기마당』, 2019. 2.

연극, 영화

〈안녕, 미누〉(지혜원 감독), 2018.
『기다림』(장민지 작), 김용균 추모 낭독 노래극 대본, 2019. 8. 10.
〈장기자랑〉(변효진 작, 김태현 연출), '416가족극단 노란리본' 청소년극, 2019.

신문/칼럼

김혜진, 「노동 더불어 숲 : 우리는 기계가 아니다」, 『한겨레』 2019. 11. 21.
하종강, 「탄력 근로제가 나쁜 이유」, 『한겨레』 2018. 11. 20.
황경상, 「오늘도 3명이 퇴근하지 못했다」, 『경향신문』 2019. 11. 21.
「2019 이주민 리포트 : 코리안 드림의 배신」, 『서울신문』 2019. 9. 23~10. 9.

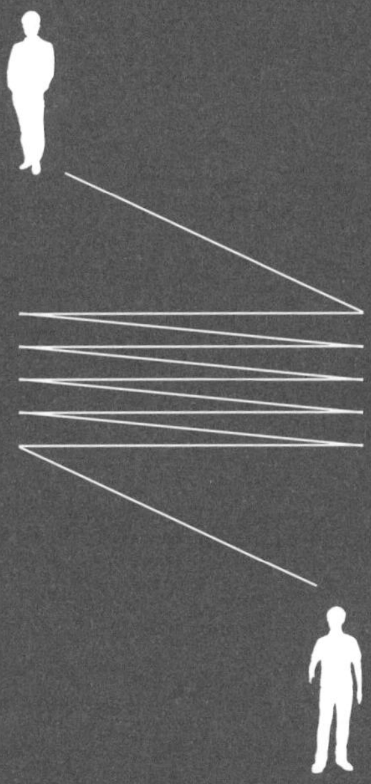

태일과 함께 그늘을 걷다

청년들과 함께하는 노동 인문학

초판 1쇄 발행 2020년 5월 1일
초판 2쇄 발행 2020년 8월 3일

지은이 강성규 **펴낸이** 오은지 **책임편집** 변홍철
편집 변우빈 서경선 이유진 황현지
북디자인 김은영 **펴낸곳** 도서출판 한티재

등록 2010년 4월 12일 제2010-000010호
주소 42087 대구시 수성구 달구벌대로 492길 15 **전화** 053-743-8368
팩스 053-743-8367 **전자우편** hantibooks@gmail.com
블로그 www.hantibooks.com

ISBN 979-11-90178-24-2 03300

이 도서의 국립중앙도서관 출판예정도서목록(CIP)은
서지정보유통지원시스템 홈페이지(http://seoji.nl.go.kr)와
국가자료공동목록시스템(http://www.nl.go.kr/kolisnet)에서
이용하실 수 있습니다. (CIP제어번호: CIP2020012934)

이 책의 인세 중 일부는
전태일재단에 기부합니다.